www.tredition.de

AF185225

www.tredition.de

© 2017 George Kaufmann

Verlag: tredition GmbH, Grindelallee 188, 20144 Hamburg

ISBN
Paperback: 978-3-7439-4833-4
Hardcover: 978-3-7439-4834-1
e-Book: 978-3-7439-4835-8

George Kaufmann

Ist der Kapitalismus noch in Form?

George Kaufmann

Ist der Kapitalismus noch in Form?

Der Formzusammenhang des Kapitalismus und seine Wirkungen

Es ist höchste Zeit, uns dieses Monster Kapitalismus vom Hals zu schaffen. Tun wir es nicht, wird es uns alle (!) weiter in die Barbarei treiben und schließlich vernichten. Bei allem was wir tun, also selbst bei unseren banalsten Lebens- und Interessenhandlungen, geht es heute um nichts anderes, als um Leben oder Tod. Das ist kein Hirngespinst oder die Verbreitung einer Weltuntergangsstimmung, sondern tagtäglich überall in der Welt erlebte Realität. Der Kapitalismus ist an seinem Ende angelangt und schlägt in seinem Todestrieb wie ein feuerspeiender Drache mit wachsender Gewalt blind um sich, mit dem einzigen ihm noch verbleibenden (vollkommen unbewussten) Ziel, alles Leben zu vernichten. Hierfür ein Bewusstsein zu schaffen ist unerlässlich, sehr dringend und lebensnotwendig. Lass Dir hier dieses Monster zeigen, und wie es Dich zu einem erbärmlichen Knecht macht und lerne zu verstehen, dass Du das nicht länger mit Dir machen lassen musst und wo Du die geeigneten Hebel ansetzen könntest (anzusetzen hast), wenn etwas Gescheites, wirklich Befreiendes, die Menschheit Bewahrendes dabei herauskommen soll. Das betrifft jeden von uns in vollem Maße, unabhängig davon, auf welcher sozialen Stufe Du stehst, wo Du lebst oder welche politischen Ansichten Du für richtig hältst.

4

Inhalt

Die Wahrheit ist leicht zu verstehen, wenn sie erst entdeckt ist. Das Schwierige ist nur, sie zu finden (Galileo Galilei). Im Sinne dieses klugen Satzes will ich Dir hier die grundlegenden Wahrheiten über den Kapitalismus aufzeigen. Sie herauszufinden erforderte eine über 30 Jahre dauernde intensive Erforschung dieses Systems in seiner Entwicklung seit etwa 600 Jahren und in der Komplexität und Wirkungsweise seiner Basis-Formen. Nach der Lektüre dieses Pamphlets wirst Du Galileis Satz so bejahen, als hättest Du ihn selbst erfunden. Hier wirst Du Wahrheiten finden, die Du bisher nicht für möglich hieltest. Sei neugierig und lass Dich überraschen:

Zum Einstieg

Alle wissen es, wir leben im Kapitalismus. Das festzustellen ist alles andere als eine Banalität. Denn obwohl das nahezu allen Menschen geläufig ist, haben weder die Protagonisten, noch die Kritiker dieses, unseres Reproduktions-Systems einen Begriff davon, was dieser Kapitalismus überhaupt ist. Sie können nicht einigermaßen fundiert darstellen, welche seine Kategorien, seine Formen sind, welche Gesamtheit sie bilden, wie sie also zusammenhängen und welche Wirkungen sie erzielen. Ich spreche hier vom kapitalistischen Formzusammenhang und will sogleich auch mit der Tür ins Haus fallen: Dieser Zusammenhang, das System Kapitalismus, also sein Wesen besteht aus den Kategorien *„Arbeit", Ware, Wert/Mehrwert, Geld/Kapital, Markt/Tausch/Konkurrenz, geschlechtliche Abspaltung, Staat/Souveränität, Nation/Volk, Demokratie, Politik, Recht.* Es ist ziemlich leicht, die elementaren kapitalistischen Kategorien zu benennen, aber es ist ziemlich schwer, sie einer grundsätzlichen Kritik zu unterziehen. Die Abstraktion „Arbeit", der ökonomische „Wert", die gesellschaftliche Darstellung der Produkte als „Waren", die allgemeine Geldform, die Vermittlung durch „Märkte", die Zusammenfassung dieser Märkte in „Nationalökonomien" mit bestimmten Geldeinheiten (Währungen), die „Arbeitsmärkte" als Voraussetzung einer derart flächendeckenden Waren-, Geld- und Marktwirtschaft, der Staat als „abstraktes Gemeinwesen", die Form des abstrakt-allgemeinen „Rechts" (der juristischen Kodifizierung) aller persönlichen und sozialen Beziehungen und als Form der gesellschaftlichen Subjektivität, die ausentwickelte, reine Staatsform der „Demokratie", die irrationale, kulturell-symbolische Verkleidung der nationalökonomisch-staatlichen Kohärenz als „Nation" – alle diese Grundkategorien moderner kapitalistischer Vergesellschaftung, einerseits durch blinde historische Prozesse hindurch herausgebildet, wurden den Menschen andererseits in einem mehrhundertjährigen Prozess der Pädagogisierung, Gewöhnung und Verinnerlichung von den jeweiligen (selber in Bezug auf das Ganze bewusstlosen) Protagonisten und Machthabern aufoktroyiert mit dem Ergebnis, dass diese Kategorien schon bald geradezu als unüberwindbare anthropologische Konstanten erschienen, die jeder Kritik spotten.

Diese Formen stoßen uns darauf, dass Kapitalismus das Paradoxon einer zwar vergesellschafteten Produktion, dennoch aber in einer ungesellschaftlichen Form ist; denn die Grundformen sind Fetische, was ich Dir hier zeigen werde. Die Fetischform „Wert" und die Fetischform „Arbeit" sind nichts anderes, als der Ausdruck dieses Paradoxons. Wenn das also die *kapitalistischen* Kategorien sind, bedeutet diese Aussage logisch auch zugleich, dass es die aufgeführten Kategorien als gesellschaftliche weder in vorkapitalistischer Zeit gab noch nach dem Kapitalismus geben kann. Sie entstanden erst zusammen mit ihm und ausschließlich zu dem Zweck, ihn durchzusetzen und möglichst für immer bestehen zu lassen. Und das bedeutet auch, dass der Kapitalismus innerhalb dieser und mit Bezug auf diese Kategorien, nicht bekämpft werden kann. Ob wir nach „Arbeit" rufen, nach dem Staat, mehr Demokratie oder sonst irgendeine dieser Kategorien beschwören, zum Beispiel eine andere Politik fordern – es bleibt stets immanent, also innerhalb des Kapitalismus. So rufen wir, wenn er uns in die Mangel nimmt, nach nichts anderem als Kapitalismus, einen anderen, möglichst besseren Kapitalismus. Eine Illusion! Wie wir seit Marx' Zeiten längst wissen könnten.

In diesem Lesebuch argumentiere ich von einer Position der kategorialen Kritik, somit einer radikalen Kritik der kapitalistischen Basis-Formen. Ich werde Dir gnadenlos den Spiegel vorhalten, damit Du erkennst, was der Kapitalismus aus Dir macht und verstehst, dass Du es selbst bist, der dieses irre Wahnsystem mit seinen verheerenden Auswirkungen täglich aufs Neue produziert. Zugleich heißt das aber auch, dass wir uns   dieses Monster vom Hals schaffen können; doch nur, wenn wir uns die Zumutungen des Systems Kapitalismus be   wusstmachen, also unser Bewusstsein entwickeln und so über haupt erst in die Lage kommen, unser tägliches Tun zu ändern. Zunächst will ich Dir zeigen, warum unser Bewusstsein so verkorkst ist und wir uns auf dem Weg zu einer reflexionslosen Gesellschaft befinden.

Das Ende der Theorie

Es ist keineswegs selbstverständlich, dass eine Gesellschaft „über" sich selbst nachdenkt. Das ist nur möglich, wenn sich eine Gesellschaft selbst mit anderen Gesellschaften in Geschichte und Gegenwart kritisch vergleichen kann; vor allem ist es aber in Zuständen möglich, in denen sich eine Gesellschaft selber gewissermaßen von innen heraus fragwürdig wird, einen Widerspruch mit sich selbst austrägt, in ihrer eigenen Struktur und Entwicklung über sich selbst hinausweist.

Ganz sicher trifft das auf sämtliche vormodernen Gesellschaften nicht zu. Diese waren noch keine planetarischen, sie hatten kein historisches Bewusstsein und keine Verfügung über die Geschichte als eine Abfolge von Entwicklungsprozessen und sozialökonomischen Formationen. Ebenso wenig lagen sie mit sich selbst, mit ihrer eigenen Form, in Konflikt. Eine Dynastie konnte zwar die andere ablösen, aber die gesellschaftliche Form als solche konnte nicht in Frage gestellt werden; dafür gab es gar keine Kriterien. Solche Gesellschaften konnten sich über unglaublich lange Zeiträume reproduzieren (im Falle des alten Ägypten über mehrere Jahrtausende hinweg), ohne aus sich selbst heraus zugrunde zu gehen; ihr Ende war daher in erster Linie von äußeren Ursachen bedingt.

Gesellschaft erschien unter solchen Bedingungen immer als „Gesellschaft überhaupt", nicht als spezifische Form, die auch ganz anders sein könnte. Und selbst als − relativ spät in der Antike − ein Räsonnement über verschiedene „Regierungsformen" einsetzte (Monarchie, Oligarchie, Demokratie, Tyrannis), da blieb diese Differenzierung dem sozialökonomischen Gesellschaftskörper gegenüber ganz gleichgültig; sie erschien daher auch nicht etwa als eine lineare Entwicklungsgeschichte der Gesellschaft selbst, sondern als ewiger Kreislauf bloß äußerlicher, immer wieder auseinander hervorgehender Herrschaftsformen. Dasselbe gilt für die Idee vom „Idealstaat" (Platon), die nur eine idealisierte Gestalt der bereits bestehenden, als unüberschreitbar gedachten Gesellschaft darstellte.

Dennoch gingen diese vormodernen agrarischen Hochkulturen nicht blind in ihrem „Funktionieren" auf; sie brachten eine über ihr unmittelbares Dasein hinausgehende Reflexion hervor. Aber diese Reflexion war nicht „gesellschaftskritisch", sondern eine Reflexion „unmittelbar zu Gott" oder zum Weltganzen, zur Stellung des Menschen im Kosmos, zum Rätsel des Todes. Es war also notwendigerweise eine Reflexion in religiöser Form mit religiösen Inhalten. Diese Art des Denkens „über" sich selbst, aber als Denken des Menschen und seiner Gesellschaft nicht in Beziehung zu sich selbst, sondern in Beziehung auf Gott und Kosmos, blieb dennoch eingebunden in das unkritisch vorausgesetzte sozialökonomische Gefüge. Denn trotz seiner Fraglosigkeit war dieses Gefüge nicht „stumm" in seiner blinden Positivität, sondern durchaus reflexiv legitimiert; nur eben nicht als eigener Gegenstand, sondern als sekundärer Bestandteil der göttlichen Weltordnung.

Religiöse Reflexion, Naturwissen und sozialökonomische Verhältnisse bildeten daher eine unmittelbare Einheit, dargestellt und reproduziert in ritualisierten Formen sowohl des Denkens als auch der Tätigkeit und der sozialen Beziehungen. Deshalb waren zunächst in den ältesten Zeiten auch Funktions-Intelligenz und Reflexions-Intelligenz (oder soziologisch betrachtet:

Funktions-Eliten und Reflexions-Eliten) unmittelbar identisch (Gottkönige, Priesterherrscher). Erst relativ spät differenzierten sich Funktion und Reflexion in getrennte Sphären aus. Damit war zwar der Keim eines Konflikts gelegt, der sich jedoch zunächst nur sporadisch äußerte (etwa im mittelalterlichen „Investiturstreit" zwischen Kaiser und Papst), ohne dabei über den Kampf um die übergeordnete Kompetenz innerhalb einer gemeinsam vorausgesetzten Ordnung hinauszugehen.

Soweit sich das reflexive Denken in diesen Gesellschaften von der strengen religiösen Ritualisierung löste, wie in der antiken und mittelalterlichen Philosophie, richtete es sich entweder direkt auf die Natur (die Naturwissenschaft war ja ursprünglich ein integraler Bestandteil der Philosophie) oder auf den Menschen als ein quasi „natürliches" Wesen. Da die gesellschaftliche Form und Ordnung als solche nicht zur Disposition stehen konnte, musste sich die Reflexion „über" den gesellschaftlichen Menschen grundsätzlich auf zwei Themen beschränken. Nämlich erstens auf „Ethik" (Lehre von den „Tugenden" und vom moralisch richtigen Verhalten), die den Menschen einen Maßstab ihres Verhaltens liefern sollte, ohne gesellschaftliche Bedingungsgründe kritisch zu befragen. Für diese Metaphysik blieb der Zusammenhang ihrer normativen Vorstellungen mit den sozialökonomischen gesellschaftlichen Formen im Dunklen; sie richtete sich immer an den einzelnen Menschen, freilich noch nicht an das abstrakte Individuum schlechthin, sondern an den Menschen in seiner sozial „eingefrorenen" Bestimmung – im Grunde genommen handelte es sich um eine exklusive Veranstaltung unter „herrschenden Männern": der Adressat (und damit „der Mensch") war in der Regel der grundbesitzende pater familias.

13

Zweitens entwickelte die philosophische Reflexion mit demselben Adressaten neben der „Ethik" auch eine Lehre vom „guten Leben", vom „Glück" des Menschen innerhalb der fraglos vorausgesetzten Ordnung. Diese Philosophie der „Lebenskunst" beschäftigte sich zum Beispiel mit den verschiedenen Formen des Genusses, mit dem Verhältnis von Genuss und Enthaltsamkeit (Diogenes!) usw.; letzten Endes mit der Frage, was ein „gelungenes Leben" ausmacht. Dieser Aspekt der alten Philosophie zielte auf eine Ästhetisierung des Daseins, deren Zusammenhang mit den sozialökonomischen Verhältnissen ebenso dunkel blieb wie bei der metaphysischen „Ethik". Sich selbst, das eigene Leben gewissermaßen zum Kunstwerk zu machen, ohne das Ganze der Gesellschaft in den Blick zu nehmen, und gleichzeitig möglichst einer normativen Verhaltenslehre zu folgen, darin erschöpfte sich der gesellschaftliche Charakter dieses Denkens.

Erst in der Moderne begann der Kampf um die gesellschaftliche Form selbst, es entstand erstmals eine „Gesellschaftskritik", ein Bewusstsein von sozialökonomischen Formationen, von Krise und Transformation der Gesellschaft. Aber diese neue Art der Reflexion führte nicht dazu, dass die Gesellschaft zum kritischen Selbstbewusstsein gelangte. Stattdessen handelte es sich nur um die geistige Gestalt einer blinden Dynamik – freigesetzt durch die Bedürfnisse der modernen ökonomischen Revolution. In dieser Umwälzung wurde die abstrakte Form des Geldes, bis dahin ein Rand- und Nischenphänomen der Gesellschaft, in einem kybernetischen Prozess auf sich selbst rückgekoppelt: das gesellschaftliche Leben wurde der zum abstrakten Selbstzweck gewordenen Verwertungsbewegung des Geldes unterworfen. Indem das neue reflexive Denken diesem blinden Prozess bloß Ausdruck gab, blieb es wie das frühere Denken in der Metaphysik befangen, allerdings in einer nunmehr säkularisierten, von der Religion abgelösten Metaphysik: an die Stelle der himmlischen Metaphysik eines göttlichen Kosmos trat die irdische Metaphysik des entfesselten Geldes.

Aber die Metaphysik wurde wie ihre gesellschaftliche Grundlage nicht nur säkularisiert, sondern auch dynamisiert. Die Begriffe der Revolution, der Umwälzung, des Prozesses, der Bewegung usw. verweisen schon auf den entscheidenden Unterschied dieser neuen, modernen Gesellschaft zu allen vorhergehenden; sie löste sich nicht nur von der alten Ordnung ab, sondern sie konnte auch nicht bei sich selber bleiben, nicht in sich selber ruhen wie die alten agrarisch-religiösen Zivilisationen. Sie liegt seit ihren ersten Anfängen mit sich selbst im Widerspruch, weil der Verwertungsprozess des Geldes unersättlich ist und sich in immer neuen Formen auf immer höherer Entwicklungsstufe reproduziert. Die kybernetische Maschine des zum „bewegten Prinzip" gewordenen Geldes lässt die losgerissene Gesellschaft wie ein Geschoss durch eine lineare Zeit fallen. Dementsprechend hat das neue „gesellschaftskritische" Denken die lineare Geschichte und den Fortschritt erfunden, die Orientierung an der Zukunft und die Kritik jedes einmal erreichten Zustands als bloßes Durchgangsstadium zu einem jeweils neuen und angeblich „höheren" Zustand. Erst in diesem Zusammenhang traten dann auch Funktions-Intelligenz und Reflexions-Intelligenz in einen systematischen, strukturellen Gegensatz, denn die säkularisierte Reflexion übernahm die Rolle der vorwärtstreibenden Kritik gegenüber dem auf einem jeweiligen Stand der Entwicklung beharrenden „Funktionieren".

Aber diese Kritik blieb immer an die moderne Metaphysik des Geldes gefesselt, sie war nichts als der intellektuelle Ausdruck des inneren Widerspruchs der modernen Gesellschaft mit sich selbst. Nicht die kategorialen Formen der Gesellschaft als solche wurden kritisiert, sondern immer nur ihre jeweilige Unzulänglichkeit und „Unterentwicklung". Einerseits ging es der Gesellschaftskritik noch lange Zeit um die immer weitere Auflösung der alten agrarisch-religiösen Ordnung und ihrer Reste; andererseits reflektierte sie den dynamischen Prozess der neuen Ordnung selbst und proklamierte in diesem Sinne die Ziele der „Entwicklung". Das gilt auch noch für den Marxismus. Zwar hat Marx als einziger moderner Theoretiker auch Ansätze einer kategorialen Kritik der Moderne entwickelt, also einer Reflexion „über" die Metaphysik des Geldes. Aber dieser Gedanke konnte nicht durchgehalten werden. Solange die dynamische Entwicklung des modernen gesellschaftlichen Systems immer weiterging, war man nur begierig darauf, was „als nächstes kommt". Die jeweils nächste Stufe der „Entwicklung" war der Gegenstand des theoretischen Streits, nicht das metaphysische Prinzip, das Wesen oder die Logik dieser „Entwicklung" selbst.

Wie es nun offensichtlich wird, hat sich seit dem Ende des 20. Jahrhunderts die Situation grundlegend geändert. Nachdem der Begriff des Fortschritts schon länger seine Anziehungskraft eingebüßt hat, gilt inzwischen auch die gesellschaftskritische Theorie als obsolet – nicht nur die marxistische, sondern die Theorie überhaupt. Jedenfalls hat die Postmoderne alles, was in der bisherigen Modernisierungsgeschichte als Theorie galt, mit dem Verdacht eines „totalitären Anspruchs" von sogenannten „großen Erzählungen" oder „Großtheorien" belegt. Man will das Ganze der Gesellschaft nicht mehr anschauen und deshalb auf „Großbegriffe" verzichten, um es sich stattdessen in der theoretischen „Unbestimmtheit" gemütlich zu machen. An die Stelle der kritischen Theorie soll das unverbindliche intellektuelle Spiel treten.

Woher diese überraschende Wendung, diese „Abrüstung der Theorie"? Der Verdacht drängt sich auf, dass die theoretische deswegen verstummt, weil die ihr zugrunde   liegende gesellschaftliche Dynamik erlischt. Es gibt im planetarischen Maßstab keine traditionelle Gesellschaft mehr, von der man sich abstoßen könnte. Und es scheint so, dass auch keine neue Stufe der gesellschaftlichen Entwicklung innerhalb der Moderne mehr „kommt", weil sich der Prozess der ökonomischen Verwertung zu erschöpfen begonnen hat. Der Prozess geht weiter, aber nur noch als negativer, als Krisenprozess, der nicht mehr positiv mit Hoffnungen besetzt werden kann.

Die technische Entwicklung wird unvereinbar mit der modernen Metaphysik des Geldes. Aber vor dieser Stufe der Reflexion schreckt das moderne kritische Denken zurück, weil es damit seine eigenen Grenzen überwinden müsste; und das ist elendig schwer. Ausgerechnet in dem Augenblick, in dem der reale Totalitarismus des Geldes die globale Wirklichkeit umfassend wie nie beherrscht, wird die gesellschaftskritische Theorie selber in ihrem Anspruch als totalitär denunziert. Sie hat ihre Schuldigkeit getan, aber jetzt soll sie das gesellschaftliche Ganze gerade in seiner Krise in Ruhe lassen. Der reale gesellschaftliche Widerspruch, der in der bisherigen Weise nicht mehr zu bewältigen ist, soll einfach aus dem Denken verbannt werden. Das dunkle Ende der modernen Entwicklung wird absurderweise gefeiert als Übergang zu einem „illusionslosen

Pragmatismus". Zusammen mit der Gesellschaftskritik hört das reflexive Denken überhaupt auf.

Die Reflexions-Intelligenz verschwindet. Aber die Funktions-Intelligenz hat nicht etwa gesiegt, sondern ist bloß verwaist. Weil sie von der theoretischen Reflexion zwar der Kritik ausgesetzt wurde, dabei aber immer auch Orientierung und damit neue Legitimation bezog, wird das Ende ihres strukturellen Gegenpols zu ihrer eigenen Krise. Die Funktions-Eliten laufen ins Leere, ihr Funktionieren kann die Krise der Realität nicht mehr bewältigen und endet in der Groteske. Aber das fällt gar nicht auf, weil auch das Alltagsbewusstsein in einen völlig reflexionslosen Zustand übergegangen ist. Die vielgerühmte Fähigkeit des modernen Individuums, sich selbst zu reflektieren, „neben sich" zu treten und das eigene Tun gewissermaßen virtuell von außen zu betrachten, löst sich zusehends auf. Diese Fähigkeit verschwindet, weil sie an die positive Entwicklung der modernen Gesellschaft gebunden war. Gerade an ihrem Ende ist diese Gesellschaft auf gespenstische Weise eins in eins mit sich identisch geworden. Die postmodernen Generationen verstehen schon die Begriffe der Reflexion nicht mehr, die ihnen innerhalb weniger Jahre so fremd geworden sind wie der Totenkult des alten Ägypten. Sie sind das, was sie sind, und sonst gar nichts. Sie sind unmittelbar identisch mit ihrem banalen Tun, je unmöglicher dieses Tun wird.

Die Krise der Realität wird von der Postmoderne verdrängt, indem sie versucht, an die Stelle der Gesellschaftskritik ein simuliertes Recycling des vormodernen Bewusstseins zu setzen: Die abgerüstete Philosophie möchte ganz unschuldig zurückkehren zu den antiken Paradigmen von „Ethik" und „Lebenskunst". Aber sie vergisst, dass die gesellschaftlichen Voraussetzungen dieses Denkens gar nicht mehr existieren. Die vormoderne unkritische Denkweise war nur möglich unter der Bedingung, dass die Gesellschaft statisch in sich ruhte und das reflexive Denken nicht etwa gleich Null, sondern auf eine göttliche Weltordnung bezogen war. Es gibt kein Zurück zu dieser Bedingung. In seinem Endstadium wird das moderne System daher zur ersten völlig reflexionslosen Gesellschaft der Geschichte. Mit der Fähigkeit zur Selbstreflexion verliert es eine Grundbedingung menschlicher Existenz. Eine Gesellschaft, die nur noch funktioniert, ist keine menschliche mehr und kann schließlich auch nicht mehr funktionieren. In einer leeren Bewegung, die jeden übergeordneten Sinn und jedes Ziel verloren hat, muss das normative Denken der „Ethik" wirkungslos verpuffen, weil es in nichts mehr verankert ist. Und die Philosophie vom „gelungenen Leben", vom individuellen Menschen als „Kunstwerk" seiner selbst, wird zur traurigen Farce, weil sie die Krise der modernen Metaphysik ignoriert. Sie proklamiert sich als „postmetaphysisches" Denken, obwohl die reale gesellschaftliche Metaphysik der Moderne unbewältigt bleibt. Die postmoderne Selbst-Ästhetisierung findet in einem brennenden Haus statt.

Folge mir bitte bei meinem Versuch, Deine Reflexion des gesellschaftlichen Ganzen wieder zu ermöglichen. Beginnen will ich damit, Dir das soeben erwähnte brennende Haus zu zeigen und darzustellen, dass die kapitalistischen Basis-Formen objektiv (also unabhängig davon, ob sich die Menschen dessen bewusst sind bzw. es wollen oder nicht) Krisen hervorbringen. Somit ist die

Krise notwendiger Bestandteil des Kapitalismus.

Mit anderen Worten, der Kapitalismus produziert durch das Wirken seiner Kategorien beständig Krisen. Anders konnte er gar nicht existieren; nach der Krise ist sogleich schon wieder vor der Krise. Alle Menschen auf dieser Welt sind nicht nur alle paar Jahre Zeugen dieses wechselvollen und immer auch verheerende Folgen habenden irren Geschehens, sondern stets auch durch ihr praktisches Tun selbst die Verursacher dieses Irrsinns. Sei gespannt darauf, wie das funktioniert und wohin es führt.

Als erster hat den Kapitalismus und seine Krisen Karl Marx wissenschaftlich untersucht. Der Hintergrund seiner Theorie ist die Gesellschaftskritik. Er wusste, dass der Kapitalismus ein irrationales, ein Fetisch-System ist; für die Menschen eine einzige Grundzumutung. Marx entwickelte eindeutige Begriffe dessen, was wir machen und sind.

Damit wurde er bereits von Generationen von Apologeten dieses irren Systems totgesagt, jedoch ist er immer wieder aus der Versenkung auferstanden. Und das ist nur natürlich, denn er kann nur endgültig ruhen mit dem Verschwinden seines Gegenstands, des Kapitalismus selbst. Solange es Kapitalismus gibt, kommen wir nicht an Marx vorbei. Ich will hier versuchen, mich möglichst auf seine Schultern zu stellen und über ihn hinauszuschauen, statt ihm wie der Arbeiterbewegungs-Marxismus nur den Buckel runterzurutschen (1).

Dieses System Kapitalismus hat inzwischen eine Entwicklung genommen und eine verheerende Spur des Grauens über den Planeten gezogen, die man nicht für möglich gehalten hat.

(1): vgl. hierzu Robert Kurz, „Marx lesen" Eichborn-Verlag, 2001.

Und die Systemagenten wissen genau, wer daran die Schuld trägt.

Für die einen sind es die Folgen des unseriösen angelsächsischen Neoliberalismus. Wir hingegen befänden uns ja im Rheinischen Kapitalismus, der guten, alten kapitalistischen Marktwirtschaft oder noch besser: sogar in einer sozialen Marktwirtschaft.

Damit verbunden sind ständige Entwarnungen; alles Üble spielt sich nur im Finanzüberbau ab (Gier der Banker) und habe mit der Realwirtschaft nichts zu tun.

Aber jede dieser Sichtweisen geht an der Realität meilenweit vorbei. Für beide ist es einmal „die Natur" (Kant) und dann die „schöne Maschine" (Adam Smith). Diese aber bildete die anonymen Märkte überhaupt erst heraus und damit die Konkurrenz generell, also auch die Konkurrenz zwischen den Funktionsträgern.

In der Konkurrenz aber gewinnt man, wenn man billiger anbieten kann. Daraus ergibt sich eine Entwicklung stetig wachsender Rationalisierung und also Verwissenschaftlichung aller betriebswirtschaftlichen Prozesse, *die Anwendung von Naturwissenschaft und Technik in exponentiellem Anstieg.*

Schauen wir uns dazu die Entwicklung und Ergebnisse der Dritten industriellen Revolution der Mikroelektronik an. Wir werden geradezu überschwemmt von neuen, immer billiger werdenden industriellen Waren. Ihr Erneuerungszeitraum wird immer kürzer.

Aber in diesem Prozess der stetigen Rationalisierung verbirgt sich für das System ein logisches Dilemma:

Zum einen besteht eben sein einziger Zweck darin, menschliche Energie in Geld zu verwandeln, also so viel menschliche Arbeitskraft wie irgend möglich industriell zu vernutzen. Andererseits und zugleich bedeutet Rationalisierung aber die Überflüssigmachung menschlicher Arbeit. Hierin sehen wir den Kapitalismus in seinem Selbstwiderspruch, was sich den Protagonisten jedoch als Erkenntnis verweigert. So ackern sie mit Verbissenheit an der beständigen Vertiefung dieses Grundwiderspruchs und befinden sich mit ihrer Einsicht immer nur an der Oberfläche dieses Prozesses, dem Markt und der Konkurrenz.

Daraus, also aus diesem Grundwiderspruch, entstehen die ständigen Krisen, eine periodische Erzeugung von Massenarbeitslosigkeit. Und nach in der Regel für die Menschen verheerenden Marktbereinigungen (Abbau/Zerstörung der aufgebauten Überkapazitäten), geht es immer auf größerem Maßstab weiter, indem mit neuen Erzeugnissen neue Märkte gebildet werden.

Die entstandenen Opfer werden als notwendig, als unvermeidliche Härten gesehen, obwohl sie oft ganze Generationen betreffen, die in die Verelendung getrieben werden.

Keynes sagte dazu: Kapitalismus weckt die niedrigsten Instinkte der Menschen; andererseits schafft er diesen ungeheuren Reichtum.

Und auf diesen Reichtum, obwohl er lediglich für die historische Zeit eines Wimpernschlags entstand und lediglich für eine Minderheit wirksam wurde, richtet sich das gesellschaftliche Gesamt-Bewusstsein.

Denn so ein Wimpernschlag war auch das sogenannte Wirtschaftswunder in der Bundesrepublik Deutschland nach dem

2. Weltkrieg. Die Hauptträger dieses Reichtums waren das Auto, die Heimelektronik und andere Küchenmaschinen und -geräte (weiße und braune Ware). Diese Zeitspanne nennen wir heute nach dem Erfinder der industriellen Fließbandproduktion Henry Ford „Fordismus" oder auch die Vollendung der Zweiten industriellen Revolution, die auf dem Verbrennungsmotor, dem Fließband und der betriebswirtschaftlichen „Arbeitswissenschaft" beruhte, verbunden mit einer sozialökonomischen Spaltung der Epoche in die Zeiten der industriellen Weltkriege und dann die der fordistischen Nachkriegsprosperität. In Deutschland saugte die industrielle Produktion dieser neuen Erzeugnisse innerhalb weniger Jahre etwa 10 Mio. neue Arbeitskräfte in sich auf; Frauen gingen verstärkt in diese Produktionen. Im offiziellen Sprachgebrauch hieß das, es wurden 10 Mio. neue Arbeitsplätze geschaffen.

Und natürlich sollte es nach allgemeiner Auffassung so immer weitergehen.

Aber mit der Dritten industriellen Revolution (Mikroelektronik), die in der Zweiten industriellen Revolution gewissermaßen ihre Inkubations-Zeit hatte und auf diese aufsattelte, ist etwas Entscheidendes passiert. Es ist aber nicht dasselbe wie mit den Autos... Denn der Kompensationsprozess, also die verstärkte Einsaugung von immer mehr Arbeitskraft, setzt nun nicht wieder ein, obwohl scharenweise neue Erzeugnisse auf teils sogar neuen Märkten angeboten werden.

Was ist geschehen?

1948, zeitgleich mit der Kreation der Kybernetik, gelang ein entscheidender technischer Durchbruch: In den Bell-Laboratorien vor den Toren New Yorks erfanden die Ingenieure John

Bardeen, Walter Brattain und William Shockley den Transistor – die „Nervenzelle des Informationszeitalters". Der Transistor, ein elektronisches Verstärkerelement aus Halbleitermaterial, vermied die Heizleistung der bis dahin gebräuchlichen Elektronenröhre und war nicht nur von Anfang an um vieles kleiner, sondern auch weiter scheinbar unendlich miniaturisierbar. Ende der 50er Jahre entstand schließlich durch die Integration mehrerer Transistoren der Mikrochip. Alle Grundelemente der mikroelektronischen Revolution waren damit vorhanden.

Was diese Revolution aber von den voraufgegangenen beiden unterscheidet: Das Rationalisierungs- und Automatisierungs-Potentials durch den Einsatz immer entwickelterer Mikroelektronik ist um vieles größer und läuft schneller als die Entwicklung neuer Erzeugnisse und Märkte.

Das heißt, die auf mikroelektronischer Basis entwickelten und produzierten neuen Erzeugnisse tragen nur noch homöopathische Dosen von Wert/Mehrwert in sich, da menschliche „Arbeit" zu ihrer Produktion kaum noch oder nicht mehr angewendet wird. So sind die Erzeugnisse nahezu wertlos und eigentlich keine Waren (Träger von Wert/Mehrwert) mehr, sondern lediglich noch Gebrauchsgüter. Aber das ist nicht das Ziel der kapitalistischen Produktion.

Die damit einhergehende Massenarbeitslosigkeit im Weltmaßstab wurde nun (seit Ende der 70er und Anfang der 80er Jahre des 20. Jahrhunderts) erstmals in der kapitalistischen Geschichte zu einer strukturellen. Die Arbeitslosen bilden keine „industrielle Reservearmee" (Marx) mehr, die nach einer gewissen Warte-Zeit wieder in den Produktions-Prozess zur weiteren Verwurstung eingesaugt werden kann.

Die Menschen werden dauerhaft kapitalistisch überflüssig, bleiben aber festgenagelt in dieser kapitalistischen Form der Konkurrenz und des Geld-Subjekts. Ihnen wird nach wie vor gesagt: verdient Geld oder verreckt!

Was bedeutet das aber für das Kapital selbst? Es wird mit der verschwindenden „Arbeit" seiner Substanz beraubt. Damit entsteht eine Krise der Verwertungsbeziehungen; keine „Arbeit" – keine Verwertung. Und wir können diesen logischen Faden fortspinnen: Keine Verwertung, also keine Produktion – kein Staat, denn wovon sollen seine Apparate leben?; kein Staat – keine Souveränität, kein Recht, keine Politik, keine Demokratie, keine „Nation", kein „Volk".

Zuerst erfolgt der Zusammenbruch an der kapitalistischen Peripherie, weil die Menschen dort die nötige Kapitalkraft nicht mehr aufbringen können, um die Mikroelektronik entwickeln, einführen und anwenden zu können (Produkte, Produktion selbst, Know-how, technologische Apparate, Infrastruktur). Die Länder fallen zurück, ihre eigene Währung geht flöten. Die Geldwirtschaft bricht zusammen. Die Menschen versuchen ein Überleben in Sekundärkreisläufen (Müllsammeln, Schwarzarbeit) oder in der Subsistenzwirtschaft (Schrebergärten) und entwickeln als Konkurrenz-Subjekte (2) eine stets wachsende Kriminalität. Die allgemeine Gewalt nimmt zu; es entstehen Plünderungs-Ökonomien, Bandenkriege und schließlich die ganze Welt umspannende Bürgerkriege.

Es findet ein Systemzusammenbruch statt und so sieht er aus.

Schauen wir uns diesen „Rest" der Welt, die kapitalistische Peripherie, noch etwas an. Diese Länder sitzen bereits in einer

(2): sh. hierzu die Ausführungen unter „Der Mensch als Subjekt"

Schuldenfalle oder erreichen diesen Status derzeit oder demnächst.

Als Abwehr dieser Entwicklung erfolgte im Westen innerhalb eines einzigen Jahrzehnts (80er Jahre) die Entkopplung des Finanzüberbaus. Das beschreibt Marx sehr anschaulich im 3. Bd. des „Kapital", indem er die kapitalistische Überakkumulation (Marx' Begriff) seziert. Diese Entkopplung war nur möglich, weil vorher bereits der sogenannte Goldstandard aufgegeben war, das Geld also von der Goldware gelöst wurde und so über keinerlei materielle Basis mehr verfügte. Es konnte nun grenzenlos, also ohne Beachtung dessen, wieviel realen Wert (in Gold) es noch repräsentiert, hergestellt werden. Es wurde zu einem Stück Papier oder lediglich nur noch eine Ziffer, ein elektronischer Impuls.

Zurück zur Marxschen Überakkumulation: Unrentable Produktionen können das Geld zu einer weiteren Produktionssteigerung nicht mehr aufnehmen. So drängt das Geldkapital, das ich als „heißes" bezeichne, auf die Finanzmärkte. Dort wird mit ihm spekuliert. Nicht mehr ein Gewinn aus realer Produktion ist wichtig, sondern nur noch der Eigentumstitel als solcher, der Kursgewinn.

So entsteht fiktives (Marx) Kapital, mit dem man sich reichrechnen kann. Man tut so, als könne Geld Geld machen. Dieser Spekulationsbereich, die Akteure nennen sich Investoren, ihr Aktionsfeld Märkte, ist seit Beginn der 80er Jahre exorbitant gewachsen. Das bedeutet zugleich: jeder hat die Börsensprache gelernt; in den USA ist die Spekulation (das Wetten) an den Börsen zum Volkssport geworden. Zugleich sank dort der Lohn auf 70er Jahre-Niveau. Trotzdem konsumieren die Menschen wie ehedem; sie beleihen Aktienpakete, kaufen darauf Autos, Häuser... und nur immer weniger davon hat überhaupt noch irgendeine real-produktive Basis. Es ist ein Leben mit virtuellem Geld, somit ist es selbst lediglich ein Scheinleben, eine Real-Metaphysik. Der Kapitalismus simuliert sich selbst. Man kann auch für die Kapitalismus-Freaks positiv sagen, dass es gerade den so angefeindeten gierigen Bankern und Spekulanten auf diese Weise gelang, dem Kapitalismus noch ein paar Jahrzehnte zumindest eines virtuellen Überlebens zu verschaffen. Aber die Stunde der Wahrheit kommt unaufhaltsam. In dem Maße, wie es immer weniger gelingt, das Spekulationsgeld von der Real-Produktion fernzuhalten, nähert sich der große Krach mit Riesenschritten. Die Krux ist, man kann heute aus der Gesellschaft nicht austreten wie früher durch eine Flucht aus der DDR, oder wie westdeutschen Aufmuckern gesagt wurde: geh doch nach drüben.

So sollten wir uns einmal eine primitive Frage stellen: Wenn seit 200 Jahren permanent Produktivkraft gesteigert wird, wenn dauernd Arbeitskraft freigesetzt wird, wohin fließt dieses Potential? Die Arbeitszeiten bleiben (bei etwa 8 Std.) unverändert. Eine flächendeckende 35 Stunden-Woche traut sich heute kaum noch jemand zu fordern. Dabei wäre das gerade einmal das obere Zeit-Limit dessen, wie lange die Menschen im Mittelalter oder in der Spätantike täglich werkelten. Alte aufgefundene Urkunden aus dieser Zeit bestätigen, dass das für Knechte auf den großen Landgütern „von Sonnenaufgang bis Mittag" war.

In Marx' Zeiten betrug die Arbeitszeit noch bis zu täglich 14 oder gar 16 Stunden und teilweise noch mehr. Selbst Kinder bis 12 Jahren wurden 10 oder auch 12 Stunden jeden Tag vernutzt.

Während seither in langen und teils blutigen Kämpfen die Arbeitszeit im Wesentlichen auf 8 Stunden gesenkt werden konnte, hört jetzt, mit zunehmender Wirkung der mikroelektronischen Revolution, die Arbeitszeit-Verkürzung plötzlich auf, obwohl die Arbeitszeit gerade jetzt ungeheuer reduziert werden könnte. Statt die hohe Produktivität in mehr Muße für alle umzusetzen, kann der betriebswirtschaftliche Funktionsroboter Produktivkraft die Steigerung der Arbeitsproduktivität nur übersetzen in Massenarbeitslosigkeit einerseits und Arbeitshetze andererseits. Rente mit 67 in Deutschland und die Diskussion, das Renten-Eintrittsalter noch weiter zu erhöhen, sind nur ein politischer Ausdruck dessen.

Der sogenannte Arbeitsmarkt war bisher in der kapitalistischen Aufwärtsphase (etwa bis Ende der 70er Jahre) ein Nachfragemarkt.

Nun aber, an der objektiven absoluten inneren Schranke (Marx) des Kapitalismus, wird der Arbeitsmarkt ein reiner Angebotsmarkt. Das bedeutet, dass die Konkurrenz der Lohnarbeiter untereinander die Konkurrenz der Lohnarbeiter zu den kapitalistischen Funktionären (sogenannter Klassenkampf) überlagert. Jeder ist immer mehr des Anderen Feind.

Damit aber wird sogar den Gewerkschaften selbst die Basis entzogen, denn sie können zunehmend allein noch dieser Konkurrenz zwischen den Lohnarbeitern Ausdruck geben, was als Kampf der Gewerkschaften untereinander nach und nach ihren Tod bedeutet.

Hieraus wird deutlich, dass es zur allgemeinen Aufgabe wird, das gesamte kapitalistische Bezugssystem zu sprengen. Nötig ist eine weitverzweigte soziale Bewegung, keine Nischenpolitik. Diskussionszirkel könnten entstehen, in denen eine Kulturdebatte geführt, theoretisch die kapitalistischen Kategorien zerpflückt und Zielperspektiven besprochen werden.

Während die politische Linke, blind für diesen Krisenprozess des Kapitals, heute (2017) mit der Losung: *„Sozial. Gerecht. Für alle."* auftritt, also vollkommen unwissend nur einen *besseren* Kapitalismus fordert, müssen wir das Bisherige kulturell infrage stellen, seine Logik radikal ablehnen.

Zudem sollten wir uns Marx anschauen: Welche seiner Texte sind wirklich verfallen? Was ist davon stattdessen erst jetzt aktuell? Statt der linken Losung: *„Gerechten Lohn für gerechte Arbeit"*, könnten wir endlich weltweit zur Losung: *„Nieder mit der Lohnarbeit"* (Marx) gelangen.

Wir müssen versuchen, von der Vorstellung „der Staat als Generalunternehmer" wegzukommen. Denn dieses Denkschema hat sich mit dem Untergang des Realsozialismus, alias Staatskapitalismus, gründlich blamiert und damit ein für alle Mal erledigt.

Ein nächster Schritt wäre sowohl eine „Kritik der Arbeit" als auch die „Kritik der betriebswirtschaftlichen Rationalität" generell. Hieraus könnten wir eine Fundamentalkritik der Betriebswirtschaft entwickeln, mit der Darstellung ihrer Transnationalität (Globalisierung) das kapitalistische Ganze sichtbar machen und die Kritik weitertreiben.

Bis hin zu einer Zieldiskussion des Räte-Gedankens. Ihn beraten und theoretisch fundieren, wie die Menschen auf diese Weise die gesellschaftliche Reproduktion in die eigenen Hände nehmen können. Auf diesem Weg können wir über Markt und Staat hinausgehen; uns horizontal vernetzen, nicht vertikal (was immer Macht, also Herrschaft und Knechtschaft bedeutet).

So können wir die abstrakte Allgemeinheit des Staates zurücknehmen (Marx), damit den Markt abschaffen, die Konkurrenz untereinander aufheben und zu einer Rätegesellschaft gelangen. In ihr beraten alle (!) permanent in örtlicher, lokaler, regionaler, überregionaler und globaler Vernetzung und entscheiden über den sinnvollen Einsatz aller ihnen gemeinschaftlich gehörenden geistigen und materiellen Ressourcen.

Als Alternative bleibt uns nichts, als dem vor unseren Augen stattfindenden *Zusammenbruch* des Kapitalismus durch unser unverändertes Tun immer weitere Nahrung zu geben und damit unausweichlich den längst begonnenen Weg in die Barbarei bis zur Selbstvernichtung der Menschheit zu gehen.

Das Verfallsdatum des Kapitalismus

Zusammenbruch!? Das ist seit langem schon ein ziemliches Reizwort, denn bereits früher gab es Zusammenbruchs-Theorien zum Beispiel von Rosa Luxemburg und Henryk Grossmann, die Eine vor dem 1. Weltkrieg und die Andere gegen Ende der 20er Jahre, unmittelbar vor der großen Weltwirtschaftskrise des 20. Jahrhunderts. Auf beide beziehe ich mich hier nicht, denn sie hatten damals noch nicht den Stand, dass dem Kapitalismus die „Arbeit" ausgeht.

Ein Reizwort war es vor allem auch deshalb, weil es einen gewissen Automatismus voraussetzte, was abgelehnt wurde. Eines Tages wachen wir auf und der Kapitalismus ist weg; und das alles hat der Kapitalismus sogar auch noch selbst gemacht, wir brauchten gar nichts tun.

Man nahm also an, der Kapitalismus kommt an sein Ende und dann geht es mit etwas Neuem munter weiter. Man brauche eigentlich nur auf dieses Ende zu warten. Das jedoch war ein fundamentaler Irrtum. Der Begriff selbst, der „Zusammenbruch", ist lediglich eine negative Zuschreibung von außen.

Marx hingegen, auf den ich mich hier beziehe, entwickelte im „Kapital", Bd. 3, in seiner Krisen-Theorie den Begriff der „historischen absoluten inneren Schranke" des Kapitalismus. Vor 160 Jahren kannte er weder das Auto, noch gab es das Flugzeug, Mikroelektronik, Internet usw. Er hat aber die innere Logik der Dynamik des Systems untersucht und daraus geschlussfolgert, die innere Schranke ist etwas völlig Objektives, eine Automatik, die durch das Handeln der Menschen in der Form der Konkurrenz wirkt. Dieses menschliche Handeln bringt etwas hervor, das sich ihnen gegenüber verselbstständigt. Die Dynamik des Systems verselbstständigt sich also. Das heißt, sie entzieht sich jeglichem Willen, die Menschen haben sie nicht mehr im Griff. Das ist bei Marx die Krise. Und wenn es eine historische innere Schranke gibt, stellt sich diese auch automatisch her. Diese Art, dass sich die Menschen an blinde Mechanismen ausliefern, sich also während ihrer meisten Lebenszeit fremdbestimmt und losgelöst von ihren eigenen Zwecken verwursten zu lassen, ist eine einzige Zumutung. Diese Zumutung wurde auch immer wieder kritisiert, ist aber, wie Du noch lesen wirst, von der Krise nicht abhängig; sie ist permanent.

Und die Schranke wird auch dann erreicht, wenn alle nichts als den Kapitalismus wollen, wie das ja nahezu durchgängig heute (2017) der Fall ist. Marx arbeitete heraus, dass das

Sytem mit dem Erreichen seiner objektiven inneren Schranke in die Barbarei fällt.

Wir müssen Krise und Kritik unterscheiden.

Krise ist objektiv (ich will es wiederholen: also ob Menschen das wissen oder wollen oder nicht). Kritik hingegen ist menschengemacht. Und das System überwinden zu wollen (seine praktische Überwindung) bedarf eines breiten Bewusstseins (enormes Bewusstsein – Marx).

Das ist derzeit nicht vorhanden.

Die Folge ist eine ungeheure Spannung, die sich in eine Barbarei entladen möchte. Die Spannung rührt daher, dass es die Menschen selbst sind, die durch ihr Handeln den automatischen Fortgang des Systems sichern; sie müssten also ihr eigenes Handeln kritisieren. Das ist nicht nur schwer zu machen, sondern auch schwer zu ertragen.

Hier möchte ich zunächst die kurze Geschichte der nun erreichten System-Krise und ihre Dimension in ein paar Abschnitten festhalten:

Ich gebe zu und betone, dass diese Thematik insgesamt ein außerordentlich hohes Maß abstrakten Denkens erfordert.

Zunächst will ich Dein Gedächtnis prüfen und fragen, ob Du Dich noch an den Frühsommer 2008 erinnerst.

Die Stimmung war damals geradezu euphorisch: Jetzt zieht die Konjunktur richtig an, jetzt steht gewissermaßen ein neues Wirtschaftswunder bevor. Die Arbeitslosigkeit ging zurück und die Politik schrieb sich das zu. Alles wurde schon bis zum Jahr 2020 hochgerechnet. All die, die meinten, das alles stünde nur auf tönernen Füßen, wurden verlacht oder einfach für verrückt erklärt; sie verschlössen sich einfach den Fakten. Wie Du sehen kannst, wiederholt sich das nahezu deckungsgleich auch 2017; jetzt wird allerdings bereits hochgerechnet bis 2050.

Aber schon wenige Monate später, im Herbst 2008, kam dann der große Krach. Die Koryphäen aus der Volkswirtschaftslehre ebenso wie die aus der Politik oder des Managements sprachen plötzlich vom Zusammenbruch (!). Man konnte nur staunen.

Hatte das alles denn keinen Vorlauf? Gab es keine lange Kette von Finanzkrisen in den zurückliegenden mehr als 30 Jahren? Und es könnte ja sein, dass es dazwischen einen inneren Zusammenhang gibt. Genau das, also die erstmalig offensichtliche globale Verkettung aller Krisenerscheinungen, bezeichne ich als die innere Schranke, denn sie zeigt uns, der Grund liegt im System selbst.

Schauen wir uns ihre Stationen an:

1)

Anfang der 80er Jahre verzeichnen wir den Beginn der Schuldenkrise.

1982 erreichte sie Mexiko, es war zum ersten Mal zahlungsunfähig.

Mitte der 80er Jahre erfasste sie das US-Sparkassensystem.

1987 sahen wir den Börsenkrach in New York und im gesamten Westen.

Anfang der 90er Jahre erlebte Japan seinen Crash, der Börsenwert des Nikkei war auf 40.000 Punkte aufgebläht und stürzte ab. Davon hat er sich nie mehr erholt. Japan hält sich seitdem lediglich durch den Export halbwegs über Wasser.

Mitte der 90er Jahre, Mexiko war Ende 1994 zum zweiten Mal zahlungsunfähig geworden, dann die Russlandkrise ebenso wie die Zahlungsunfähigkeit Argentiniens. Staatsbankrott.

Anfang 2001 bis 2002 das Platzen der sogenannten Dotcom-Blase. Haufenweise brachen sogenannte Startups zusammen; kleine Klitschen mit bis zu 30 Leuten, von denen manche durch reine Spekulation eine Höhe der Börsenkapitalisierung wie die von VW erreicht hatten.

Das brachte natürlich einen Rückschlag für die Welt-Ökonomie; virtuelles Geld, sogenannte Werte, wurden in Höhe von Billionen USD vernichtet. All das wurde versucht aufzufangen durch eine Geldschwemme der Notenpressen.

Ab 2004/5 zog so das Ganze wieder an. Die Weltkonjunktur konnte sich etwas erholen und sogar ein wenig an Fahrt gewinnen.

Nun aber, 2008, war der Krach da. Man sprach zuerst von der größten Finanzkrise seit 10 Jahren; dann seit 45 Jahren; dann seit den 30er Jahren und schließlich von der größten aller Zeiten. Zu sehen war eine Finanzkrise mit abruptem Bruch.

Aber vielleicht war ja nur ein Zusammenhang wirksam geworden, der sich in den vorhergehenden Jahrzehnten aufgebaut hatte. Es kriselte immer mal da und dort, oder sektoral (Dotcom) und konnte durch Teilmaßnahmen wieder aufgefangen werden.

Jetzt aber zeigte sich mit allem Nachdruck und aller Deutlichkeit ein globaler Zusammenhang bis in die kapitalistischen Zentren hinein (New York, Frankfurt/M., London). Aber das wollten die Protagonisten keineswegs wahrhaben.

Merkel: Das ist überm Atlantik zu uns gekommen, wir hingegen sind gut aufgestellt. Es liegt am unseriösen amisächsischen Kapitalismus.

Das stimmte allerdings nicht, denn auch in Europa haben alle das Gleiche gemacht wie die Amis. Man will diese neue Qualität einfach nicht wahrhaben. Also findet man persönlich Schuldige: Exzesse der Banker, ihre Gier, die Boni, falsche Politik...

Und die Linke: Die Real-Ökonomie ist ja so gesund. Die Gier der Banker. Schließt das Spielcasino. Die bösen Spekulanten. Inzwischen hat sich aber herausgestellt, dass diese Vorstellung, die Real-Ökonomie sei stabil und gesund, falsch ist und zurückgenommen werden musste. Nachdem es zuerst Entwarnungen gab, konnte man feststellen, dass es sich tatsächlich um einen kolossalen Einbruch der Real-Ökonomie handelte, der immer noch so weiterläuft. 2009, unmittelbar nach Krisenbeginn, sank zum Beispiel das BIP in Deutschland abrupt um 5 Prozent. Noch heute „dümpelt" die Weltkonjunktur; ein Land nach dem anderen gerät (nicht nur) in eine ökonomische Schieflage.

Das gesamte linke Gelaber war nicht nur schlechthin eine verkürzte Kritik, sondern das hat auch einen tiefen ideologischen Charakter. „Die Finanzmärkte" kritisieren zu wollen, heißt nichts anderes, als das Verhältnis von Mehrwertproduktion und deren Finanzüberbau auf den Kopf zu stellen, um die innere Schranke der *Produktionsweise* in eine(subjektiv-schuldhafte) Verirrung des Finanzkapitals umdefinieren zu können. Eine „Kritik der Finanzmärkte" ist ungefähr so sinnvoll wie eine Kritik des Imports, der bürgerlichen Betriebsabrechnung oder des Kapitalismus in Thüringen (Robert Kurz). Man kann den Kapitalismus nur ganz oder gar nicht kritisieren!

Letztlich handelt es sich bei diesem Fokus auf das Finanzkapital wieder um den seit 200 Jahren tief in den Menschen verwurzelten Antisemitismus, den die Nazis mit der Parole vom „schaffenden" und „raffenden" Kapital bis zur Konsequenz von Auschwitz getrieben haben, indem sie „die Juden" mit dem „raffenden/arbeitslosen Kapital" identifizierten/imaginierten. Die Jüdischen Finanzhaie. Es handelt sich um einen idiotischen Zusammenhang, der tief in der Geschichte der Moderne sitzt und sogar bei Marx zu finden ist.

„Aber so ist es doch gar nicht gemeint!" Letztlich will man es aber genau so haben, dass es nur am bösen Finanzkapital liegt.

2)

Eine Blamage des Neo-Liberalismus

Batsch, innerhalb von Wochen bekam der Neo-Liberalismus (der Markt soll alles richten, der Staat wird kaum gebraucht) eine Ohrfeige nach der anderen.

Mit dem Zusammenbruch des Staatskapitalismus (Sozialismus) Ende der 80er Jahre konnte man noch aufgeplustert
„Sieg!" tönen.

Nun aber, angesichts des eigenen Zusammenbruchs, blieb
nur das „zurück zum Staat" übrig. Im Zweifel, also in der
Krise, wirft sich der Liberalismus immer wieder an die
Brust des Staates, des „Leviathan", wie ihn Hobbes zur
Zähmung des faulen menschlichen Materials erfand. Man
bedarf seiner Machtintervention, braucht ihn für Rettungspakete und Strukturprogramme.

3)

Krise und Kritik

Der allgemeinste, banalste und zugleich hohlste Kapitalismus ist mal Krise und dann wieder Aufschwung. Ist alles
gar nicht so schlimm wie gedacht. Na, was kommt denn da
nach der Krise? darauf dürfen wir uns schon gespannt
freuen.

Gemeint ist: welchen etwas anderen Kapitalismus haben
wir denn dann? Etwas Anderes als Kapitalismus ist für das
Massenbewusstsein gar nicht denkbar. Also kann es auch
die innere Schranke gar nicht geben.

Für die Linke: handelt es sich beim Kapitalismus um die
buddhistische Wiederkehr des immer Gleichen. Linke verwechseln stets Krise und Kritik. Es wird so getan, als hätte
der Kapitalismus nur eine Schranke, nämlich diese, dass
ihn die Menschen nicht mehr wollen. Sonst könnte er ewig
so weitergehen.

Aber der Umschlag in eine Krise findet auch dann statt, wenn alle das *nicht* wollen. Für Marx ist es das Wirken des „automatischen Subjekts". Kritik aber könnte auch unabhängig von der Krise sein. Aber alle wollen ihren guten alten Kapitalismus behalten. Mit der Kritik der politischen Ökonomie und der Krisentheorie von Marx hat sich die Linke seit Jahrzehnten nicht mehr beschäftigt; solche Kritik galt und gilt als „ökonomistisch", also etwas, dass die ökonomischen Mechanismen zu stark bewertet. Diese Kritik ist vor über 30 Jahren, mit dem tatsächlichen Erreichen der objektiven, absoluten inneren Schranke des Kapitalismus Ende der 70er/Anfang der 80er Jahre des 20. Jahrhunderts, erloschen. Und so können wir heute auch nicht mehr daran anknüpfen.

Daher unternehme ich den Versuch einer radikalen Kritik, indem ich den Begriff aufgreife, den Marx im 1. Bd. des „Kapital" mit „abstrakte Arbeit" kennzeichnete und als *Substanz des Kapitals* definierte. Obwohl es sich bei „Arbeit" um eine Abstraktion handelt, ist es zugleich ein reales Verhältnis. Das meint, dass in der Produktion grundsätzlich davon abstrahiert wird, was tatsächlich hergestellt wird. Allen (!) Beteiligten ist es scheißegal, was sie produzieren, ob Schokoplätzchen, Handgranaten oder Mähdrescher; Hauptsache, sie können damit Geld verdienen.

Dadurch aber findet eine Reduktion statt. Es geht also nicht um eine konkrete Arbeit, um ein konkretes Bedürfnis zu befriedigen, sondern es kommt allein auf die Abstraktion an, die Verausgabung menschlicher Energie (Muskel, Nerv, Hirn – Marx).

Da müssen wir uns doch an den Kopf fassen und fragen, was das überhaupt soll. Dabei handelt es sich um die Grundverrücktheit, die im Kapitalismus liegt.

Warum?

Diese abstrakte Arbeit erscheint wieder in der Wertgegenständlichkeit der Waren. *Ohne diese abstrakte Arbeit entstünde gar kein Wert und es gäbe keine Waren.* Es kommt also ausschließlich darauf an, dass die Produkte abstrakte vergangene Arbeit repräsentieren.

Marx zeigt das am Beispiel eines Tisches. Der Tisch ist (kapitalistisch produziert) gar kein Tisch, sondern Träger vergangener (toter) „Arbeit". Und worin stellt sich diese „Arbeit" dar? Im Geld; es ist der allgemeine Ausdruck der in den Produkten repräsentierten Menge toter „Arbeit". Das geht nur, weil Geld selbst zu einer ausgesonderten allgemeinen Ware gemacht wurde.

So befinden wir uns in einem kompletten Wahnsystem. Denn der alleinige Zweck dieser ganzen Veranstaltung liegt im Mehrwert. Aus einem Euro zwei machen; aus Wert mehr Wert (Mehrwert) machen; aus Verausgabung menschlicher Energie mehr Verausgabung menschlicher Energie machen, aus „Arbeit" mehr „Arbeit" machen.

Hier möchte ich eine Kritik des Arbeiterbewegungs-Marxismus einflechten. Während diese abstrakte Arbeit bei Marx als negativ galt, und in all seinen Schriften auch nur so gelesen werden kann, besetzte sie der Marxismus positiv. Während sie für Marx gewissermaßen ein Unbegriff war, wurde sie im „Sozialismus" zur grundlegenden Voraussetzung menschlichen Lebens überhaupt; „wir leben, um zu arbeiten". So ist der Marxismus nichts als eine Marx-Perversion, eine Fälschung. Marx' Konterfei wurde in der DDR auch sogar noch auf einen 100 Mark-Schein gedruckt. Marx hätte sich im Grabe umgedreht.

Hieraus ergibt sich meine Frage: was soll das Ganze? wer hat etwas von diesem kapitalistischen Wahnsystem?

Wir sehen, es gibt klar arm und reich. Marx bezeichnet dieses System schon ziemlich weit vorn im 1. Bd. des „Kapital" als ein gesellschaftliches Fetisch-Verhältnis. Ganz bewusst leitet er diesen Begriff aus der religiösen Nebelwelt her. Demzufolge geht es nicht um einen persönlichen Nutznießer. Marx nennt dieses System das „automatische Subjekt"; und dieses ist der verselbstständigte Selbstzweck, durch menschliche Handlungen entstanden. In diesem System geht es nur um den abstrakten Reichtum, also die Geldform. Das Ziel besteht dann darin, einen Großteil des Mehrwerts wieder zu investieren, um diese Maschine immer ausgedehnter ewig am Laufen zu halten.

Alle (!) Beteiligten dieses Prozesses bezeichnet Marx als die Charaktermasken eines selbstzweckhaften ökonomischen Verhältnisses, als die Agenten, die durch ihr Handeln in ihrer jeweiligen Funktion den Lauf der anonymen Maschine gewährleisten. Marx stellte fest, dass diese Charaktermasken, um den Selbstzweck zu verwirklichen, Fanatiker der Selbstverwertung des Werts sein müssen. Es sind also nicht die Subjekte, die mit ihrem Willen hinter dem Ganzen stehen, sondern das verselbstständigte „automatische Subjekt" erzwingt (für alle Beteiligten unbewusst) die Unterwerfung der Subjekte (Individuen) unter den Selbstzweck. Das Subjekt selbst macht sich zum Objekt.

Für das Bewusstsein ist es schwer, diesen Subjekt-Charakter zu durchschauen. Das ist deshalb so, weil man selbst in diesen System-Kategorien denkt, sie vollständig verinnerlicht hat.

Daraus können wir nur schlussfolgern, dass wir, um den Kapitalismus, dieses unser Wahnsystem, abschaffen zu können, seine Formen/Kategorien selber wegbekommen müssen.

Also wäre zuerst ums Bewusstsein zu kämpfen, das dann diese Kategorien durchschaut.

Es kommt darauf an, zu verstehen, dass die Voraussetzung des Mehrwerts die Verwandlung der menschlichen Arbeitskraft in eine Ware ist. Warum? Weil die menschliche Arbeitskraft die einzige Ware ist, die mehr Wert produzieren kann, als sie selber kostet (ihre Reproduktionskosten in Geld). Diese Kosten können höher oder niedriger sein. Das ist auch umkämpft. Die Arbeitskraft ist in den ganzen Prozess eingeordnet. Sie bildet die Grundlage des Kapitals/Kapitalismus.

Und was sagt dazu die Linke? Für sie sind es die Gauner-Kapitalisten, die sich persönlich bereichern wollen und deshalb den Umweg über fremde „Arbeit" nehmen. Aber auch die Manager und Staatsagenten sind nur Funktionäre des „automatischen Subjekts", seine Charaktermasken. Marx nennt sie die Offiziere und Unteroffiziere im Reproduktions-Prozess. Und auch sie sind „Arbeiter", denn sie „arbeiten" wie die „Kümmeltürken".

Und was sind die Arbeiter selber? Sie identifizieren sich mit diesem Zustand, statt ihn abzuschaffen. Sie sind ebenso nur Charaktermasken der Ware Arbeitskraft, also ein Kapital-Bestandteil. Sie sind damit das Kapital, nämlich die Träger seiner Substanz, der „Arbeit"! Und zugleich so saudumm, dass sie alles blind voraussetzen. Verzeih, aber ich schreibe das aus persönlicher Erfahrung; auch ich selbst war saudumm.

Oder: „wir sind das Volk". So identifizieren sie sich mit ihrer Staatsbürgerlichkeit. Oder „wir sind das Kapital", wie schon auf einer Demo in Frankfurt/M. zu lesen war. Oder „wir sind Opel"; das obwohl sie wissen, dass man bereits ein Toter auf Urlaub ist, der demnächst rausgeschmissen wird.

Wenn alle nur noch den Kapitalismus wollen, bringen sie hinter ihrem Rücken (also unbewusst) genau das in Gang, was alles kaputt macht.

Weiterhin gilt es zu erkennen, dass der Mehrwert kein individuelles, sondern ein gesamtgesellschaftliches Verhältnis ist. Die verbreitete Vorstellung ist, dass die Siemens-Arbeitskraft den Mehrwert produziert, den sich dann Siemens, bzw. dessen Manager/Eigner aneignen.

In Wahrheit fallen aber Produktion und Realisierung des Mehrwerts auseinander. Der in den einzelnen Betriebswirtschaften produzierte Mehrwert ist zunächst unbestimmt; die hergestellten Erzeugnisse sind nur ihrer Potenz nach Träger von Mehrwert. Alle in den verschiedenen Betriebswirtschaften produzierten Mehrwerte aggregieren sich zu einer gesellschaftlichen Gesamtmasse des Mehrwerts. Diese wird dann auf dem Markt durch die Konkurrenz auf die Einzelkapitale verteilt. Man kann sich den Markt, diese Gesamtmasse des Mehrwerts, wie eine riesige Mehrwerthalde vorstellen, auf die alle zunächst nur potenziell Mehrwert tragenden Erzeugnisse geworfen werden. Wieviel Mehrwert dann tatsächlich auf jedes Erzeugnis fällt, entscheidet sich beim Abkauf (von der Mehrwerthalde/Markt) durch die Konkurrenz.

Das heißt, das einzelne Kapital eignet sich gar nicht den bei sich produzierten Mehrwert an, sondern irgendeinen durch die Konkurrenz bestimmten Teil dieser Gesamt- Mehrwert-Masse. Wieviel, das ist von vornherein nicht klar, sondern wird erst auf dem Markt von der Konkurrenz festgelegt. Es kommt also für das Einzelkapital darauf an, sich am Markt durchzusetzen.

Das gelingt, indem man billiger als die anderen Marktteilnehmer anbietet.

Das funktioniert durch die Steigerung der Produktivität. Damit also, dass die Produktivkraft entwickelt wird.

Die Produktivkraft zu entwickeln ist folglich ein allgemeiner Zwang durch die Konkurrenz.

Warum soll das aber ein Grundwiderspruch sein?

Marx hat entdeckt, dass es, wenn diese Entwicklung immer so weitergeht, einen Kulminationspunkt gibt. Denn am Markt durchsetzen kann man sich nur, wenn man produktiver, also preiswerter wird, also „Arbeit" vernichtet. Irgendwann gibt es einen Umschlagspunkt. Er ist erreicht, wenn insgesamt, also im weltweiten Gesamt-System des Kapitalismus mehr „Arbeit" vernichtet wird, als durch neue Produkte und Märkte wieder reabsorbiert werden kann. Das Kapital wird auf diese Weise nicht nur relativ, sondern absolut entsubstantialisiert; der Kapitalismus bricht zusammen.

Die Kapital-Agenten können da nicht raus und haben noch nicht einmal einen Begriff davon; die Konkurrenz zwingt sie. Es ist ein Zwangsgesetz zur Selbstzerstörung.

Warum geschah das nicht schon eher?

Es gibt einen historischen Kompensationsmechanismus.

Obwohl im Laufe der kapitalistischen Entwicklung, also durch die allgemeine Verwertung des Werts immer Arbeitskraft überflüssig gemacht wird, bedeutete die auf diese Weise erzielte Verbilligung der Waren zugleich auch eine Ausweitung der Märkte. Luxuswaren wurden zu Massengütern. Der Wert pro Ware verringert sich. Dadurch wird sie aber zugleich billiger und das bewirkt eine Ausdehnung des Absatzes/der Märkte. Das wiederum hat zur Folge, dass mehr Arbeitskräfte als zuvor wieder in die Produktion hineingesaugt und verwurstet werden.

Das klassische Beispiel für solche Entwicklung sind das Automobil und die weiße und braune Ware nach dem 2. Weltkrieg (sog. Wirtschaftswunder).

Daraus haben alle geschlossen (auch die Marxisten), so könne es ja immer weitergehen.

Dabei übersahen sie allerdings die dafür erforderliche Bedingung: Die Erweiterung der Märkte muss größer sein und schneller gehen, als die Anwendung von Arbeitskraft pro Ware vermindert wird! Das aber kann kippen, wenn mehr Arbeitskraft frei wird, als neue Märkte nachziehen.

Marx hatte insbesondere im 3. Bd. des „Kapital" herausgearbeitet, dass sich der kapitalistische Selbstwiderspruch zuerst auf der Kreditebene/Finanzebene bemerkbar macht. Er beschreibt eine historische Expansion des Kreditsystems. Sie rührt daher, dass sich im kapitalistischen Produktions-Prozess mit der Entwicklung der Produktivkraft die organische Zusammensetzung des Kapitals verändert. Das heißt, der Anteil des „konstanten" Kapitals (Gebäude, Maschinen Material, Werkzeug) wird relativ immer höher als der des „variablen" Kapitals (Arbeitskraft).

Mit der Produktivkraft-Entwicklung verändert sich also dieses Verhältnis pro eingesetztem Geldkapital. Mit anderen Worten: der relative Anteil des Sachkapitals wird immer größer.

Die bürgerliche Statistik belegt dies mit den steigenden toten Vorauskosten pro Arbeitsplatz. Um heute eine Arbeitskraft beschäftigen zu können, deren Arbeitsprodukte am Weltmarkt konkurrieren können, sind in manchen industriellen Bereichen Vorauskosten in Millionenhöhe erforderlich.

Die Konsequenz ist, dass diese enorm ansteigenden Vorauskosten immer weniger aus erzieltem Profit bezahlbar sind. Das bewirkt, dass die Einzelkapitale auf Kredite zurückgreifen (müssen).

Aber: Kredit ist (immer!) Zugriff auf zukünftigen Mehrwert. Der Kredit muss verzinst und getilgt werden. Das heißt, der künftige Mehrwert muss wirklich kommen.

Da nun dieses Kreditsystem (Kreditierung der Real-Ökonomie) immer ausgedehnter wurde, bewirkte das zugleich auch eine immer größere Abhängigkeit der Real-Ökonomie vom Kreditsystem.

Das bedeutete aber nichts anderes, als dass sich der Kapitalismus in ein Scheeballsystem verwandelte. Die Kreditketten wurden immer länger, dünner und somit gefährdeter, weil sie immer weiter in die Zukunft reichten. Mit anderen Worten: heute werden Dinge produziert mit Geld, dass erst irgendwann in einer ungewissen Zukunft als realer Mehrwert erscheinen soll.

Heute können wir feststellen, dass so bereits jetzt mindestens das gesamte 21. Jahrhundert kapitalisiert wurde; die Produktion also bereits heute den erhofften Mehrwert eines ganzen Jahrhunderts verknuspert. Und ebenso sehen wir, dass die reale Mehrwert-Produktion der Kredit-Entwicklung in keiner

Weise mehr folgen kann. Das bedeutet, dieser erhoffte Mehrwert wird niemals real werden.

Anhand der Entwicklung der Arbeitsplatzentstehung und des Sozialprodukts der letzten 30 Jahre rechnete uns Horst Afheldt bereits 1994 vor, dass es bei einem steten Konjunkturwachstum von 5,5 Prozent nicht weniger als 120 Jahre dauern würde, bis die heute allein in Deutschland fehlenden 6-7 Mio. Arbeitsplätze geschaffen wären. Und das auch nur unter der Voraussetzung unveränderter Demographie und Produktivkraftentfaltung ohne Krisen, Hyperinflation und andere real zu erwartende Turbulenzen. Bei derzeitigen Wachstumsraten zwischen 1 und 2 Prozent dauerte das über 500 Jahre; also eine komplette Illusion!

Wie stellt sich der historische Charakter unserer heutigen Krise seit den 70er Jahren dar?

Der Charakter der Dritten industriellen Revolution der Mikroelektronik besteht darin und bedeutet, dass immer mehr Arbeitskraft wegrationalisiert wird; und zwar schneller als es möglich ist, neue Märkte für neue Erzeugnisse zu installieren. Das heißt, dass eine Reabsorption (Neueingliederung) von Arbeitskraft hinter ihrer Überflüssigmachung immer stärker zurückbleibt. Selbst die neuen Produkte sind von Anfang an schon immer arbeitsloser, arbeitsarm.

Wir erinnern uns an die Anfänge des Personal-Computers. Eine Arbeits- und Speicherkapazität dieser Technik, die vor wenigen Jahrzehnten noch den Platz ganzer Gebäudeteile erforderte, wird heute bereits den Kindern in ihrem Spielzeug zu Weihnachten geschenkt. Alles neu Entwickelte ging und geht, ähnlich wie beim Auto, in die Massenproduktion, die ihrerseits immer automatisierter wird und so immer arbeitsärmer.

Dieser globale Prozess bewirkt erstmals eine strukturelle Massen-Arbeitslosigkeit und Unterbeschäftigung. Der historische Kompensations-Mechanismus erlischt.

Na und? meint das Massen-Bewusstsein innerhalb der kapitalistischen Zentren, alles geht doch aber ganz gut. Das meint es allerdings nur, weil es in den kapitalistischen Kategorien denkt und so die Einzelentwicklungen als Krise gar nicht erkennen kann, geschweige ihre Konsequenzen:

Denn wenn die „Arbeit" verschwindet, ist auch das Kredit-System obsolet; auf welchem Mehrwert sollte denn das Zins-Versprechen beruhen? Wohin sollen also die Kredite noch gehen?

Wir sprechen hier, wenn wir uns mit dem Kapitalismus befassen, von historischen Zeiträumen. In diesen sind die Entwicklungen der letzten paar Jahrzehnte nicht einmal eine Millisekunde.

Diese Krisen der letzten 30-40 Jahre sind Ausdruck des Niedergangs des Kapitalismus. Und obwohl es historisch weniger als die genannte Millisekunde, ein Wimpernschlag, ist, kommt es dem allgemeinen Bewusstsein wie ein halbes Leben vor. Nun ist der Tod einer Gesellschafts-Ordnung natürlich nicht vergleichbar mit einem Herzinfarkt oder Schlaganfall, der einem Menschen den sofortigen Tod bringt. Der Zusammenbruch einer Gesellschafts-Form dauert einige Jahrzehnte; dennoch ist diese Spanne historisch nichts als dieser Wimpernschlag. Für den einzelnen Menschen kann sich dieser Prozess aber sein ganzes Leben lang hinziehen. Daher nimmt er die einzelnen Veränderungen nicht als Gesamt-Prozess war.

Wie sieht dieser Prozess des Zerfalls des Kapitalismus heute aus?

Wir erleben stagnierende und sinkende Wachstumsraten. Die Statistiken sind blanke Fälschungen. Das BIP zum Beispiel weist als Wachstum auch große Bereiche der Konsumtion und der Dienstleistungen aus, die also mit wertschaffender Industrieproduktion nichts zu schaffen haben, sondern von dieser abhängen.

Die Staaten versuchten bislang eine Kompensation dieses Sinkens durch Staatskredite. Diese flossen zum Beispiel in solche Bereiche wie Bildung, Gesundheit, Arbeitslosigkeit, also Bereiche, die wir mit Sozialstaat bezeichnen jedoch lediglich Konsumtion sind. Das bedeutet, wir können unsere Konsumtion nicht mehr aus industriell und landwirtschaftlich real produziertem Mehrwert bezahlen, sondern nur noch mit gedrucktem Papiergeld, dem lediglich ein Zins- und Tilgungsversprechen aus einer weiten Zukunft zugrunde liegt.

Diese Staatskredite können heute immer weniger durch Einnahmen (Steuern) gedeckt werden. Das bewirkt tendenziell entweder eine ständig wachsende Staatverschuldung, oder, wenn die Staaten auf die Schuldenbremse treten, einen Abbau des Sozialstaats.

Für die kapitalistischen Zentren bedeutet die weitere Erhöhung der Staatsschulden einen Anstieg der Inflation; für die gesamte Peripherie wirkt das als Hyperinflation.

Die Krise in den letzten Jahrzehnten wurde ursächlich verursacht gesehen durch diese Staatsaktivitäten (Sozialstaat). Aus dieser Sicht entwickelte sich der sogenannte Neoliberalismus mit seinem Kredo: Zurück vom Staatskredit auf die privaten Finanzmärkte. Die wirkmächtigen Protagonisten dieser Wende waren Margret Thatcher in Großbritannien, Ronald Reagan in den USA und Helmut Kohl in Deutschland. Durch deren Politik entwickelte sich dieses Zurück auf die privaten Finanzmärkte in einer Kaskade verschiedener Stufen.

Stufe 1) Entfesselung einer ungeschuldeten (niemandem geschuldeten) globalen Verschuldungs-Ökonomie. Immer neue Einspeisung von Notenbankgeld. Aufbau immer größerer Schuldenketten. Daraus entstand die

Stufe 2) nämlich die Entstehung einer Finanzblasen-Ökonomie. Auf der abstrakten Ebene des „Kapitals im allgemeinen" hat Marx bereits den solchen Entwicklungen zu Grunde liegenden Mechanismus als „Überakkumulation" des Kapitals beschrieben: In der Prosperität wird mehr Geldkapital real in Produktionskapazitäten einschließlich Arbeitskraft investiert, als das Fassungsvermögen der Wertproduktion einschließlich Massenkaufkraft hergibt; in der Folge entstehen Überkapazitäten (nicht im Sinne der Bedürfnisse, sondern im Sinne der kapitalistischen Systemkriterien), und als Folge davon wiederum strömen die realisierten, aber nicht mehr real reinvestierbaren Gewinne als Geldkapital in die Finanzmärkte und erzeugen spekulative Blasen, die dann platzen (müssen!) und zur allgemeinen Kapitalentwertung führen, weil sich die Kapitalakkumulation letztlich nicht wirklich von der Arbeitssubstanz/realen Wertmasse entkoppeln kann! Im normalen Zyklus bleibt dieser Vorgang peripher. Aber am Ende eines großen strukturellen Zyklus' nimmt diese Erscheinung auch große Dimensionen an; entsprechend größer fallen die Finanzblasen und der folgende Entwertungsschock als „große Krise" aus.

Aus der Not, dass die reale Verwertung in der sogenannten Real-Ökonomie zurückging, entwickelte man eine scheinbare Verwertung/scheinbare Wertschöpfung durch die Zirkulation von Finanztiteln (Aktien, Immobilien). Man zauberte einen Prozess hervor, in dem ohne jeglichen realen Produktions-Prozess scheinbar aus Geld mehr Geld gemacht wurde – das klassische Marxsche G - G', also ohne Dazwischenkunft irgendeiner Warenproduktion (bei Marx G – W – G'). Dieser Prozess hat längst eine Stufe erreicht, die nur mit dem Wort Wahnsinn beschrieben werden kann.

Um Dir die unfassbare Größenordnung des elektronisch vernetzten globalen Finanzmarktaggregats zu verdeutlichen, nimm bitte zur Kenntnis, dass der gegenwärtige (2017) sogenannte Tagesumsatz auf den sogenannten Devisenmärkten etwa 3,2 Bill. Dollar beträgt (3.200 Milliarden Dollar; pro Tag!). Gerade einmal etwa ein Prozent davon dient der Vermittlung realer Transaktionen von Waren- oder Kapitalexport, nahezu 99 Prozent vermitteln nichts anderes als die Aggregierungen der spekulativen Finanzblasenökonomie von Aktien, Immobilien, Staats- und Unternehmensanleihen, Devisenspekulationen und den noch immer komplexer werdenden Derivaten dieser sogenannten „Finanzindustrie". Und obwohl dieses eine Prozent auf den ersten Blick ziemlich mickrig aussieht, handelt es sich dennoch um 32 Mrd. Dollar (täglich!), die global in die Real-Ökonomie gelangen, und zwar vor allem in Form von Rationalisierungs-Investitionen, die ein wesentliches Moment der Globalisierung darstellen. Es entstehen also keinerlei neue

Produktionsunternehmen, sondern es werden in immer größerem Maßstab nur bislang interne betriebswirtschaftliche Funktionen der Konzerne externalisiert oder Kapitalkonzentrationen durch Fusionen und Übernahmen vorgenommen. All das bewirkt keine Expansion im Zuge einer Erweiterung der Akkumulationsbewegung mehr, sondern virtualisiert zunehmend sogar die reale Produktion. Denn dieses Geld kommt aus keiner realen Mehrwertproduktion, sondern höchstens aus der Gelddruckerei. Zumeist ist es aber lediglich eine Zahl im elektronischen Spekulations-System, also selbst bereits virtuell.

Stufe 3) Dieses Finanzblasengeld wurde also nun in die Real-Ökonomie eingespeist; und zwar sowohl für eine Konsumtion, wie auch für die Produktion und damit Bildung einer künstlichen Kaufkraft. Auf diese Weise entstanden globale Defizitkreisläufe; zuerst auf der Ebene der Immobilien. Mit dem Finanzblasengeld wurden zum Beispiel Immobilien gebaut, deren Preise stiegen dann, da die mit Krediten erzeugte riesige Nachfrage kaum befriedigt werden konnte. Wenn jedoch Preise beständig steigen, entwickelt sich daraus auch eine Erwartungshaltung, dass das immer so weitergeht. Und so setzte das zugleich auch eine sekundäre Produktion in Gang (Baustoffe, Wohnungs-Einrichtungen, Transporte, Notare, Grundstücke, Erschließungen...).

Und was sagt unser Alltags-Verstand dazu?

Es werden Häuser gebaut. Das ist real und gut.

Und der Marxist: Da ist doch „Arbeit"; Arbeitsplätze.

Aber: All das kommt aus heißer Luft. Und im Finanzsektor selbst geht das eine Zeitlang, dann muss die Blase platzen, weil die Kredite mit ihren Zinsen fällig werden. Die Kredite selbst bestehen jedoch nur aus gedrucktem und von den Zentralbanken verteilten Geld ohne jegliche reale Basis einer Mehrwertproduktion, also „heißem Geld". Es entstand nicht als Profit aus einer betriebswirtschaftlichen Warenproduktion. Und andererseits haben die Kreditnehmer keine oder keine ausreichende „Arbeit" mehr. Hätten sie diese, brauchten sie die Kredite gar nicht, zumindest nicht in dieser Höhe. 2007/2008 konnten wir so das Platzen einer Immobilienblase (beginnend in den USA) sehen.

Wie mit den Immobilien, geschah es in weit größerem Ausmaß mit vielen anderen ökonomischen Bereichen.

So entwickelten sich innerhalb nur eines Jahrzehnts (80er Jahre) weltweit zwei ökonomische Defizitkreisläufe.

Einmal ein pazifischer. Insbesondere US-amerikanisches aber auch EU-Finanzblasen-Kapital siedelte sich wegen der dort billigen Arbeitskraft in China an und errichtete mit diesem Blasen-Geld in sogenannten Export-Wirtschafts-Zonen riesige Produktionskapazitäten. Von dort aus wurden nun die USA und andere Weltteile mit billigen und damit konkurrenzfähigen Produkten beliefert.

Ein zweiter Defizitkreislauf bildete sich in Europa. Hier beliefert die wunderbare BRD die gesamte EU, insbesondere den europäischen Süden und Osten, mit billigen Waren und konkurriert auf diese Weise deren eigene Industrien nieder. Diese Feststellung ist besonders wichtig, denn jeglicher kapitalistische Export bedeutet, dass die entsprechende einheimische Produktion in den Import-Ländern entweder niederkonkurriert wird oder eine solche Produktion erst gar nicht entstehen kann (Ausnahmen sind verschiedene Agrarerzeugnisse). Kapitalismus heißt ja nicht bewusste Abstimmung kooperativer Produktion der Erzeugnisse zwischen den Ländern, sondern konkurrenzbasiert liefert jeder jedem wenn irgend möglich alles.

In Bezug auf die USA bedeutet diese Defizit-Beziehung über den Pazifik hinweg, dass deswegen schon weite Bereiche ihrer National-Ökonomie abrasiert wurden und sie als Nationalwirtschaft bereits ins zweite Glied abgeschoben wurden. Als alleinige Grundlage zur Absicherung ihrer weiteren mit virtuellem Geld bezahlten Importe aus dem fernöstlichen Raum dient ihre Bonität als Militärmacht. Und wenn der neue Präsident Trump das mit seinem Slogan „America first" wieder ändern will, kann er damit nur scheitern, denn das globalisierte (transnationale) Kapital ist national-politisch nur noch marginal beeinflussbar; es lässt sich auf seiner ständigen Suche nach noch so geringen Mehrwert-Dosen nicht mehr national einhegen, denn es ist ja auf dieser Suche gerade erst diesen nationalen Grenzen deshalb entflohen, weil sie ihm viel zu eng geworden waren, eben weil dort nicht mehr genug Mehrwert zu erzielen war.

Halten wir also fest: Beide Kreisläufe entstanden nicht aus realer Produktion mit entsprechendem Mehrwert, sondern aus „heißer Luft", ohne jegliche reale Mehrwertgrundlage.

Mit dem „heißen Geld", aus dem die Produktion entstand, werden für die gelieferten Waren Erlöse aus den Schuldnerländern erzielt, die dort schon längst nicht mehr erwirtschaftet werden konnten. Die Erlöse kommen aus Krediten, die ihnen das Lieferland für die Käufe gibt. Das heißt, das Lieferland kann nur liefern, wenn es dem Käuferland Geld in Form von Krediten gibt, damit es kaufen kann. So finanziert das Lieferland seine eigenen Exporte. Einfach nur irre.

{„Schau, ich will Dir dieses schöne Auto verkaufen". „Ja, ich möchte es gern haben; aber nur, wenn Du mir, da ich selbst keins habe, das Geld für den Kauf leihst, mir einen Kredit gibst". Gesagt – getan. Dann, nach ein paar Jahren mit laufenden Zinszahlungen und Teiltilgungen, also bereits horrenden Kosten, die die Lebensgrundlagen des Käufers belasteten, wird der Kredit insgesamt fällig. „Tut mir leid, aber ich kann den Kredit nicht tilgen; das Auto brachte mir keinen Gewinn, sondern schluckte nur viel Sprit; und meine übrige Wirtschaft liegt ebenfalls am Boden, weil die ewigen Zinszahlungen bereits ihre Erträge übersteigen". „Gut, ich gebe Dir erneut einen Kredit zur Tilgung Deiner Schulden, aber nur, wenn Du mir wieder ein Auto abkaufst, wofür ich Dir natürlich auch wieder einen Kredit gebe"}.

Das nenne ich die Schuldenfalle, in der heute bereits sehr viele Länder sitzen. Damit sind sie alle auf dem Weg, ein sogenannter Weltsozialfall zu sein, dessen Bevölkerung, wenn überhaupt, nur noch mühsam durch Spenden aus der übrigen Welt und mit dem Einsatz internationaler Hilfsorganisationen auf dem Niveau eines Dahinvegetierens am Leben gehalten werden kann. Der bestehenden Entwicklungs-Tendenz nach verliert jedoch auch diese „übrige Welt" ihre Hilfsmöglichkeiten zunehmend.

Im Sommer 2008 hatte diese Entwicklung ihren Höhepunkt. Die genannten Defizitkreisläufe funktionierten offensichtlich. Alle freuten sich: Die einen, weil sie prima Waren erhielten und noch dazu das Geld, um sie zu bezahlen; die anderen, weil sie ihre Waren losgeworden waren, wofür sie nur „heißes" Geld bezahlen mussten, das ihnen die Notenbank für null Zinsen regelrecht aufdrängte. Das alles bewirkte so die oben schon erwähnte allgemeine euphorische Hochstimmung.

Aber diese Defizitkreisläufe, mit ihren Produktionen zum Beispiel in China und Indien, sind kapitalistisch ungültig, da sie aus Finanzblasengeld ohne Mehrwert-Basis herrühren. Das will man natürlich bis heute nicht sehen. Nirgendwo wurde dieser ökonomische Schwachsinn bisher auch nur im Geringsten thematisiert.

Stufe 4) Die 2008 durch das Platzen der Immobilienblase in Gang gesetzten Entwertungsschocks auf den Finanzmärkten waren erstmalig global. Erstmals mussten sie die innere Schranke der Verwertung zum Vorschein bringen. Damit jedoch hat die Scheinakkumulation aus Finanzblasen aufgehört, sie geht nicht mehr, ist an ihrem Ende. Das stört natürlich ihre Agenten nicht, denn sie machen mit genau dem weiter, womit sie 2008 ff so gewaltig aufs Maul fielen (die Börsen-Indizes „Dow-Jones" und „DAX" erreichten 2017 bereits neue Allzeit-Hochs). Aber zugleich spüren sie dieses Ende. Was also tun?

Stufe 5) Eine Rückverlagerung auf den Staatskredit ist illusorisch. Dennoch ruft der Liberalismus in der Krise immer nach dem Staat. Ist er die letzte Instanz, wenn er sagt: Ich, der Staat, kreiere die Mehrwertproduktion durch mein Gewaltverhältnis (Verstaatlichungen, Rettungspakete, Konjunkturprogramme)? Warum dann überhaupt dieser ganze Umweg über die privaten Finanzmärkte; warum hat er (der Staat) es bisher nicht getan?

Der Staat ist abhängig von realer Mehrwertproduktion in den Betriebswirtschaften, die er dann mit Steuern belegen kann. Falls er selbst produziert, ändert das hieran grundsätzlich nichts. Er hat ansonsten nur die formelle Kompetenz, über die Notenbanken Geld zu schöpfen. Tut er das verstärkt, wird das Geld mit Konsequenz selbst entwertet. Genau das ist gegenwärtig massiv der Fall.

Stufe 6) Auf Grund seiner genannten formellen Kompetenz bleibt dem Staat nichts anderes übrig, als nicht nur Rettungspakete zu schnüren, sondern auch Konjunkturprogramme durchzuführen. Beispiele sind Legende: Opel, Abwrackprämie; Commerzbank, Staatsbeteiligung; in China Kaufprämie für Kühlschränke aus chinesischer Produktion; in Deutschland Diskussion zum Ausbau der Landes-Infrastruktur, in den USA dito..., aber aus welcher konkreten Mehrwert-Produktion soll die Finanzierung kommen? Die USA benötigen allein zur Reparatur ihrer Infrastruktur wenigstens eine Billion Dollar.

Wie bei den USA ist generell zu fragen, wie lange hält der Staat das durch? Vor allem aber, wie, also woraus wird das bezahlt? In dieser Falle sitzen wir jetzt. Denn aus realer Produktion kann das nicht mehr erwirtschaftet werden. Mit neuen Staatsschulden zu Lasten einer Zukunft, die nie mehr kommt, ist das reine Virtualität, ein Scheinleben in einer Scheinrealität. Derzeit betragen allein die US-Staatsschulden etwa 20.000 Mrd. Dollar. Die Schulden der US-Privat-Haushalte stehen dem mit über 18.000 Mrd. Dollar kaum nach. Die Staatsschulden Deutschlands betragen heute (2017) etwa 2.000 Mrd. €.

Natürlich ahnen die kapitalistischen Eliten, dass nichts mehr geht. Die Ökonomen haben bereits klar eingeräumt, dass es nie mehr Vollbeschäftigung geben wird und im Gegenteil global immer mehr Arbeitskraft überflüssig gemacht wird. Dennoch wollen sie alle die wahre Entwicklung ihres wahnsinnigen Systems nicht sehen und überschwemmen uns geradezu mit

Entwarnungsdiskursen und allerlei Wissenschafts-Schnick-schnack hinsichtlich möglicher Lösungen. Alles sei doch gar nicht so schlimm; in jeder Form der Entwicklung stecken unendlich viele neue Chancen, jeder ist seines Schicksals eigener Schmied; wir müssen nur wollen, noch mobiler werden und lieb zueinander sein: der Unternehmer zum Arbeiter, der Muslim zum Christen, der Nazi zum Juden, der „Weiße" zum „Schwarzen", der Politiker zum Politiker, der Mann zur Frau.

Jedoch hat bisher niemand gesagt, wo die für eine kapitalistisch gültige Verwurstung menschlicher Energie nötigen Potentiale liegen; welche neuen Erzeugnisse solche neuen Märkte schaffen, die wieder die Einbeziehung von Millionen und Abermillionen neuer Arbeitskräfte auf der Höhe des erreichten Produktivitäts-Standards verlangen, die dann den erforderlichen riesigen Mehrwert produzieren, um im Kapitalismus bleiben zu können. Denn hinter diesen heute erreichten Standard der Rationalität, dieses verinnerlichte Wissens-Aggregat, kann die Menschheit nicht mehr zurück. Auf das technische Niveau der Dampfmaschine oder des Hakenpflugs können wir also nicht zurück und damit wieder in die damalige Gesellschaftsform.

Das geht deshalb nicht, weil die Konkurrenz automatisch eine Produktivkraft-Entwicklung zu immer größerem Maßstab erzwingt.

Und das bewirkt eben, dass ein immer größerer Teil der Arbeitsplätze kapitalistisch ungültig und abgewickelt wird.

Auch hier sind wir mittendrin.

Diese Entwicklung wird zwar durch staatliche Rettungspakete (Abwrackprämie) etwas verzögert; der Staat kann das aber nicht lange durchhalten. Denn die Abwicklung findet zeitversetzt statt. Opel ist daher, egal welchen Eigentümern es gehört, nur ein klitzekleiner Teil der Gesamt-Wirkungen des Gesamt-Prozesses. Dieser Gesamt-Prozess macht es bereits jetzt erforderlich, dass rund 30 Prozent der Welt-Autoproduktion insgesamt verschwinden.

Der aufgeblähte Finanzüberbau schafft wegen seiner Virtualität nur scheinbar eine Beruhigung. Er birgt einen Haufen fauler Kredite in Billionen-Höhe, die irgendwann entwertet werden müssen. Die Auslagerung in eine sogenannte Bad-Bank ändert daran nichts.

Was wir mit dieser Entwicklung zu erwarten haben, ist eine riesige Pleitewelle. Sie wird zuerst Zulieferer, den Transport sowie den Bereich der Dienstleistungen betreffen.

Die kapitalschwachen Banken werden derzeit von den Zentralbanken mit Geld zu null Prozent Zinsen geradezu überschwemmt. Die Banken sollen dieses Geld als Kredite an die Betriebswirtschaften der Real-Ökonomie geben. Das sind aber längst Todeskandidaten, denen solches Geld in keiner Weise mehr helfen kann. Und natürlich wissen die Banken nicht, wer von diesen Kandidaten genau betroffen sein wird. Also könnten sie ihr Geld ebenso gut gleich verbrennen.

Schauen wir uns an dieser Stelle noch einmal den oben erwähnten pazifischen Defizitkreislauf an, der derzeit noch nicht ganz so arg berührt ist, was sich jedoch im Verlauf der Regierungs-Zeit des neuen US-Präsidenten Trump allzu bald ändern kann. Wie der Präsident heißt, ist unwichtig, denn jeder, und so auch Trump und sein Umfeld sind ebenso blind für den Charakter dieser pazifischen Brücke wie auch das Allgemein-Bewusstsein selbst. So sehen sie nicht, dass bei nahezu allen Lieferungen aus China, auf denen China draufsteht, eigentlich die USA und EU drinstecken. Das hat zur Folge, dass, wenn Trump diese Lieferungen mit Zöllen belegen oder andere handelspolitische Maßnahmen der staatlichen Administration ergreifen lässt, die darauf abzielen, das Defizit der USA im Warenaustausch mit China zu vermindern, das aus der betriebswirtschaftlichen Sicht der transnationalen US-Unternehmen völlig kontraproduktiv erscheint. Er kann damit nur seine vermeintlich eigenen Konzerne ruinieren; diese werden ihm aber was husten. Denn was aus nationalökonomischer Sicht wie Import und Export zwischen den USA und China erscheint, sind in Wahrheit lediglich betriebswirtschaftliche Binnenbewegungen der transnationalen Unternehmen. Die kapitalistische Statistik lässt sich hiervon jedoch nicht beeindrucken. So werden diese Binnenbewegungen der transnationalen Unternehmen unbeirrt nach wie vor den USA und China als Import und Export zugerechnet. China wird auf diese Weise eine Außenquote von über 30 Prozent zugeschrieben. Was aber hier als chinesische Exportindustrialisierung gefeiert wird, besteht in Wirklichkeit darin, dass China in eine völlige Abhängigkeit von transnationalen Kapitalbewegungen und Defizitflüssen geraten ist. Denn diese hohe Außenquote bezieht sich nur auf einen verschwindenden Bruchteil der gesamten Bevölkerungsmasse von mehr als 1.300 Millionen Menschen, wenn wir sehen, dass lediglich etwa 30 Millionen Chinesen in diesen Export-Zonen beschäftigt sind. Das ist in Relation zur Gesamtbevölkerung noch nicht einmal der berühmte Tropfen auf dem heißen Stein. Wir können erahnen, welche ökonomische und soziale Zerreißprobe hier heranreift. Insbesondere müssen wir uns fragen, warum diese US- und EU-Konzerne elgentlich in China sind und nicht mehr zu Hause, also innerhalb der heimatlichen staatlichen Grenzen produzieren. Sie tun es aus Konkurrenz-Gründen. Die heimatlichen Verwertungsbedingungen sind ihnen zu eng, weil zu teuer geworden. Die heimatlichen Arbeitskräfte verlangen und benötigen wegen des erreichten hohen Produktivitäts-Niveaus und damit höheren Lebensstandards auch tatsächlich höhere Löhne. Und zu deren Durchsetzung organisierten sie sich, wenn auch bereits auf mickrigem Niveau, sogar auch noch in Gewerkschaften. Das sieht in China anders aus, denn dort lebt die große Mehrheit der Bevölkerung noch immer auf Armutsniveau. Das sogenannte Brutto-Inlands-Produkt (BIP) als ein Durchschnittswert betrug dort 2016 8.260 US-Dollar pro Kopf, während es in den USA 57.290 US-Dollar erreichte. Allein in den letzten 10 Jahren wuchs es in den USA um 11.000 US-Dollar. Der Hinweis auf einen Durchschnitt ist wesentlich. Denn schaut man sich die in China inzwischen hohe Zahl an Millionären und Milliardären an, versteht man leicht, auf welch armseligem Lebensniveau der allergrößte Bevölkerungsteil wirklich lebt.

Um weiter in der weltweiten Konkurrenz bestehen zu können, machte sich deshalb zunächst das bereits internationalisierte Großkapital auf die Suche nach billigeren Geschäftskosten. Es wurde transnational (nicht international!); entzog sich also den Staaten, waberte gewissermaßen durch sie hindurch. Es erfolgte ein betriebswirtschaftliches Outsourcing verschiedener Bereiche großer Konzerne in unterschiedliche, relativ wenige Länder der ehemaligen Dritten Welt. So vor allem nach China, teilweise Indien, Südostasien, nach wenigen Zentren Lateinamerikas und Osteuropas. Praktisch bedeutet das, dass sich in den entwickelten Ländern Zonen der Unterentwicklung ausbreiten, während in den unterentwickelten Ländern Inseln der

Entwicklung erscheinen. Überall gibt es Zonen der Globalisierung; und überall gibt es abgekoppelte Armuts- und Zerfallszo-
nen. Bei diesen Zonen handelt es sich um neu errichtete „Son-
derwirtschaftszonen", vor allem um sogenannte „Exportzo-
nen" (EPZ), die mit einer territorialen Durchindustrialisierung
des betreffenden Landes absolut nichts zu tun haben. Schon
die Bezeichnung „Zone" verweist auf den exterritorialen Kri-
sencharakter der ganzen Veranstaltung. Die Exterritorialität
besteht ganz handfest in besonderen Bedingungen der Besteuerung, der gesetzlichen Auflagen, des Arbeitsrechts usw., in
denen die weitgehende Preisgabe nationalstaatlicher Regula-
tionsfähigkeit zum Ausdruck kommt. Die Staaten und damit die
stets nur national gebundene Politik können darauf nahezu gar
keinen Einfluss mehr nehmen. Und wenn Trump dieses Kapital
wieder in die nationalen Grenzen zurückholen will, die ja schon
vor Jahrzehnten für das Kapital viel zu eng geworden waren,
um eine Verwertung zu betreiben, kann er nur scheitern, denn
der Kapitalismus kann nie in eine seiner Vergangenheiten zurück, da er das einmal erreichte Produktivitätsniveau nicht zu-
rückdrehen kann, sondern immer nur weiter steigern muss,
wie wir schon festgestellt haben. Trump ist einfach nur ein Sys-
temidiot, eine Charaktermaske der Macht, was er selbst nicht
einmal durchschaut. Marx sagte über diese Idioten: „sie wissen
es nicht, aber sie tun es". Gut, wir werden also sehen und dürfen gespannt sein.

Insgesamt führt der Beschäftigungsabbau wegen der Außen-
verlagerung (Outsourcing) in den kapitalistischen Kernländern
nicht zu einem Beschäftigungsaufbau in den peripheren Ländern, die zu Zielen des Outsourcing werden, sondern er vermittelt sich dort mit dem großflächigen Abbruch der Binnen-

ökonomie. Ein Beispiel: In demselben Maße, wie die Bewachungsjobs von Fuhrparks, Parkplätzen etc. in den Kernländern des Kapitalismus durch billige Fernüberwachung aus der Peripherie wegfallen, brechen in der Peripherie selbst ganze Unternehmen samt Fuhrpark und immer größere Teile der privaten Konsumtionsfähigkeit von Autos, bewachten Parkplätzen usw. zusammen. Für den einen gewonnenen Fernüberwachungsjob fallen zehn oder auch hundert andere Jobs weg, während im Zentrum erst einmal nur dieser spezifische Job ersatzlos gestrichen wird. In beiden Fällen ist der Effekt also ein negativer, allerdings in der Peripherie in einem weitaus größeren Maße. Wie wir sehen können, zeigt diese Negativentwicklung bei der Mehrzahl der Menschheit in den riesigen Regionen der Peripherie den Menschen in den Ländern des kapitalistischen Zentrums nur ihre eigene Zukunft, die überall auch dort schon begonnen hat.

In diesem Welt-Prozess wachsen die globalen Schulden wesentlich schneller als die globale Wirtschaftsleistung; diese Schulden betragen heute etwa 220 Billionen US-Dollar; sie wachsen derzeit jährlich um rund 5 Prozent immer weiter an und machen bereits jetzt etwa 300 Prozent der Welt-Wirtschaftsleistung aus. Mit anderen Worten: Alle Menschen der Welt müssten augenblicklich aufhören zu leben, dann aber als Tote drei Jahre lang auf höchstem Weltmarkt-Niveau weiterarbeiten, um die Schulden zu tilgen.

Allein Japan hat Schulden von über 500 Prozent seiner jährlichen Wirtschaftsleistung. Hier und überall betreffen die Schulden nicht nur den Staat, sondern ebenso drastisch die Unternehmen und die privaten Haushalte. Damit nützen auch niedrige Staatsschulden nichts mehr, solange die Verschuldung der Wirtschaft und privaten Haushalte aus den Nähten platzt.

Derzeit beruhen ungefähr 80 Prozent der USA-Konjunktur auf Konsum. Dieser wiederum wird ebenfalls zu etwa 80 Prozent aus den Finanzblasen finanziert, also mit virtuellem Geld. Virtuell bedeutet hier immer, dass es sich um gedrucktes Geld handelt, das keiner realen Warenproduktion, also irgendeinem Profit entspringt; es ist einfach nur als Zeichen vorhanden. Wo also soll in den USA eine real-ökonomisch basierte Kaufkraft herkommen, um dieses pazifische Perpetuum mobile am Laufen zu halten?

China nimmt dieses per Steuern, Abgaben und Beteiligungen aus den sogenannten EWZ (Export-Wirtschafts-Zonen) erhaltene unreale Geld, womit die USA die Importe aus China bezahlen und verwendet es für die Errichtung von Geisterbauten (Häfen, Flughäfen, Energieversorgung, Büro- und Wohntürme). Alles ist darauf ausgerichtet, diesen pazifischen Defizitkreislauf beizubehalten. Und der Motor dafür ist die künstlich (mit Finanzblasengeld) geschaffene Kaufkraft in den USA.

Hier drängt sich die Frage auf, wie soll denn der Weltmotor einer realen Mehrwertproduktion überhaupt wieder anspringen?

Der gegenwärtige Zustand führt zu einer schubweisen globalen Entwertung. Entwertet wird quasi alles: Entwertung der Arbeitskraft (strukturelle Massenarbeitslosigkeit); Entwertung des Sachkapitals (Gebäude, Maschinen, Werkstoffe, Werkzeuge); Entwertung des Geldkapitals; Entwertung des Selbstzweckmediums, also des Geldes selber. In diesem Prozess befinden wir uns, man kann es nur immer wieder erneut feststellen, mittendrin. Alles was wir täglich erleben und uns in den Medien serviert wird, zeigt nichts als diesen Entwertungs-Prozess des Kapitals. Die gesellschaftliche Reproduktion kommt wegen mangelnder mehrwertbasierter Finanzierungsfähigkeit sukzessive zum Stillstand. Der Fetischismus-Charakter des Kapitalismus wird sichtbar. Alles ist zwar ausreichend da, wird aber stillgelegt, weil es dem Selbstzweck der Verwertung nicht mehr gerecht werden kann.

Daher kann es jetzt zum Beispiel für die Linke, wie überhaupt generell für alle, auch nicht mehr um die Rettung der abstrakten Arbeit gehen. Denn das hieße, wieder in eine weniger entwickelte Vergangenheit (in der noch mehr „Arbeit" pro Erzeugnis angewendet werden konnte) zurück zu wollen. Aber alle Mittel sind gerade wegen des erreichten hohen Rationalitäts-Standards in überreichem Maße vorhanden. Mit anderen Worten: Der Kommunismus ist schon da; nur eben in einer negativen Form der Dinge (3), anstatt in einer positiven Form der direkt menschlichen Beziehungen.

Jetzt kommt es darauf an, uns diese Dinge anzueignen. Das geht nur, wenn wir sie ihrer bisherigen Form entkleiden, ihnen die Warenform nehmen.

Jetzt durchläuft die kapitalistische Ökonomie ihre historische Krise (grob geschätzt im Lauf dieses und des kommenden Jahrzehnts). Damit ist der gesamte kapitalistische Formzusammenhang obsolet. Wir müssen ihn deshalb zerstören, bevor er uns zerstört.

(3): sh. hierzu auch die Ausführungen unter „Der Mensch als Subjekt".

Die Leute erklären einen für verrückt, wenn man das sagt.

Tun wir es aber nicht, sind wir mit diesem irren System objektiv weiter auf dem Weg in die Barbarei, wie bereits Marx deutlich und eindeutig feststellte und wir nun heute tagtäglich selbst sehen (können) und uns alle Medien permanent in die Wohnstuben liefern.

Wir müssen die Kritik probieren und sagen: Leute, Euer materielles Interesse befindet sich in einer verrückten Form. Und wenn Ihr die beibehalten wollt, werdet Ihr auch nichts mehr zu fressen kriegen.

Hier gebe ich Dir eine einigermaßen aktuelle Übersicht dessen, was von mir ausgewählte Länder in ihren Statistiken angeben, was bei ihnen jährlich durchschnittlich ein Mensch (angeblich) produziert.

Brutto-Inlands-Produkt (BIP) pro Kopf 2016 in ausgewählten Ländern (US-Dollar)

Ägypten	3.700 (2015)
Äthiopien	760
Albanien	4.200
Algerien	4.100
Argentinien	12.400
Brasilien	8.600
Bulgarien	7.090
China	8.260

Deutschland   ca. 48.000 (38.000 €); wegen des abgehängten Ostens so gering

Estland	17.900
Frankreich	38.540
Ghana	1.550
Griechenland	18.080
Großbritannien	40.400
Indien	1.700
Indonesien	3.640
Iran	5.120
Italien	30.300
Japan	37.300
Kanada	40.400
Kroatien	11.900
Kuba	6.800 (2013)
Marokko	3.100
Mexiko	8.700
Niger	415
Nigeria	2.260
Philippinen	3.000

Polen	12.300
Portugal	19.760
Rumänien	9.440
Russland	8.840
Serbien	5.300
Somalia	145
Spanien	27.000
Sudan	2.380
Südafrika	5.000
Südkorea	26.000
Südsudan	210
Syrien	2.800 (2010)
Taiwan	22.000
Thailand	5.700
Tschad	880
Ukraine	2.050
Ungarn	11.900
USA	57.290 (gelöst von der Verschuldung, läge das Niveau etwa bei dem Frankreichs)

Venezuela	10.750 (außer Öl wird in diesem Land nichts produziert, was dieses BIP ergeben könnte)
Vietnam	2.160

Weltdurchschnitt BIP pro Kopf: 10.000 US-Dollar

Summe Welt-BIP: 73,6 Bill. USD (2015; geschätzt)

Summe Weltschulden ca. 220 Bill. USD (2017)
(Quelle: UNCTAD)

Und hier noch die ersten 8 in der Weltrangfolge beim sogenannten BIP pro Kopf:

Katar	145.000 (2015)
Luxemburg	102.900 (2015)
Liechtenstein	89.400 (2009)
Macau	88.700 (2013)
Singapur	85.700 (2015)
Bermuda	85.700 (2013)
Insel Man	83.100 (2007)
Brunei Darussalam	79.700 (2015)

Das allein zeigt uns schon die inhaltliche Struktur dieser Kennziffer. Während es sich bei Katar noch um den sogenannten Ölreichtum handelt (Bevölkerung mit etwa 2,1 Mio. ähnlich wie das deutsche Bundesland Brandenburg), ist es bei den Anderen das Spielkasino des globalen Finanzsektors, der dort sein „heißes" Geld parkt. Nahezu nichts hat daher direkt etwas mit irgendeiner realen Mehrwert-Produktion der dort lebenden Einwohner zu tun. Das gibt uns einen guten Blick auf die „Qualität" der bürgerlichen Statistik überhaupt. „Was sind die Steigerungsformen von >Lüge<"? „Lüge – Zeitung – Statistik" (alter DDR-Witz).

Nach diesem Einblick in die Krisen-Dynamik des Welt-Kapitalismus ist Dir möglicherweise aufgefallen, dass die gesamte Entwicklung dieses Systems der gesellschaftlichen Reproduktion einen wesentlichen Zusammenhang mit der „Arbeit" hat. Ja, das ist so und ich will Dir nun zeigen, was „Arbeit" überhaupt ist, wie sie in die Welt kam und was sie mit uns Menschen macht.

„Arbeit" – eine Verhaltensstörung der Moderne

Zunächst halte ich fest, dass der Begriff „Moderne" nichts meint, als den Kapitalismus selbst und die Zeitspanne seines Bestehens.

In der Geschichte des westlichen Denkens hat sich die Sprache von Philosophie und Wissenschaft immer weiter von der Sprache der gewöhnlichen Menschen entfernt und ist zur Geheimsprache einer elitären, von der übrigen Gesellschaft getrennten Priesterkaste des bürgerlichen Wissens geworden.

Es gibt wenig Begriffe, die gleichzeitig der Sphäre der theoretischen Reflexion und der Sphäre des alltäglichen praktischen Lebens angehören. Gerade dann handelt es sich meistens um besonders schräge Gegenstände, die unfreiwillig auf die Absurdität der bürgerlichen Gesellschaft verweisen. „Arbeit" ist ein solcher Begriff, der einerseits eine philosophische, ökonomische und soziologische Kategorie darstellt, andererseits aber auch auf eine verwirrend vielfältige Weise in der Lebenspraxis aller Menschen verwendet wird. Dieser besondere Charakter der gesellschaftlichen Bedeutung von Arbeit verweist auf einen universellen Zusammenhang in der modernen Welt. Kein Wort ist auf den ersten Blick klarer und keines auf den zweiten Blick unklarer als dieses.

Die Doppeldeutigkeit der Arbeitskategorie erweist sich schon allein daran, dass sie sowohl oppositionell als auch affirmativ verwendet wird. Der Marxismus hat immer versucht, die „Arbeit" als positives Ideal für sich zu reklamieren und von einer angeblichen „Nichtarbeit" der bürgerlichen Welt und ihrer Repräsentanten abzugrenzen. Die sozialistische Presse des 19. Jahrhunderts stellte in ihren Karikaturen die Kapitalisten mit Vorliebe als fettleibige Schmarotzer oder als Dandys und Flaneure dar, die sich auf Kosten der Arbeiterklasse ein angenehmes und „arbeitsloses" Leben verschaffen. Deshalb wurde es ja auch zum zentralen Anliegen, statt der Arbeitskategorie „die Müßiggänger" beiseite zu schieben. Es sind eigentlich eher die alten Feudalherren und die Rentiers großer Geldvermögen, die in diesem groben Feindbild sichtbar werden, und nicht die modernen Manager. Denn die industriellen Tycoons sind bekanntlich schlank, joggen täglich, haben weniger Freizeit als ein Plantagen-Sklave und müssen sich in Therapie begeben, weil sie „arbeitssüchtig" geworden sind.

In Wahrheit ist die „Arbeit" schon immer ein bürgerlich-kapitalistisches Ideal gewesen, längst bevor der Sozialismus diesen Begriff für sich entdeckte. Insofern stellt der vermeintlich kapitalismuskritische „Standpunkt der Arbeit" schon von Haus aus eine Paradoxie dar. Das Lob der Arbeit wird auch von der christlichen Soziallehre in den höchsten Tönen gesungen; und der Liberalismus hat die „Arbeit" ebenfalls heiliggesprochen und verspricht ganz ähnlich wie der Marxismus ihre „Befreiung". Auch sämtliche konservativen und gerade auch die rechtsradikalen Ideologien beten die „Arbeit" geradezu an. Offensichtlich ist die Religion der „Arbeit" das gemeinsame Bezugssystem aller modernen Theorien, politischen Systeme und sozialen Klassen. Sie konkurrieren miteinander, wer in dieser Religion die größte Frömmigkeit an den Tag legt und die größte Leistung aus den Menschen herauskitzelt.

Die seltsame Karriere des Arbeitsbegriffs

Bei solchen Gedanken wirst Du vielleicht als der moderne Normalmensch ärgerlich. „Was soll das denn?" „Man muss doch arbeiten!". „Haben die Menschen nicht schon immer gearbeitet? Sonst gäbe es ja keine Nahrungsmittel, keine Kleidung, keine Wohnung und keine Kultur. Von nichts kommt nichts". Zweifellos haben die Menschen schon immer Dinge und Ideen produziert, um zu leben, zu genießen, zu forschen und sich zu unterhalten. Aber ist Arbeit der richtige, überhistorische, universelle Begriff dafür? Arbeit ist eine Abstraktion, ein Wort von vieldeutiger Allgemeinheit. Karl Marx, dessen Verhältnis zum positiven Arbeitsbegriff durchaus zwiespältig war, meinte einerseits, die Arbeit erscheine „in dieser Abstraktion praktisch

71

wahr (nur) als Kategorie der modernen Gesellschaft" (Marx 1874/1857,25). Dennoch verteidigte er zugleich diese unbestimmte Allgemeinheit als eine überhistorische und meinte, es handle sich gewissermaßen um eine „vernünftige" Abstraktion (ebd). Friedrich Engels behauptete sogar, die Arbeit sei maßgeblich an der „Menschwerdung des Affen" beteiligt gewesen, womit schon unsere „über und über behaarten" Vorfahren mit „Bärten und spitzen Ohren" jener segensreichen vernünftigen Abstraktion teilhaftig geworden seien (Engels 1946/1896, 6 ff).

Aber stimmt das wirklich? Eine *vernünftige* Abstraktion wäre ein sinnvoller allgemeiner Oberbegriff für qualitativ verschiedene, aber trotzdem auf einer bestimmten Ebene zusammengehörige Dinge. So werden zum Beispiel Äpfel, Birnen, Pfirsiche, Orangen usw. zu dem Oberbegriff „Obst" zusammengefasst. Aber in diesem Sinne ist Arbeit als Oberbegriff menschlicher Tätigkeiten gerade keine vernünftige Abstraktion. Auch Spazierengehen, Schach spielen oder Romane lesen sind ja menschliche Tätigkeiten, ohne dass sie normalerweise zur Arbeit gerechnet werden. Wo soll da die Grenze gezogen werden, ohne ein Moment von Willkürlichkeit hineinzubringen? Um hier Klarheit zu schaffen, ist der besondere gesellschaftliche Charakter des abstrakten Arbeitsbegriffs genauer zu bestimmen.

Historisch ist die gesellschaftliche Allgemeinheit des Arbeitsbegriffs als angebliche Selbstverständlichkeit mehr als zweifelhaft. Viele Jäger-, Hirten- oder Bauernkulturen kannten überhaupt keinen abstrakten ganz unterschiedliche Tätigkeiten   übergreifenden Begriff der Arbeit. Aber nicht etwa deswegen, weil sie kein Abstraktionsvermögen gehabt hätten. Es wäre ihnen jedoch im höchsten Grade unvernünftig und geradezu verrückt erschienen, Tätigkeiten wie Jagen und Pflanzen, Kochen und Kinder erziehen, Kranke Pflegen und kultische Handlungen ausführen unter einem einzigen abstrakten Oberbegriff von „Tätigkeit überhaupt" zusammenzufassen. Oft gab es in diesen archaischen Gesellschaften (soweit sie rekonstruierbar sind oder noch Reste existieren) für die verschiedenen Bereiche des Lebens, für Männer und Frauen, für verschiedene soziale Gruppen oder Fertigkeiten (Bauern, Künstler, Krieger usw.) auch verschiedene Oberbegriffe der Tätigkeit, die in keiner Weise dem modernen Universalbegriff der Arbeit entsprechen.

Wann und in welchem Kontext ist also dieser abstrakt-allgemeine Begriff der sozialen und ökonomischen Aktivität entstanden? In mehreren Kultursprachen geht die Wurzel des Wortes „Arbeit" auf eine Bedeutung zurück, die den unmündigen Menschen, den Abhängigen oder Sklaven bezeichnet. Arbeit ist also ursprünglich keine neutrale und vernünftige, sondern eine soziale Abstraktion: es ist die Tätigkeit derjenigen, die ihre Freiheit verloren haben. Egal, was diese Menschen auch tun mögen, ob sie nun im Bergwerk oder auf der Plantage schwitzen, ob sie als Domestiken im Haus Essen auftragen, die Kinder zur Schule begleiten oder der Herrin Luft zufächeln: es ist immer die Tätigkeit eines als Knecht definierten Menschen. Das Dasein als Knecht ist der Inhalt der Abstraktion Arbeit. In diesem Sinne, als sozial eingegrenzte Abstraktion, konnte der Arbeitsbegriff natürlich keinesfalls den Charakter einer gesellschaftlich allgemeinen Tätigkeitsform haben und schon gar nicht positiv bestimmt sein.

So ist es kein Wunder, dass der Begriff der Arbeit in der Antike die metaphorische Nebenbedeutung von Leid und Unglück angenommen hat (etwa im Lateinischen). Es ist das Leid des Menschen, der in dem negativen Sinne tätig ist, dass er „unter einer Last schwankt" (laborare). Diese Last kann auch unsichtbar sein, weil sie in Wahrheit die soziale Last der Unselbstständigkeit ist. Das ist auch letzten Endes gemeint, wenn im Alten Testament der Bibel die Arbeit als ein von Gott auferlegter Fluch des Menschen gedeutet wird. Arbeit, von „arbejioiz" im Germanischen abgeleitet, bedeutet die Mühsal, wiederum abgeleitet vom germanischen Verb „arbejo", was heißen soll: „bin verwaistes und daher aus Not zu harter Tätigkeit gezwungenes Kind". Noch im Neuhochdeutschen drückt man im zusammengesetzten Begriff „Mordsarbeit" den Sachverhalt recht treffend aus. Die Gleichbedeutung von Leid und Arbeit meint nicht die bloße Anstrengung. Auch ein freier Mensch kann sich bei bestimmten Gelegenheiten anstrengen und sogar Lust dabei empfinden.

Deswegen ist es ganz falsch, die „Nicht-Arbeit" der Freien und Unabhängigen in der Antike als pures „dolce far niente" (süßes Nichtstun) und als bloße Faulheit misszuverstehen, wie es oft in der vulgärmarxistischen Literatur erscheint. Bei Homer ist der Held Odysseus sogar stolz darauf, dass er sein Bett selbst gezimmert hat. Nicht die Tätigkeit als solche war ehrlos, auch nicht die Handarbeit, sondern die Subsumtion des Menschen unter andere

Menschen oder unter einen „Beruf". Ein freier Mensch konnte gelegentlich ein Bett oder einen Schrank bauen, aber er durfte nicht von Berufs wegen Schreiner sein; er konnte gelegentlich Gedichte schreiben, aber er durfte nicht Dichter sein (schon gar nicht als Gelderwerb). Wer formal frei war, aber sich einer lebenslangen Erwerbsarbeit in irgendeinem Zweig der Produktion unterwerfen musste, war dieser Tätigkeit gegenüber „unmündig" geworden und galt kaum mehr als ein Sklave.

Deswegen musste die Tätigkeit des freien Amateurs allerdings keineswegs ungeschickter oder von schlechterer Qualität sein als die des unfreien „Berufsmenschen". Sich in verschiedenen Künsten zu üben und Kenntnisse zu erwerben, galt durchaus als ehrenhaft; und aus den Märchen verschiedener Kulturkreise können wir erfahren, dass in den alten Gesellschaften sogar Königssöhne und Prinzen manchmal neben der Kriegskunst und geistigem Wissen auch ein Handwerk erlernen mussten – aber eben nicht um lebenslang Handwerker zu „sein" und damit dem Leid der Arbeit unterworfen zu werden, sondern um in vieler Hinsicht „geschickt" zu sein und qualitativ verschiedene Tätigkeitsformen frei miteinander kombinieren zu können.

Es war das Christentum, das zuerst die negative Bedeutung der Abstraktion Arbeit positiv umdefiniert hat – und zwar paradoxerweise gerade als Leid und Unglück! Weil nämlich angeblich das Leid Christi am Kreuz die Menschheit von ihren irdischen Sünden erlöst hat, verlangt der Glaube daran die „Nachfolge Christi". Und das bedeutet, das Leid freudig und freiwillig auf sich zu nehmen. In einer

Art Masochismus des Glaubens an das positive Leiden adelte also das Christentum auch die Arbeit zum gerade erstrebenswerten Ziel, etwa in demselben Sinn, wie es gelegentlich üblich war, sich in frommer Ekstase selber zu geißeln. Die Mönche und Nonnen in den Klöstern unterwarfen sich bewusst und freiwillig der Abstraktion Arbeit, um als „Knechte Gottes" ein Leben im Sinne des Leids von Christus zu führen. Mentalitätsgeschichtlich waren, und darauf ist oft hingewiesen worden, die klösterliche Zucht und Ordnung, also die strenge Einteilung des Tagesablaufs und die mönchische Askese, Vorläufer der späteren Fabrikdisziplin und der abstrakten „betriebswirtschaftlichen" Zeitrechnung. Aber diese spezifisch christliche Mission der Arbeit bezog sich nur auf die metaphorische Bedeutung des Begriffs als religiöse Akzeptanz des Leids mit Blick auf das Jenseits; es wurde damit noch kein positiver irdischer Zweck verfolgt.

Es war erst der Protestantismus, besonders in seiner calvinistischen Form (Tugendhaftigkeit, unbändiger Fleiß, Gottes Auserwählter) der seit dem 16. Jahrhundert den christlichen Masochismus des Arbeits-Leidens zum diesseitigen Gegenstand machte: Der gläubige Mensch sollte die Schmerzen der Arbeit als „Knecht Gottes" nun nicht mehr in klösterlicher Abgeschiedenheit auf sich nehmen, sondern damit in der profanen irdischen Welt Erfolg haben, und zwar gerade um seine Auserwähltheit durch Gott zu beweisen und zu demonstrieren! Natürlich durfte er aber die Früchte des Erfolgs auf keinen Fall genießen, um die göttliche Gnade in der Nachfolge Christi nicht zu verspielen; er musste also das Ergebnis der Arbeit mit säuerlicher Leidensmiene zum Ausgangspunkt immer neuer Arbeit machen und unaufhörlich abstrakte Reichtümer ohne Genuss aufhäufen. In dieser seltsamen Verschränkung eines tristen jenseitigen mit einem ebenso tristen diesseitigen Zweck entstand die erst recht triste moderne Arbeitsmentalität – Arbeit als eine Art Verhaltensstörung.

Politische Ökonomie der Feuerwaffen

Nun wäre es sicherlich nicht ausreichend, bei der bloß religions- und geistesgeschichtlichen Karriere der abstrakten Arbeitskategorie vom negativen zum positiven Leid stehenzubleiben. Damit die protestantische Verhaltensstörung überhaupt ihren weltlichen Siegeszug antreten konnte, bedurfte es der Vermittlung mit mächtigen materiellen Interessen. Bekanntlich entwickelte sich seit der Renaissance sprunghaft die Warenproduktion und begann, die agrarische Naturalwirtschaft aufzusprengen. Die protestantische Mentalität verband sich mit diesem Aufstieg der Marktwirtschaft, der in den modernen Kapitalismus münden sollte. Und die Positivierung der Arbeitskategorie war natürlich in diesen Zusammenhang eingebunden, der heute als Beginn der „Modernisierung" (Moderne) und ihrer scheinbar endlosen Weiterentwicklung firmiert.

Es ist bezeichnend, dass die Modernisierung genau wie die „Arbeit" von allen Ideologien, theoretischen Reflexionen und politischen Strömungen der aufsteigenden kapitalistischen Gesellschaft hauptsächlich positiv bestimmt wurde. So spinnefeind sie sonst auch sein mochten, im Heraufdämmern ihrer eigenen Welt wollen sie doch im Wesentlichen einen gesellschaftlichen „Fortschritt" erkennen. Für die bürgerliche Ideologie ist die Entfesselung von Warenproduktion und Kapitalismus selbstverständlich gleichbedeutend mit ständig erhöhter Reichtums-Produktion. Auch der Marxismus sieht den bürgerlichen Fortschritt, wenngleich nicht ungebrochen, in der „Entwicklung der Produktivkräfte". Jedenfalls werden stets positive Errungenschaften als die ursprüngliche Triebfeder der Modernisierung und damit der Arbeit angenommen. Prominente Gründe für den „take off" der Moderne sollen wahlweise die künstlerischen und wissenschaftlichen Innovationen der Renaissance, die großen geographischen „Entdeckungen" seit Kolumbus, die protestantisch-calvinistische Idee von der Selbstverantwortung des Individuums und die allmähliche Befreiung vom „mittelalterlichen Aberglauben" gewesen sein.

Andererseits hat Marx bereits im berühmten Kapitel über die „ursprüngliche Akkumulation des Kapitals" den beispiellosen terroristischen Charakter der Ur-Modernisierung beschrieben, die gewaltsame Vertreibung der Pächter von ihren Feldern, den regelrechten Krieg gegen die verarmten Massen, die Errichtung von Zuchtanstalten und Arbeitshäusern im großen Maßstab. Wie geht das zusammen mit der vermeintlich friedlichen Erweiterung der Warenproduktion? Lokalen Warentausch hatte es ebenso wie Fernhandel mit speziellen Waren (Salz, Seide, Erze, Waffen usw.) in mehr oder minder großem Umfang schon seit frühesten Zeiten in den „Nischen" der agrarischen Naturalwirtschaft gegeben, ohne dass daraus jemals ein die gesamte Gesellschaft erfassendes „warenproduzierendes System" (alias Kapitalismus) entstanden wäre, in dem dann die Arbeit ihre seltsame Karriere als nunmehr substantielle Realität für alle Menschen fortsetzen und krönen konnte.

Was also war in der frühen Neuzeit jenes wirklich „Neue", das in der Folge unausweichlich die Geschichte der Modernisierung hervorgebracht hat? Man kann dem historischen Materialismus durchaus zugestehen, dass keinem bloßen Wandel der Ideen und Mentalitäten, sondern einer Entwicklung auf der Ebene der harten materiellen Tatsachen die größte und wichtigste Bedeutung zukam. Es war jedoch keine Produktivkraft, sondern im Gegenteil eine durchschlagende Destruktivkraft, die der Modernisierung den Weg gebahnt hat: nämlich die Erfindung der Feuerwaffen Ende des 13. bis Anfang des 14. Jahrhunderts. Obwohl dieser Zusammenhang seit langem bekannt ist, blieb er doch in den berühmtesten und folgenreichsten Theorien der Modernisierung (den Marxismus eingeschlossen) völlig unterbelichtet.

Es war der deutsche Wirtschaftshistoriker Werner Sombart, der pikanterweise kurz vor dem Ersten Weltkrieg in seiner Studie „Krieg und Kapitalismus" (1913) ausführlicher auf diese Frage einging; freilich nur, um dann wie so viele der damaligen deutschen Intellektuellen selber der Kriegsbegeisterung zu verfallen. Erst vor etwa 30 Jahren sind die rüstungstechnischen und kriegsökonomischen Ursprünge des Kapitalismus wieder zum Thema gemacht worden, so von dem deutschen Ökonomen Karl Georg Zinn in seinem Buch „Kanonen der Pest" (1989) und von dem US-amerikanischen Neuhistoriker Geoffrey Parker in seiner Untersuchung über „Die militärische Revolution"

(1990). Aber diese Analysen haben nicht den großen Widerhall gefunden, den sie verdienen. Offensichtlich können die moderne westliche Welt und ihre Ideologen nur schwer die Einsicht akzeptieren, dass der letzte historische Grund ihres Systems in der Erfindung von perfektionierten Mordinstrumenten zu suchen ist. Und dieser Zusammenhang gilt nicht nur für die dunklen Ursprünge, sondern auch noch für die moderne Demokratie; denn die „militärische Revolution" ist bis heute ein heimlicher Beweggrund der Modernisierung geblieben. Die Länder des kapitalistischen Zentrums wenden heute (2017) pro Jahr über eine Billion Dollar für militärische Aufrüstung auf, mit steigender Tendenz.

Die Innovation der Feuerwaffen hat die vorkapitalistischen Formen der Herrschaft zerstört, denn sie machte das feudale Rittertum militärisch lächerlich. Schon vor den Feuerwaffen hatte man die gesellschaftlichen Folgen von wirksamen Distanzwaffen geahnt, denn das Zweite Lateranische Konzil verbot im Jahr 1129 den Einsatz der Armbrust gegen Christen. Nicht umsonst galt die von außereuropäischen Kulturen um das Jahr 1000 nach Europa importierte Armbrust als die spezielle Waffe der Räuber, Outlaws und Rebellen. Als die noch viel wirksameren Distanzwaffen der „Feuerrohre" aufkamen, besiegelten sie den Untergang der gepanzerten und berittenen Kriegsherren.

Aber die Feuerwaffe lag nicht mehr in den Händen einer Opposition „von unten" gegen die feudale Herrschaft, sondern sie führte zu einer „Revolution von oben" durch die Fürsten und Könige. Denn die Produktion und Mobilisierung der neuen Waffensysteme (Kanonen, Gewehre) war nicht auf der Ebene von lokalen und dezentralen Strukturen möglich, wie sie bis dahin die gesellschaftliche Reproduktion geprägt hatten, sondern erforderte eine völlig neue soziale Organisation auf mehreren Ebenen. Die Feuerwaffen, vor allem die großen Kanonen, konnten nämlich nicht mehr in kleinen Werkstätten, wie zum Beispiel in den Dorfschmieden produziert werden wie die vormodernen Hieb- und Stichwaffen. Deshalb bildete sich eine besondere Rüstungsindustrie heraus, die in großen Fabriken Kanonen und Musketen produzierte. Gleichzeitig entstand eine neue militärische Defensiv-Architektur in Gestalt riesiger Bollwerke, die den Kanonen trotzen sollten. Es kam zu einem Innovations-Wettlauf zwischen Offensiv- und Defensivwaffen und zu einem Rüstungswettlauf zwischen *den zu diesem Zweck überhaupt erst entstandenen Staaten*, der bis heute nicht aufgehört hat.

Durch die Feuerwaffen veränderte sich auch die Struktur der Armeen grundsätzlich. Die Krieger konnten sich nicht mehr selbst ausrüsten, sondern mussten sich ihre Waffen von einer gesellschaftlichen Zentralgewalt geben lassen. Deshalb trennte sich die militärische von der bürgerlichen Organisation der Gesellschaft. An die Stelle der von Fall zu Fall für Feldzüge mobilisierten Bürger oder lokalen Herren mit ihren bewaffneten Familien traten „stehende Heere": Es entstand „das Militär" als besondere soziale Gruppe und die Armee wurde zu einem sozialen Fremdkörper in der Gesellschaft. Der Status des Offiziers verwandelte sich aus einer persönlichen Verpflichtung der reichen Bürger in einen modernen „Beruf". Im Zusammenhang mit dieser neuen militärischen Organisation und der neuen Kriegstechnik nahm auch die Größe der Armeen sprunghaft zu:

„Die bewaffneten Streitkräfte wuchsen zwischen 1500 und 1700 um das Zehnfache" (Parker 1990, 20).

Rüstungsindustrie, Rüstungswettlauf und die Erhaltung organisierter, von der bürgerlichen Gesellschaft getrennter und gleichzeitig stark vergrößerter Armeen führten notwendig zu einer radikalen Umwälzung der Ökonomie und der gesamten gesellschaftlichen Struktur. Der aus der Gesellschaft herausgelöste militärische Großkomplex erforderte eine „permanente Kriegswirtschaft". Diese neue Ökonomie des Todes legte sich wie ein Leichentuch auf die naturalwirtschaftlichen Strukturen der alten Agrargesellschaften. Weil Rüstung und Militär sich nicht mehr auf die lokale agrarische Form der Produktion stützen konnten, sondern großräumig und in anonymen Zusammenhängen mit Ressourcen versorgt werden mussten, waren sie auf die Vermittlung des Geldes angewiesen. *Warenproduktion und Geldwirtschaft als Grundelemente des Kapitalismus erhielten damit ihren entscheidenden Anstoß in der frühen Neuzeit durch die Entfesselung der Militär- und Rüstungs-Ökonomie.*

Diese Entwicklung erzeugte und begünstigte die kapitalistische Subjektivität (4) und ihre Mentalität des abstrakten „Plusmachens". Der permanente finanzielle Bedarf der Kriegswirtschaft führte in der zivilen Gesellschaft zum Aufstieg der Geld- und Handelskapitalisten, der großen Geldsammler und Kriegsfinanziers. Aber auch die neue Organisation der Armeen selber brachte die kapitalistische Mentalität hervor. Die alten agrarischen Krieger verwandelten

(4): sh. auch Kapitel: „Das kapitalistische Subjekt".

sich in „Soldaten", das heißt in Empfänger von Sold". Sie waren die ersten modernen „Lohnarbeiter", die ihr Leben vollständig durch Geldeinkommen und Warenkonsum reproduzieren mussten. Und deshalb kämpften sie nicht mehr für idealisierte Ziele, sondern nur noch für Geld. Ihnen war es gleich, wen sie totschossen, wenn nur der Sold „stimmte"; und so wurden sie zu den ersten Repräsentanten der „abstrakten Arbeit" (Marx) für das moderne warenproduzierende System. Sie waren übrigens auch die Ersten, die „arbeitslos" werden konnten. Wenn kein Geld mehr in den Kassen der Kriegsherren war, schmolzen die „Arbeitsplätze" in den Armeen dahin. Viele Musketiere und Kanoniere wurden Opfer von Massenentlassungen; sie standen dann buchstäblich auf der Straße und waren gefürchtet als herumstromernde Bettler, Räuber und Gelegenheitstotschläger. Das war damals und wurde immer mehr zu einer Massenerscheinung.

Den Hauptleuten und Führern der „Soldaten" kam es darauf an, durch Plünderungen Beute zu machen und diese in Geld zu verwandeln. Dabei sollte der Output der Beute größer sein als der Input der Kriegskosten. Das war ein entscheidender Impuls für die Geburt der modernen betriebswirtschaftlichen Rationalität. Die meisten Generäle und Söldnerführer der frühen Neuzeit legten ihr Beute-Geld gewinnbringend an und wurden zu Teilhabern des Geld- und Handelskapitals. Nicht der friedliche Kaufmann, der fleißige Sparer und der ideenreiche Produzent standen also am Anfang des Kapitalismus, ganz im Gegenteil: Wie die „Soldaten" als blutige Handwerker der Feuerwaffen die Prototypen der modernen Lohnarbeiter waren, so die

„Geld machenden" Heerführer und Condottieri die Prototypen des modernen Unternehmertums und seiner „Risikobereitschaft".

Als freie Unternehmer des Todes waren die Condottieri jedoch angewiesen auf die großen Kriege der staatlichen Zentralgewalten und deren Finanzierungsfähigkeit. *Das wechselhafte moderne Verhältnis von Markt und Staat hat hier seinen Ursprung.* Um die Rüstungsindustrien und Bollwerke, die riesigen Armeen und die Kriege finanzieren zu können, mussten sich die frühmodernen Staaten in Militärdespotien verwandeln und ihre Bevölkerung bis aufs Blut auspressen. Der Sache entsprechend geschah dies in einer ebenfalls neuen Form: An die Stelle der alten Naturalabgaben trat die monetäre Besteuerung. Die Menschen wurden also gezwungen, „Geld zu verdienen", um ihre Steuern an den Staat bezahlen zu können. Auf diese Weise forcierte die Kriegswirtschaft nicht nur direkt, sondern auch indirekt das marktwirtschaftliche System. Zwischen dem 16. und dem 18. Jahrhundert stieg die (monetarisierte) Besteuerung der Massen in den europäischen Ländern um bis zu 2000 Prozent!

Das erzwungene „Geldverdienen" nicht für eigene, sondern für fremde Zwecke, die ungeheure militärdespotische Auspressung, ließ erst die Abstraktion des Geldes und die Abstraktion der Arbeit zusammenfließen. Kein Wunder, dass sich der Protestantismus-Calvinismus hervorragend als Ideologie für die aufkommende frühmoderne Rüstungs-Ökonomie eignete; konnte doch der genusslose Selbstzweck-Charakter der abstrakten Anhäufung von

Reichtümern auf diese Weise nicht nur die ihm angemessene „entsinnlichte" Geldform annehmen, sondern auch die weniger „auserwählte" Menschheit mit der dazugehörigen abstrakten Tätigkeitsform kujonieren. Die Abstraktion „Arbeit" wurde nun zum Begriff der Verausgabung von Lebensenergie für den aufgezwungenen äußeren Zweck und ihre alte Bedeutung von Unmündigkeit und Unselbstständigkeit gewann in diesem Kontext neues Gewicht, während sie in der religiösen Überhöhung gleichzeitig schon einen gesellschaftlich-allgemeinen Charakter annahm (der Katholizismus musste in der Folge die protestantische Säkularisierung der Arbeit wohl oder übel nachvollziehen).

Natürlich ließen sich die Menschen nicht freiwillig in die Zumutungen der neuen Rüstungs- und Geldwirtschaft hineinziehen. Sie konnten dazu nur durch blutige Unterdrückung gezwungen werden. Die permanente Kriegswirtschaft der Feuerwaffen erzeugte für einige Jahrhunderte den permanenten Volksaufstand und damit den permanenten Krieg nach innen; von den „Bauernkriegen" der frühen Neuzeit bis zu den Aufständen der „Ludditen" (der angeblichen „Maschinenstürmer") im Zeitalter der Industrialisierung. Um die ungeheuren Abgaben auspressen zu können, mussten die staatlichen Zentralgewalten einen ebenso ungeheuren Apparat der Polizei und der Verwaltung aufbauen: sie wurden „absolutistisch". *Alle modernen Staatsapparate stammen aus dieser Geschichte ab.* An die Stelle lokaler Selbstverwaltung trat die zentralisierte und hierarchische Verwaltung durch eine Bürokratie, deren Kern von den Apparaten der (monetären) Besteuerung und der inneren Unterdrückung gebildet wurde.

Auch die spätere tatsächliche Entwicklung der „industriellen Produktivkräfte" trug immer das Brandmal dieser Ursprünge und konnte sie nur tragen. Die Industrialisierung des 19. Jahrhunderts war sowohl technologisch als auch organisations- und mentalitätsgeschichtlich ein *Abkömmling der Feuerwaffen*, der frühmodernen *Rüstungsproduktion* und ihrer *gesellschaftlichen Folgeprozesse*. Insofern ist es kaum überraschend, dass die rasante kapitalistische Entwicklung der Produktivkräfte seit der ersten industriellen Revolution bis heute niemals anders als in einer destruktiven Form vor sich gehen konnte, selbst noch bei den scheinbar unschuldigsten technischen Erneuerungen.

Nicht nur technologisch, sondern auch in ihrer gesellschaftlichen Struktur kann die moderne westliche Demokratie nicht verbergen, dass sie ein Abkömmling der frühmodernen Rüstungs- und Militärdiktatur ist. Unter der dünnen Oberfläche der demokratischen Abstimmungs-Rituale und der politischen Diskurse finden wir das Monstrum eines Apparates, der die scheinbar freien Staatsbürger permanent verwaltet und diszipliniert im Namen der totalen Geldwirtschaft und der damit bis heute verbundenen Kriegsökonomie. Die „Arbeitsverwaltung" ist zentraler Bestandteil dieser Struktur. In keiner Gesellschaft der Geschichte gab es jemals einen derart hohen prozentualen Anteil von Staatsbeamten und Menschenverwaltern, Soldaten und Polizisten; keine hat jemals einen derart großen Teil ihrer Ressourcen für Rüstung und Militär verschleudert.

Die „herausgelöste Ökonomie"

Versucht man die allgemeine soziale und ökonomische Logik dessen zu erfassen, was die absolutistischen Militärdespotien der Frühneuzeit gesellschaftlich auf den Weg gebracht haben, dann lässt sich diese Logik *als selbstzweckhafte Verselbstständigung des Geldes und damit auch der dazugehörigen abstrakten Tätigkeitsform „Arbeit" bestimmen.* Der sprichwörtliche Geldhunger des Absolutismus hatte zwar noch einen spezifischen und materiellen (allerdings auch schon verselbstständigten) Zweck, nämlich eben die neue Politische Ökonomie der Feuerwaffen und ihre Erfordernisse. Aber die einmal in die Welt gesetzte Logik des „Geldmachens" begann die beschränkten Zielsetzungen des Absolutismus zu übersteigen, der sich schon bald in der Rolle des Zauberlehrlings sah. Denn das „Plusmachen" in der Geldform beschränkte sich, nachdem es einmal entfesselt war, nicht mehr auf eine äußerlich (etwa in der Form der monetären Besteuerung) an die bisherige Produktionsweise herangetragene Zumutung, sondern es wurde zum inneren Antrieb einer neuen Produktionsweise, die den gesamten Gesellschaftskörper erfasste.

Schon die absolutistischen Regimes selbst waren dazu übergegangen, neben der monetären Besteuerung eigene Produktions-Unternehmen außerhalb der traditionellen Gilden und Zünfte zu gründen, deren Zweck nicht mehr Bedürfnisbefriedigung, sondern einzig und allein Geldbeschaffung war. Diese staatlichen Manufakturen und Plantagen produzierten erstmals ausschließlich für großräumige anonyme Märkte, die schließlich zur *Voraussetzung der „freien" Konkurrenz werden sollten.* Das Geld wurde so aus einem bloß marginalen Medium zur allgemeinen Voraussetzung und gleichzeitig zum allgemeinen Endzweck des gesamten gesellschaftlichen Lebens. Im Endresultat konnte kein Stück Brot mehr produziert werden, wenn es nicht der kapitalistischen Tätigkeitsform unterworfen wurde, d.h. der abstrakten Arbeit als selbstzweckhafter Verwandlung menschlicher Energie in Geld. Karl Marx war der Erste, der diesen absurden ökonomischen Mechanismus und die darin eingeschlossene Verkehrung von Mittel und Zweck präzise analysiert hat. Das Geld war gewissermaßen zum (irrationalen) „Grundnahrungsmittel" geworden. Es war nun nicht mehr ein Medium, um einen Teil der Bedürfnisse zu vermitteln, sondern genau umgekehrt waren die Bedürfnisse nur noch ein Medium (und ihre Befriedigung ein bloßes Abfallprodukt), um die auf sich selbst rückgekoppelte „Verwertung" des Geldes zu vermitteln.

Damit hatte sich die Endlosbewegung einer Verwandlung von „Arbeit" in Geld über alle ursprünglichen Zwecke hinaus zu einem kybernetischen „System" geschlossen. Dieser hermetische Systemcharakter fand nach dem Absolutismus seine neuen Repräsentanten in jenem „freien Unternehmertum", das in aufsteigender Linie aus den frühmodernen Söldnerführern, den blutsaugerischen Steuerpächtern und den Verwaltern der absolutistischen Sträflings-Manufakturen und Sklavenplantagen hervorgegangen war. Man kann sich denken, welchen Begriff von „Freiheit" diese illustren Herrschaften in ihrer Ideologie des (ökonomischen) „Liberalismus" kreierten und gegen die absolutistischen Väter kehrten: nämlich für die Einen die „Freiheit", in diesem System „unternehmerisch" tätig zu sein zwecks genussloser Geldanhäufung, und für die Anderen die „Freiheit", sich den angeblichen „Naturgesetzen" dieses verselbstständigten Systems von gesellschaftlicher Zwangsarbeit, Geldverwertung und anonymen Märkten bedingungslos zu unterwerfen!

Die absolutistischen Regimes waren für die Fortentwicklung des Systems dysfunktional geworden, weil ihre dynastische Regierungsform den herausgebildeten versachlichten Strukturen nicht mehr angemessen war. Für die ökonomischen Inhalte war die gesellschaftliche Form zu eng geworden. Was blieb, war jene losgelassene Logik, deren Archetypus die Kanone gewesen war: das „Werkzeug", das den Schöpfer zu beherrschen beginnt. Damit hat sich überhaupt erst eine vom übrigen Leben getrennte Sphäre der sogenannten Ökonomie oder „Volkswirtschaft" im modernen Sinne herausgebildet.

Diesen besonderen Aspekt hat vor allem der Sozial- und Wirtschaftshistoriker Karl Polanyi analysiert. In seinem schon klassischen Werk „The Great Transformation" (Polanyi 1995/1944) beschäftigt er sich im Unterschied zu Marx weniger mit der inneren Selbstzweck-Logik der „Verwertung des Werts" und ihren Gesetzmäßigkeiten als vielmehr mit der Tatsache, dass sich dabei Ökonomie, die im ursprünglichen antiken Sinne gleichbedeutend mit Hauswirtschaft für den Bedarf gewesen war, in jene unheimlich verselbstständigte Sphäre verwandelt hat, die in keine übergreifende soziale Gesellschaftsordnung mehr eingebunden ist. Mit Blick auf dieses unerhört Neue, das von den liberalen Ideologen zur „menschlichen Natur" umgedeutet worden ist, sagt Polanyi: „Sicherlich kann keine Gesellschaft ohne irgendein System auskommen, das die Erzeugung und Verteilung von Gütern sicherstellt. Daraus folgt aber nicht, dass es separate wirtschaftliche Institutionen geben muss; normalerweise ist die Wirtschaftsordnung bloß eine Funktion der Gesellschaftsordnung, in der sie eingeschlossen ist...Die Gesellschaft des 19. Jahrhunderts, in der die wirtschaftliche Tätigkeit herausgelöst und einem spezifischen ökonomischen Trieb zugeschrieben wurde, war in der Tat eine bemerkenswerte Abweichung ... Eine solche institutionelle Schablone konnte nicht funktionieren, außer, die Gesellschaft wurde ihren Erfordernissen irgendwie untergeordnet. Eine Markwirtschaft kann nur in einer Marktgesellschaft existieren...Im Zuge dieser Entwicklung war die menschliche Gesellschaft zu einem Beiwerk des Wirtschaftssystems herabgesunken" (Polanyi, a.a.O., 106 ff).

Während in allen anderen „integrierten Gesellschaften", wie Polanyi sie nennt, die wirtschaftliche Tätigkeit einem kulturellen Zusammenhang untergeordnet blieb, wie immer dieser zu beurteilen sein mag, stellt der Kapitalismus das Verhältnis von Gesellschaft und Wirtschaft auf den Kopf: Die Gesellschaftsordnung ist nur noch eine Funktion der Wirtschaftsordnung, die allen sozialen Bereichen und Bedürfnissen gegenüber autonom geworden ist. In dieser Verkehrung ist nicht nur das schiere Gegenteil von Selbstständigkeit und Selbstverantwortung begründet, nämlich die vollständige Auslieferung an den Selbstzweck des Geldes, sondern auch die Maßlosigkeit eines unaufhörlichen Vermehrungsdrangs, da es ja keinerlei Rückkoppelung auf

Bedürfnisse, geistige Reflexion und kulturelle Bestimmungen mehr gibt, sondern einzig die Rückkoppelung des verselbstständigten ökonomischen Mediums auf sich selbst. Das begann aber nicht erst mit dem „herausgelösten" Kapitalismus des 19. Jahrhunderts, sondern schon mit der „herausgelösten" Feuerwaffen-Ökonomie als kapitalistische Keimform (5) innerhalb der frühneuzeitlichen Regimes; auch wenn es erst die kapitalistische Industrialisierung seit Ende des 18. Jahrhunderts war, die dann den vollen Durchbruch dieser Logik brachte. „Arbeit" im modernen Sinne ist somit, genauer nach dem herausgebildeten unpersönlichen Systemzusammenhang bestimmt, die spezifische Tätigkeitsform der „herausgelösten Ökonomie". Wie es bei der als soziale Abstraktion Arbeit bestimmten Tätigkeit des antiken Sklaven gleichgültig war, was er tat, weil es eben immer die Verausgabung von „Knechtsenergie" war, so ist nun der Inhalt der gesamten gesellschaftlichen Reproduktion gleich-gültig geworden, weil es sich immer um dieselbe Verwandlung abstrakter menschlicher Energie in Geld handelt. Indem sich nahezu alle Tätigkeit auf die entfremdete, „herausgelöste" Selbstzweck-Sphäre der Ökonomie konzentriert, hat sich die einstmals sozial eingegrenzte Abstraktion Arbeit als Knechtstätigkeit zur gesellschaftlich-allgemeinen Tätigkeitsform gemausert. Letzten Endes heißt das, dass es überhaupt nur noch Knechtstätigkeiten gibt, auch wenn der „Herr" kein persönlicher mehr ist, sondern der anonyme Systemzusammenhang.

(5): sh. mehr dazu im Kapitel „Keime und Keimformen".

Die „Arbeit" ist selber an die Stelle Gottes getreten, und insofern sind jetzt alle Menschen „Knechte Gottes", die sich nur noch durch ihre funktionelle Stellung in der Hierarchie einer allgemeinen „Leidenstätigkeit" unterscheiden, die keinen Sinn hat außer sich selbst. Hierin bezeichnet Marx die Menschen, ich wiederhole das, lediglich als Charaktermasken des warenproduzierenden Systems. Denn auch das Management ist Teil der „Arbeit" und nimmt dieses irdische Kreuz auf sich, um gerade darin seine masochistische Macht zu finden – nunmehr gänzlich säkularisiert, selbst noch von den protestantischen Motiven abgelöst und seiner Ursprünge nicht mehr bewusst. Der homerische Held Odysseus hätte die heutigen sogenannten Herrschenden als armselige Knechte verachtet, weil sie sich selber unter das Joch der „Arbeit" beugen und sich damit in die Form der Unmündigkeit begeben, die zur gesellschaftlich-allgemeinen geworden ist. „Arbeit" als Verhaltensstörung der Moderne hat zu einer Gesellschaft der allgemeinen Unzurechnungsfähigkeit geführt.

Es ist merkwürdig, wie der Marxismus ungewollt zum Komplizen dieser Unzurechnungsfähigkeit (und insofern selber zu einem Wegbereiter kapitalistischer Entwicklung) wurde, indem er im späten 19. Jahrhundert als Dissidenz des Liberalismus dessen positiven Arbeitsbegriff übernommen hat. Während Marx als ein für das positivistische Bewusstsein „dunkler" Theoretiker zusammen mit seiner radikalen Kritik der verselbstständigten ökonomischen Formen (die er bekanntlich als „Fetischismus" bezeichnete) immerhin an die Kritik der „Arbeit" wenigstens herankam, ohne sie allerdings konsequent zu vollenden, blieb der Arbeiterbewegungs-Marxismus auf der fälschlich als überhistorisch bestimmten abstrakten Arbeitskategorie sitzen. Daran zeigt sich, dass die uns bekannte Arbeiterbewegung nicht etwa der Beginn einer höheren Reflexionsstufe von Gesellschaftskritik war, sondern eher ein Resultat einer historischen Niederlage der alten sozialrebellischen Bewegungen gegen die „Arbeit" seit dem 16. Jahrhundert. In Verkennung des wirklichen Zusammenhangs machten die „Parteien der Arbeit" den vergeblichen Versuch, den Kapitalismus mit seinem eigenen Tätigkeitsbegriff zu kritisieren. Dieses dumme und daher blamable Gebaren hält bis heute an.

„Betriebswirtschaft" als abstrakte Raum-Zeit

In der „herausgelösten Ökonomie" gewinnt zusammen mit der abstrakten Tätigkeitsform „Arbeit" auch die darin eingeschlossene Zeit eine höchst eigentümliche, geradezu gespenstische Qualität. Die Zeit der Produktion wird von allen Bedürfnissen und selbstgesetzten Zwecken der Produzenten getrennt; sie wird selbst zur ausgebeuteten Ressource. Zeit ist bekanntlich Geld; und deswegen hat die Zeit für den Kapitalismus immer schon eine entscheidende Rolle gespielt. Aber unter seiner verselbstständigten Zwecksetzung wird auch die Zeit abstrakt – mit höchst unangenehmen Folgen für die Menschen, die dieser Zeit für den großen Teil ihres Lebens ausgeliefert sind.

Die entscheidende und bis heute gültige philosophische Reflexion des modernen Zeitbegriffs findet sich bei Immanuel Kant (1724-1804). Er hat entdeckt, dass Raum und Zeit keine inhaltlichen Begriffe des menschlichen Denkens sind, sondern die apriorischen Formen unseres Wahrnehmungs- und Denkvermögens. Wir können die Welt nicht anders als nur in den Formen von Raum und Zeit erkennen, die unserer Vernunft eingeschrieben sind, und zwar vor jeder Erkenntnis. Aber Kant bestimmte diese Formen von Raum und Zeit völlig abstrakt und unhistorisch, als für alle Epochen, Gesellschaftsformen und Kulturen gleichermaßen gültig. Zeit ist für ihn „das Zeitliche überhaupt", ohne jede bestimmte Qualität. Dementsprechend nennt er Raum und Zeit „reine Formen der Anschauung". Zeit ist also für Kant eine abstrakte, inhaltslose und immer gleichförmige Fließzeit, deren Einheiten alle identisch sind: „Verschiedene Zeiten sind nur Teile eben derselben Zeit" (Kant 1979/1781, 104).

Die kulturhistorische Forschung hat längst herausgefunden, dass diese unhistorische Bestimmung des Erlebens und der Wahrnehmung von Zeit nicht haltbar ist. So wurde vor allem erkannt, dass die vormodernen agrarischen Kulturen nicht in einer gleichförmigen linearen Zeit dachten, sondern eher in einer zyklischen Zeit; gewissermaßen in wiederkehrenden Zeitrhythmen, geformt nach jahreszeitlichen (agrarischen) und kosmischen Zyklen. Mag also auch die Zeit eine dem menschlichen Erkenntnisvermögen apriorisch eingeschriebene Form der Wahrnehmung sein, so unterliegt diese Form doch einem kulturellen und historischen Wandel. Die jüngsten Forschungen über verschiedene Zeitkulturen haben diese Erkenntnis bestätigt. In allen Kulturen außerhalb der kapitalistischen Moderne „vergeht" die Zeit nicht nur anders, sondern es gibt sogar ganz verschiedene, parallel verlaufende Formen der Zeit; je nachdem, auf welchen Gegenstand oder Lebensbereich die Wahrnehmung der Zeit bezogen ist: „Jedes Ding hat seine eigene Zeit".

Indem die verselbstständigte Ökonomie des Kapitals die Abstraktionen von Geld und Arbeit in jenen auf sich selbst rückgekoppelten Selbstzweck (aus Geld mehr Geld zu machen) verwandelte, verkehrte sie überhaupt das Verhältnis von Abstraktum und Konkretum; die Abstraktion (zum Beispiel Arbeit oder Zeit) ist jetzt nicht mehr Ausdruck einer konkreten und sinnlichen Welt, sondern umgekehrt gelten alle konkreten Zusammenhänge und sinnlichen Gegenstände nur noch als Ausdruck der kapitalistischen Abstraktion, die in der verdinglichten Gestalt des Geldes die Gesellschaft beherrscht. *Das Maß der Arbeit und damit des Geldes aber ist die Zeit.* Allerdings ist auch diese Zeit nicht mehr die konkrete und daher je nach ihrem Bezug qualitativ verschiedene Zeit, sondern dem Selbstzweck der Kapitalakkumulation entsprechend genau jene abstrakte, gleichförmige und lineare Fließzeit, wie sie Kant bereits blind voraussetzte. Jetzt hat kein Ding mehr seine eigene Zeit, den jeweiligen Bedürfnissen und kulturellen Zusammenhängen entsprechend, sondern alle Dinge haben dieselbe Zeit, die mit immer derselben Geschwindigkeit in immer dieselbe Richtung fließt.

Diese Diktatur der abstrakten Zeit, exekutiert durch den Mechanismus der anonymen Konkurrenz, schuf sich den dazugehörigen abstrakten Raum, nämlich den vom übrigen Leben abgetrennten Funktionsraum des Kapitals, der seiner eigenen betriebswirtschaftlichen Rationalität gehorcht. Es entstand so gewissermaßen eine leblose, kulturell entqualifizierte kapitalistische Raum-Zeit, die den sozialen Körper aufzufressen begann. Die in dieser Raum-Zeit eingesperrte abstrakte Tätigkeitsform „Arbeit" musste von allen dysfunktionalen Lebenselementen gereinigt werden, um die lineare Fließzeit nicht zu stören; „Arbeit" und Wohnung, „Arbeit" und persönliches Leben, „Arbeit" und Kultur usw. fielen systematisch auseinander. Erst auf diese Weise entstanden auch die moderne Trennung und der Dualismus von „Arbeitszeit" und Freizeit. Es fällt uns normalerweise gar nicht mehr auf – aber implizit ist damit gesagt, dass die „Arbeitszeit" eine unfreie Zeit ist, eine (ursprünglich sogar äußerst gewaltsam) erzwungene Zeit für einen den Individuen äußerlichen Zweck, bestimmt von der Diktatur der abstrakten, gleichförmigen Zeiteinheiten kapitalistischer Produktion.

Das Licht der Aufklärung (6)

Die abstrakte betriebswirtschaftliche Raum-Zeit ist zwangsläufig von jener Maßlosigkeit bestimmt, wie sie den rastlosen kapitalistischen Drang zur Geldanhäufung kennzeichnet. Damit gewinnt ein meistens verkanntes Motiv der bürgerlichen Aufklärung eine ebenso merkwürdige wie destruktive Bedeutung. Bekanntlich schwelgt die Geschichte der Modernisierung in Metaphern des Lichts. Die strahlende Sonne der Vernunft soll die Finsternis des Aberglaubens durchdringen und die Unordnung der Welt sichtbar machen, um die Gesellschaft endlich nach rationalen Kriterien zu gestalten. Aber diese vermeintliche Vernunft ist in Wahrheit der gesellschaftliche Irrationalismus der „herausgelösten Ökonomie". In diesem Kontext ist das „Licht der Aufklärung" aber keineswegs bloß ein Symbol im Reich des Gedankens, sondern es hat direkt eine harte

(6): vgl. hierzu auch Robert Kurz, Das Licht der Aufklärung, Gruppe EXIT.

sozialökonomische Bedeutung.

Gerade in dieser Hinsicht ist es fatal, dass sich der Marxismus und die historische Arbeiterbewegung als die wahren
Erben der Aufklärung und ihrer gesellschaftlichen Metaphorik des Lichts verstanden haben. In der „Internationale", der Hymne des Marxismus, heißt es über die wunderbare sozialistische Zukunft: „Dann scheint die Sonn'
ohn' Unterlass". Ein deutscher Karikaturist hat diese Zeile
wörtlich genommen und zeigt im „Reich der Freiheit"
schwitzende Menschen, die zur glühenden Sonne hinauf-
starren und stöhnen: „Drei Jahre scheint sie jetzt schon
und geht nicht mehr unter".

Das ist nicht nur ein Witz. In gewisser Weise hat die Modernisierung (vulgo Kapitalismus) tatsächlich „die Nacht
zum Tag gemacht".

Sehen wir uns an,

wie uns die Nacht gestohlen wurde:

In England, das bekanntlich Schrittmacher der Industrialisierung war, wurde die Gasbeleuchtung schon im frühen
19. Jahrhundert eingeführt und verbreitete sich bald über
ganz Europa. Ende des 19. Jahrhunderts löste das elektri-
sche Licht die Gaslampen ab. Es ist längst medizinisch
nachgewiesen, dass die Verkehrung von Tag und Nacht
durch das flächendeckende kalte Licht der künstlichen
Sonnen den biologischen Rhythmus des Menschen stört
und zu gravierenden psychischen und körperlichen Schäden führt; zum Beispiel Depressionen, Angstzustände,
Drogensucht, Schlafstörungen. Die Wachheitsregulation

ist stark gestört. Warum dann aber die gewaltige planetarische Beleuchtung, die heute den letzten Winkel erfasst hat?

Bereits Karl Marx, selber ein Erbe der Aufklärung, hatte ganz zutreffend festgestellt, dass der rastlose Aktivismus der kapitalistischen Produktionsweise „maßlos" sei. Diese Maßlosigkeit kann aber im Prinzip keine Zeit dulden, die „dunkel" bleibt. Denn die Zeit des Dunkels ist auch die Zeit der Ruhe, der Passivität, der Betrachtung. Der Kapitalismus verlangt dagegen die Ausdehnung seiner Aktivität bis an die äußersten physikalischen und biologischen Grenzen. Zeitlich sind diese Grenzen durch die Drehung der Erde um sich selbst bestimmt, also durch die vollen 24 Stunden des astronomischen Tages, der eine helle (der Sonne zugewandte) und eine dunkle (von der Sonne abgewandte) Seite hat. Die objektive Tendenz des Kapitalismus ist es, die aktive Sonnenseite total zu machen und den gesamten astronomischen Tag auch noch im letzten Winkel des Planeten zu besetzen. Die Nachtseite stört diesen Drang. Die Produktion, Zirkulation und Verteilung der Waren soll also „rund um die Uhr" laufen, denn „Zeit ist Geld", nämlich das Maß der abstrakten Arbeit. Zum Begriff der „abstrakten Arbeit" in der modernen Warenproduktion gehört daher nicht nur ihre absolute Verlängerung, sondern auch ihre astronomische Abstraktifizierung. Dieser Vorgang ist analog zur Veränderung der Raummaße, die diese totalitäre Entwicklung schon eher einläutete. Denn das metrische System wurde bereits vom Regime der französischen Revolution 1795 eingeführt und verbreitete sich ähnlich schnell wie die Gasbeleuchtung. In Deutschland fand der Übergang zu diesem System 1872 statt. Die bisher am menschlichen Körper orientierten Raummaße (Fuß, Elle usw.), die so vielfältig differenziert waren wie die menschlichen Kulturen, wurden vom abstrakten astronomischen Maß des Meters abgelöst, der dem vierzigmillionsten Teil des Erdumfangs entsprechen soll; einer willkürlichen Größe. Diese abstrakte Vereinheitlichung des Raummaßes entsprach dem mechanistischen Weltbild der Newtonschen Physik, das wiederum Vorbild wurde für die mechanistische Ökonomie der modernen Marktwirtschaft. Adam Smith (1723-1790) war der Begründer der Nationalökonomie, und hatte diese mechanistische Ökonomie analysiert und propagiert. Weltall und Natur wurden als eine einzige große Maschine angesehen. Dieses Bild befand sich im Einklang mit der Auffassung von einer ökonomischen Weltmaschine des Kapitals; und eine gemeinsame Form der physikalischen und der ökonomischen Weltmaschine wurden die astronomischen Maße. Das gilt aber nicht nur für den Raum, sondern auch für die Zeit. Dem astronomischen Meter, dem Maß des abstrakten Raums, entspricht die astronomische Stunde, dem Maß der abstrakten Zeit; und dies sind auch die Maße der kapitalistischen Warenproduktion.

Erst diese abstrakte Zeit machte es möglich, den Tag der „abstrakten Arbeit" in die Nacht hineinzuschieben und die Zeit der Ruhe aufzufressen. Die abstrakte Zeit konnte von den konkreten Dingen und Verhältnissen abgelöst werden. Die meisten alten Zeitmesser, z.B. Sand- oder Wasseruhren, zeigten nicht an, „wieviel Uhr es ist", sondern sie waren auf konkrete Vorgänge geeicht, um deren „angemessene Zeit" zu zeigen. Man könnte sie vielleicht mit einer Eieruhr vergleichen, die durch einen summenden Ton angibt, wann ein Ei hart- oder weichgekocht ist. Die Quantität der Zeit ist hier nicht abstrakt, sondern auf eine bestimmte Qualität orientiert. Die astronomische Zeit der „abstrakten Arbeit" dagegen ist losgelöst von jeder Qualität. Der Unterschied wird auch deutlich, wenn wir zum Beispiel in mittelalterlichen Urkunden lesen, dass die Arbeitszeit der Knechte auf großen Landgütern, wie wir hier bereits wissen „von Sonnenaufgang bis Mittag" dauern sollte. Das bedeutet, dass die Arbeitszeit nicht nur absolut kürzer war als heute, sondern auch relativ, indem sie je nach Jahreszeit variierte und im Winter kürzer war als im Sommer. Erst die abstrakte astronomische Stunde dagegen erlaubte es, unabhängig von der Jahreszeit und den körperlichen Rhythmen einen Arbeitsbeginn „um 6 Uhr" festzusetzen.

Deswegen ist die Epoche des Kapitalismus auch die Zeit der „Wecker", der Uhren also, die mit einem schrillen Signalton die Menschen aus dem Schlaf reißen, um sie an die künstlich erleuchteten „Arbeitsplätze" zu treiben. Und war erst einmal der Arbeitsbeginn in die Nacht vorverlegt, dann konnte umgekehrt auch das Arbeitsende nach hinten in die Nacht hineingeschoben werden. Diese Veränderung hat auch eine ästhetische Seite. Wie die Umwelt durch die abstrakte betriebswirtschaftliche Rationalität gewissermaßen „entstofflicht" wird, indem die Materie und ihre Zusammenhänge sich den Kriterien der Rentabilität unterwerfen müssen, so wird sie durch dieselbe Rationalität auch entdimensioniert und entproportionalisiert. Wenn uns alte Gebäude manchmal irgendwie schöner und behaglicher vorkommen als moderne, und wenn wir dann feststellen, dass sie gleichzeitig im Vergleich zu den heutigen „funktionalisierten" Gebäuden irgendwie unregelmäßig zu sein scheinen, dann ist das darauf zurückzuführen, dass ihre Maße Körpermaße und ihre Formen oft landschaftlich angepasst sind. Die moderne Architektur dagegen verwendet astronomische Raummaße und „dekontextualisierte" Formen, also „losgelöst" von der Umgebung. Das gilt aber ebenso für die Zeit. Auch die moderne Architektur der Zeit ist entproportionalisiert und dekontextualisiert. Nicht nur der Raum ist hässlich geworden, sondern auch die Zeit.

Im 18. und frühen 19. Jahrhundert wurde sowohl die absolute als auch die relative Verlängerung der Arbeitszeit durch die Einführung der abstrakten astronomischen Stunde als Folter empfunden. Lange Zeit wehrten sich die Menschen verzweifelt gegen die mit der Industrialisierung verbundene Nachtarbeit. Vor Sonnenaufgang und nach Sonnenuntergang zu arbeiten, galt geradezu als unmoralisch. Wenn im Mittelalter Handwerker aus Termingründen einmal nachts arbeiten sollten, mussten sie üppig verpflegt und fürstlich entlohnt werden. Nachtarbeit war ein seltener Ausnahmefall. Und es gehört zu den „großen" Leistungen des Kapitalismus, dass es ihm gelungen ist, die Zeitfolter zum Normalmaß der menschlichen Tätigkeit zu machen. Daran hat sich auch durch die Verkürzung der absoluten Arbeitszeit seit dem Frühkapitalismus, die dort verbreitet bis zu 16 Stunden und teilweise mehr betrug, nichts geändert. Im Gegenteil, die sogenannte Schichtarbeit hat sich im 20. Jahrhundert immer mehr ausgedehnt.

Durch einen Zwei- oder sogar Dreischichtbetrieb sollen die Maschinen möglichst durchgehend laufen, unterbrochen nur durch kurze Pausen für Einstellung, Wartung und Reinigung. Auch die Öffnungszeiten der Läden und Kaufhäuser sollen möglichst dicht an die 24-Stunden-Grenze herangeschoben werden. In vielen Ländern gibt es, wie zum Beispiel in den USA, überhaupt keine gesetzlich festgelegte Ladenschlusszeit und an zahlreichen Geschäften prangt das Schild: „24 Stunden durchgehend geöffnet". Seit die mikroelektronische Kommunikations-Technologie den Fluss des Geldes globalisiert hat, geht auch der Finanztag der einen Erdhälfte nahtlos in den der anderen über. „Die Finanzmärkte schlafen nie", so sagt es die Werbung. So lässt sich allein schon daran, wieviel Uhren jemand benutzt oder wie oft er zur Uhr schaut, erkennen, in welchem Maße er Opfer der Zeitfolter ist; und zwar objektiv, ob er es also selber weiß oder nicht. Die vermeintliche Freiwilligkeit der Unterwerfung unter diese Zeitfolter zeigt nur den Grad der Erniedrigung der Menschen. Sei ehrlich, hast Du je hierüber nachgedacht? Höchstwahrscheinlich nicht, sondern Du hast Dich dem sklavisch, wie alle anderen ebenfalls, unterworfen, es komplett verinnerlicht.

Das Licht der Aufklärungs-Vernunft ist in Wahrheit die Beleuchtung der Nachtschicht. In demselben Maße, wie die Konkurrenz total wurde, verwandelte sich der äußere, gesellschaftliche Imperativ auch in einen inneren Zwang des Individuums. Der Schlaf wird ebenso zum Feind wie die Nacht, denn solange man schläft, verpasst man Chancen und ist den Angriffen der anderen hilflos preisgegeben. Der Schlaf des marktwirtschaftlichen Menschen wird daher kurz und flach wie der eines wilden Tieres, und zwar umso mehr, je „erfolgreicher" dieser Mensch sein will. Die fremdbestimmte Arbeitsqual der mechanischen Nachtschicht erscheint auf der Ebene des Managements als „freiwilliger" Verzicht auf Schlaf. Es gibt sogar schon Management-Seminare, auf denen Techniken der Schlaf-Minimierung geübt werden können. Allen Ernstes behaupten heute Schulen des Self-Managements (Selbst-Organisation): „Der ideale Business-Mann (Geschäfts-Mann) schläft nie", genau wie die Finanzmärkte! Die verlangte und unterwürfig durch die verhausschweinten Individuen (Robert Kurz) sich selbst verordnete ununterbrochene telefonische Erreichbarkeit drückt nur den Totalitarismus dieses Systems aus, das diese Zeit-Folter auch noch als erstrebenswerte „Freiheit" verkauft.

Die Unterwerfung der Menschen unter die „abstrakte Arbeit" und deren astronomisches Zeitmaß ist aber nicht möglich ohne eine ebenso allseitige Beobachtung; und Beobachtung ist nur im Licht möglich: ungefähr so, wie die Polizei beim Verhör eine blendende Lampe auf das Gesicht des Delinquenten richtet. Nicht umsonst hat das Wort „Aufklärung" im Deutschen zugleich eine militärische Nebenbedeutung, nämlich „Auskundschaften des Feindes". Und eine Gesellschaft, in der jeder dem anderen und sich selbst zum Feind wird, weil alle dem gleichen säkularisierten Gott des Kapitals dienen müssen, wird mit logischer Notwendigkeit zu einem System der totalen Beobachtung und Selbstbeobachtung. Wir können das heute gut erkennen: Die USA und in Europa Großbritannien sind in dieser Hinsicht heute (2017) bereits am weitesten vorgeprescht; Deutschland ist ihnen aber mit seiner aktuellen Gesetzgebung und Praxis ganz dicht auf den Fersen.

In einem mechanischen Universum muss auch der Mensch eine Maschine sein und maschinell bearbeitet werden. Das Licht der Aufklärung hat ihn dafür zugerichtet und „durchsichtig" gemacht. Der französische Philosoph Michel Foucault zeigt in seinem Buch „Überwachen und Strafen" (1974), wie diese totale „Sichtbarkeit" zur historischen Falle geworden ist. Zu Beginn des 19. Jahrhunderts übte der Kapitalismus die totale Beobachtung noch durch eine „Pädagogik des Zuchthauses" ein, wie sie der liberale „Nützlichkeits-Philosoph" Jeremy Bentham (1748-1832) als ein ausgeklügeltes System der Organisation, der Bestrafung und sogar der Architektur für Gefängnisse, Fabriken, Büros, Krankenhäuser, Schulen und Erziehungsheime entwickelt hat.

Die marktwirtschaftliche Öffentlichkeit ist keine Sphäre der freien Kommunikation, sondern eine Sphäre der Beobachtung und der Kontrolle. Das erinnert an die negative Utopie „1984" von George Orwell. War diese Kontrolle in den totalitären Diktaturen eine äußerliche durch den bürokratischen Staats- und Polizei-Apparat, so ist sie in der Demokratie zur verinnerlichten Selbstkontrolle geworden, ergänzt durch die kommerziellen Medien, in denen sich die Scheinwerfer der Konzentrationslager in die Lichter eines ungeheuren Rummelplatzes verwandelt haben. Hier wird nicht frei diskutiert, sondern gnadenlos ausgeleuchtet. In der kommerziellen Demokratie hat sich dieses System so verfeinert, dass die Individuen ganz von selber den kapitalistischen Imperativen gehorchen und gewohnheitsmäßig der eingeätzten Spur folgen wie programmierte Roboter. So sind wir alle ständig (vermeintlich freiwillig) Gehetzte. Auch die gewaltsam erzwungene Zeitumstellung nach jedem halben Jahr ist zu nichts anderem da, als uns (das Menschenmaterial) ständig auf Trab zu halten.

Nur wenn Nacht, Schlaf und Traum aus dieser reaktionären Gefangenschaft befreit werden, können sie zu Parolen einer emanzipatorischen Gesellschaftskritik werden. Widerstand gegen den totalen Markt beginnt vielleicht dort, wo die Menschen sich rücksichtslos das Recht nehmen, erst einmal gründlich auszuschlafen.

Die Enteignung der Zeit

Mit der Enteignung der Menschen von den Bedingungen ihrer eigenen Reproduktion ist also auch die systematische Enteignung der Zeit verbunden. Das gilt nicht nur in qualitativer, sondern auch in quantitativer Hinsicht, wie sich ja schon am Hinausschieben der Arbeitszeit über den astronomischen Tag hinaus ablesen lässt. Obwohl sie den größten Teil der aktiven täglichen Zeit verschlingt, ist die „Arbeitszeit" für die überwältigende Mehrheit der Produzenten keine eigene Lebenszeit, sondern tote und leere Zeit, die wie in einem Alptraum aus ihrem Leben herausgesaugt wird. Umgekehrt ist vom Standpunkt der kapitalistischen Raum-Zeit aus gesehen die Freizeit der Produzenten leere und eigentlich unnütze Zeit. Somit existiert im Kapitalismus eine starke objektive Tendenz, die Freizeit zu minimieren oder wenigstens streng zu rationieren. Nicht nur der „Betrieb" soll möglichst rund um die Uhr laufen, sondern auch die Auspressung der einzelnen Arbeits-Individuen möglichst nahe an diese absolute Grenze herangeschoben werden.

Wie Marx in den „Grundrissen" feststellte, resultiert daraus eine Paradoxie, die den bürgerlichen „Fortschritt" vollständig blamiert: „Die entwickeltste Maschinerie zwingt den Arbeiter daher länger zu arbeiten als der Wilde tut oder als er selbst mit den einfachsten, rohsten Werkzeugen tat" (Marx 1974/1857, 596). Dieses krasse Missverhältnis rührt daher, dass die Produzenten ja nicht selbst entscheiden können, wofür sie die Steigerung der Produktivität einsetzen wollen. Wie alle anderen Entscheidungen ist ihnen auch diese von der kapitalistischen Funktionslogik abgenommen worden. In den alten Agrargesellschaften erzeugte das niedrige Niveau der Produktivkräfte zwar viele Bornierungen (zum Beispiel enge Traditionen und blutsverwandtschaftliche Gebundenheit) und manchmal Probleme in der Versorgung (zum Beispiel bei Missernten). Aber das Ziel der Produktion, auch mit geringen Mitteln, war kein abstrakter Selbstzweck wie unter dem Zwangsverhältnis des modernen warenproduzierenden Systems, sondern Genuss und Muße. Dieser antike und mittelalterliche Begriff der Muße darf nicht mit dem modernen Begriff der Freizeit verwechselt werden. Denn die Muße war kein vom Prozess der Tätigkeit für den Erwerb abgetrennter Rest, sondern ein ganz eigenständiges Moment des gesamten Lebens. Deshalb wurde eine Steigerung der Produktivität in der Regel eher für eine größere Muße verwendet als für mehr Produktion. Die betriebswirtschaftliche Rationalität der Kostensenkung dagegen verwandelt jeden technischen Fortschritt ausschließlich und zwanghaft in überproportionale zusätzliche Produktion und damit in zusätzliche „Arbeit", niemals in zusätzliche Muße für die Produzenten.

Schon die rein äußerliche Quantität der Produktionszeit war daher trotz des niedrigeren technischen Niveaus in der Antike und im Mittelalter weitaus kleiner bemessen als im Kapitalismus. Aus den Klosterregeln des frühen Mittelalters, die ja als Vorläufer der modernen Arbeitsdisziplinierung bereits Elemente der abstrakten Zeit enthielten, geht überraschenderweise hervor, dass für die Leidenspassion der Arbeit fast nie mehr als 6 oder 7 Stunden täglich vorgesehen waren – damals also hielten die Menschen offenbar bereits für eine fromme Kasteiung und Selbstüberwindung, was heute die Gewerkschaften nur in wenigen Branchen und Gewinnerländern des Weltmarkts als größte Errungenschaft der „Arbeitszeitverkürzung" feiern!

Die explosive Ausdehnung der „Arbeitszeit" kam eben erst mit der „Arbeit" selbst. Erstaunt müssen moderne „Freizeitforscher" feststellen: „Unter den primitiven Agrarvölkern und in der Antike machten die Ruhetage oft die Hälfte des Jahres aus … (Auch) die Lohnarbeit leistenden Sklaven und Banausen waren nicht so intensiv in das Arbeitsleben eingespannt, wie man dies aus neuzeitlicher Sicht annehmen könnte...In der Mitte des vierten Jahrhunderts zählte man in der römischen Republik nicht weniger als 175 Ruhetage..." (Opaschowski 1997, 25 ff). Erst in der glorreichen Moderne wurden die Festzeiten immer weiter minimiert, um die Raum-Zeit der „Arbeit" auszudehnen.

Aber noch aus einem anderen Grund lag die Jahresleistung der Produzenten, selbst wo sie herrschaftlich abgedrungen war, erheblich niedriger als im Kapitalismus. Denn in den agrarischen Gesellschaften des alten Europa gab es auch große saisonale Unterschiede im Umfang der Tätigkeit. In der warmen Jahreszeit (etwa bei der Ernte) fielen mehr Aufgaben an als im Winter, der für die bäuerliche Bevölkerung relativ geruhsam war und häufig für das Feiern privater Feste genutzt wurde, wie manchmal noch aus dem überlieferten Liedgut hervorgeht. Diese Begrenzung des jährlichen Leistungsquantums durch den Wechsel der Jahreszeiten fiel natürlich ebenfalls ersatzlos weg, als der Leistungszwang mit der astronomischen Fließzeit des betriebswirtschaftlichen Funktionsraums systematisch entgrenzt wurde.

Nicht zuletzt war in den vorkapitalistischen Gesellschaften das, was für uns formal wie ein „Arbeitstag" aussieht, keineswegs durchgängig von angespannter Tätigkeit unter der Kontrolle einer objektivierten ökonomischen Macht gekennzeichnet. Es gab zum Beispiel (aus moderner Sicht) extrem lange Pausen, wie sie das betriebswirtschaftliche Regime niemals zulassen könnte; vor allem stundenlange Mittagspausen mit geselligem Essen – eine Sitte, die sich in den mediterranen und überhaupt südlichen Ländern noch längere Zeit als im Norden erhalten hat, bis sie durch die kapitalistische Industrialisierung auch dort dem Takt der abstrakten Fließzeit weichen musste.

Die vorkapitalistische produktive Tätigkeit war aber auch als solche wenig verdichtet – also von heute aus gesehen sehr langsam und wenig intensiv. Bei einer selbstbestimmten Tätigkeit ohne den Druck der Konkurrenz ist dieser gemäßigte Zeittakt des Produzierens offenbar die „natürliche" Art, wie Menschen sich in ihrer Tätigkeit verhalten. Wir kennen diese Erfahrung gar nicht mehr. Denn unter

108

dem stummen Zwang der Konkurrenz auf anonymen Märkten wurde die „herausgelöste Zeit der Arbeit" immer mehr verdichtet: Die Raffinesse in der Absaugung von Lebensenergie steigerte sich mit Hilfe der sogenannten „Rationalisierung der Zeit", die bis heute anhält. Im Laufe des 20. Jahrhunderts hat sich diese neurotische Logik des „Zeitsparens" (ein Paradoxon) zur offenen Paranoia gesteigert. Um dem an sich schon verrückten kapitalistischen Selbstzweck trotz absoluter Begrenzung des astronomischen Tages permanent mehr Leistung zuführen zu können, soll immer mehr Raum in die identischen Einheiten der abstrakten astronomischen Fließzeit „hineingepackt" werden.

Dieser absurde Drang möchte gewaltsam auch noch den astronomischen Tag sprengen – der kapitalistischen Logik der Arbeit ist nichts unmöglich, was die Produzenten des Kapitals noch mehr durch die Zeit hetzen könnte. So bastelte man in Japan anscheinend allen Ernstes am 28-Stunden-Tag, wie die Presse berichtete: „Mehr Zeit hat sich schon so mancher gewünscht...noch immer hat der Tag nur 24 Stunden, und für alles, was es zu tun gibt, reichen diese nicht aus. Doch wieso eigentlich 24 Stunden? Weil die Erdrotation 24 Stunden dauert, lautet die gängige Antwort. Danach bestimmt sich der Rhythmus von Tag und Nacht. Aber wie relevant ist das denn wirklich für unser heutiges Leben?... Wäre eine dem menschlichen Lebensrhythmus gut angepasste Uhr nicht eine solche, die unserem Herzschlag folgt? Pro Stunde ergibt sich ein Überschuss von 600 Sekunden, an einem 24-Stunden-Tag 14.400 Sekunden. Das sind genau vier Stunden. Ist also, kurz gesagt, der 28-Stunden-Tag nicht das unserer Gattung angemessene Maß der Zeit? ...Noch bis ins 19. Jahrhundert hatten viele Uhren nur einen Stundenzeiger...In Japan gab es noch in den siebziger Jahren des vorigen Jahrhunderts kein Wort für Sekunde. Heute aber ist man daran gewöhnt, den Sekundenzeiger vorrücken zu sehen, wenn es Zeit für die Fernsehnachrichten ist ... So räsoniert jedenfalls Sports Train, eine japanische Firma, die kürzlich >Montu<...auf den Markt brachte, die erste 28-Stunden-Tag-Uhr...Die Arbeitgeber würden...auch noch einen ganzen Tag pro Woche einsparen. In der Tat sieht >Montu< die Sechstagewoche vor..." (Coulmas 1999). Diesen Unsinn brauchen wir keines Kommentars für würdig halten.

Es ist verständlich, dass sich in den Erfahrungen des 20. Jahrhunderts zusammen mit der alten Arbeiterbewegung auch die sozialistische Utopie der „Arbeit" allmählich verflüchtigt hat. Auch wenn kaum jemand einen kritischen Begriff davon hat, so wissen doch heute alle instinktiv, dass dem Kapitalismus mit einer Verklärung seiner eigenen Tätigkeitsform nicht beizukommen ist. Daraus wird ebenso instinktiv der Schluss gezogen, dass keine Kapitalismuskritik mehr möglich sei. Während der allgemeine Arbeitszwang weiterbesteht, sind die sozialen Bewegungen insgesamt erschlafft. Die kapitalistischen Menschen versuchen, sich zunehmend in eine individualisierte Utopie der Freizeit zu flüchten. Aber auch dort wartet schon grinsend derselbe Kapitalismus, der die zur Arbeitszeit bloß komplementäre Freizeit längst kolonisiert hat. Denn weil die „Arbeit" apriori ein Verhältnis der Entmündigung ist, musste es auch die „Freizeit" werden.

Die Freizeit ist keine befreite Zeit, sondern ein sekundärer Funktionsraum des Kapitals. Es handelt sich nicht um freie Muße, sondern um eine selber für den permanenten (und höchst angestrengten) Konsum von Waren funktionalisierte Zeit. Auf diese Weise bilden einerseits die Kultur- und Freizeitindustrie neue Sphären der „Arbeit" aus, andererseits wird auch die Freizeit als solche der Arbeitszeit angeglichen. Nicht nur dann, wenn er Geld „verdient", sondern auch wenn er Geld ausgibt, ist der kapitalistische Mensch heute ein Arbeiter. Dieser Sachverhalt spiegelt nur die allgemeine Tendenz, dass die „herausgelöste Ökonomie" im Verlauf der kapitalistischen Entwicklung die abgespaltenen und zersplitterten Lebensbereiche allmählich mit ihrer eigenen Logik durchdringt und sie gewissermaßen „einkassiert": Das Leben wird wieder ein Ganzes, aber eben ein zur Gänze kapitalistisch integriertes.

Die Widersprüchlichkeit dieser absurden Produktions- und Lebensweise, die sich in der Vergangenheit auch als subjektiver Widerspruch, als Einspruch gegen die Zumutungen geltend machte, hat sich ebenfalls fast ganz verobjektiviert und erscheint nur noch als die Realität der Arbeitslosigkeit. Diese allerdings stieg im globalen Maßstab in den letzten Jahrzehnten dramatisch an. Nur im negativen Sinne wird so der untragbare Widerspruch noch sichtbar. Arbeitslosigkeit im Kapitalismus ist aber noch nicht einmal mehr Freizeit, sondern nur noch Armutszeit. Die Arbeitslosen werden nicht in frei disponible Zeit entlassen, sondern in die Überflüssigkeit ihrer Person. Nicht das Prinzip der „Arbeit" wird ungültig, sondern die Existenz der Arbeitslosen. Die Fortsetzung der „Arbeit" bekommt eine andere Qualität: Die Arbeit der Arbeitslosen besteht darin, jammervoll nach neuer „Arbeit" suchen zu müssen, gehetzt und gedemütigt von der bürokratischen Arbeits- und Armutsverwaltung.

Nachdem die Utopie der Freizeit ebenso blamabel gescheitert ist wie die Utopie der „Arbeit", könnte der erlösende Einspruch jetzt nur noch darin bestehen, das gesamte Bezugssystem zu verwerfen und sich aus dem Gefängnis der kapitalistischen Kategorien zu befreien. Ein Zurück in die vormoderne Agrargesellschaft ist weder möglich noch wünschenswert. Die historische Analyse kann nur den Sinn haben, das groteske Missverhältnis aufzudecken, das die ganze ungeheure Entwicklung der Produktivkräfte der Moderne nur dazu gedient hat, die freie Muße nahezu vollständig zu vernichten. Dem Kapitalismus kann nur noch der Prozess gemacht werden, wenn der „Arbeit" selber der Prozess gemacht wird. Um die Befangenheit der untergegangenen Arbeiterbewegung im positiven kapitalistischen Arbeitsbegriff zu überwinden, ist durchaus noch einmal bei Marx nachzuschlagen – allerdings bei jenem „dunklen" Marx, den die Arbeitsmarxisten immer verlegen überblättert haben: „Die >Arbeit< ist ihrem Wesen nach die unfreie, unmenschliche, ungesellschaftliche, vom Privateigentum (an den Produktionsmitteln/G.K.) bedingte und das Privateigentum schaffende Tätigkeit. Die Aufhebung des Privateigentums wird also erst zu einer Wirklichkeit, wenn sie als Aufhebung der >Arbeit< gefasst wird" (Marx 1845).

Mein lieber Mitsklave, liebes Hausschwein

Hier möchte ich einmal ganz persönlich werden und Dir zeigen, wie Du wurdest, was Du bist:

Bleiben wir noch ein wenig bei Marx und seiner Verurteilung der „Arbeit" als „unfreie, unmenschliche, ungesellschaftliche": Wenn wir uns ihre Geschichte verdeutlichen, ist „Arbeit" Krieg von Anfang an. Ein Vernichtungsfeldzug gegen das „Unkraut" drinnen und draußen. Dieser Feldzug gegen die plebejischen Unterschichten ist „in die Annalen der Menschheit eingeschrieben mit Zügen von Blut und Feuer" (Marx).

Im 16. und 17. Jahrhundert gab es bereits Massen von Bettlern, Räubern und Gelegenheitstotschlägern, die, aus den Armeen entlassen, teilweise marodierend umherzogen. Man erließ Verordnungen gegen das Betteln und die Landstreicherei. Wer aufgegriffen wurde, wurde ausgepeitscht, kahlgeschoren und des Landes verwiesen; wir sagen dazu heute „abgeschoben". Im Wiederholungsfall drohten Brandmarkung (das Einbrennen eines Buchstabens in die Schulter), Folter, Verkauf auf die Galeere, Verstümmelung oder Hinrichtung. Allein „in dem kleinen bayrischen Rentamt Burghausen, das alles andere als ein zentraler Ort und kein Mittelpunkt des Gaunerunwesens war, wurden allein in der Spanne zwischen 1748 und 1776 1.100 solcher Personen hingerichtet" (Wehler, 1987, „Deutsche

113

Gesellschaftsgeschichte", S. 176). Hinzu kamen Internierungspraktiken. Bereits seit dem 17. Jahrhundert richtete man auch in deutschen Landen Zucht- und Arbeitshäuser ein, in die man die Vagantenbevölkerung einsperrte, um sie zur „Arbeit" zu zwingen und moralisch aufzurüsten. Während die Menschen (dem damaligen Sprachgebrauch nach Faulenzer) spinnen, Holz raspeln oder Körbe flechten mussten, bekamen sie aus der Bibel oder frommen Traktaten vorgelesen. Im Amsterdamer Arbeitshaus sperrte man hartnäckige „Faulenzer" in einen Raum, der langsam voll Wasser lief. Der Inhaftierte konnte sich dann (frei!) entscheiden: Entweder er ertrank, oder er begann kontinuierlich zu pumpen, also zu arbeiten. Weitere Strafen für Deine Vorfahren waren Kostschmälerung, Arrest, Fesselung, körperliche Züchtigungen mit Ruten, Stöcken, Tauenden oder Peitschen. Damit wurden die Menschen gezwungen, ihre „schädlichen Neigungen" aufzugeben und „Arbeit" als Lebensinhalt zu akzeptieren.

Man errichtete eine regelrechte „Diktatur der Pünktlichkeit" und eine „Mikrojustiz der Zeit" (Foucault). Zu spät kommende wurden bestraft, es gab Geldbußen und Lohnabzüge für Bummelei und unerlaubtes Entfernen vom Arbeitsplatz. Einführung der Fabriksirene, die Arbeitsbeginn, Pausen und Feierabend anzeigte. Zum Wecken gab es Dampfpfeifen und „Wachklopfer", die von Wohnung zu Wohnung gingen und mit Stangen an die Fenster der Arbeiterquartiere klopften. Manche

114

zogen sogar an Schnüren, die aus dem Fenster hingen und am Zeh des Arbeiters befestigt waren. (vgl. Rifkin 1988, S. 120).

Der pure äußere Zwang reichte jedoch nicht aus, denn Deine Ahnen waren ziemlich störrisch, denn sie wollten nicht zu Knechten gemacht werden; sie hatten eine Ehre. Man musste dafür sorgen, dass die Zwänge gewissermaßen nach innen, in sie hinein wanderten und sich dort festsetzten. Wie schafft man es aber, dass Menschen arbeiten *wollen* und sich das Produkt ihrer „Arbeit" freiwillig wegnehmen lassen? Wie erzeugt man gefügige und nützliche Körper, wie akklimatisiert man die Menschen wirkungsvoll an die Regelmäßigkeit und die lineare Zeit des Kapitals? Es gab verschiedene Vorschläge: zum Beispiel arme Kinder, also Deine Vorfahren, bereits im Alter von 4 Jahren in die Arbeitshäuser zu schicken, wo sie Fabrikarbeit leisten und Schulunterricht erhalten sollten. „Es ist sehr nützlich, dass sie auf irgendwelche Art ständig beschäftigt werden, wenigstens 12 Stunden am Tag, ob sie damit nun ihren Unterhalt verdienen oder nicht; denn wir hoffen, dass sich auf diese Weise die heranwachsende Generation so sehr an ständige Beschäftigung gewöhnen wird, dass sie diese zuletzt als angenehm und unterhaltend empfindet..." (zit. nach Thompson, 1980, S. 53). Und auf solche „Vorschläge" hatten die Protagonisten der „Arbeit" nur gewartet. So begann die grauenhafte Periode der Kinderarbeit, die bis heute (2017) weltweit anhält, wenn auch in etwas vermindertem

115

Umfang. Kinder waren billig, anstelliger und leichter an den Rhythmus der Fabrikproduktion zu gewöhnen. Deine Leute hatten bereits als Kinder ab fünf Jahren bis zu 16 Stunden täglich in schlecht beleuchteten und belüfteten Räumen schwere Arbeiten zu verrichten. Parallel dazu begann man, Kinder in Schulen zu unterrichten (*das war der Beginn eines Schulsystems überhaupt*). Und was lernten sie dort? In erster Linie Sekundärtugenden und Arbeitshaltungen. Der Rhythmus der schulischen Sozialisation entsprach dem der Produktion. Man unterteilte die Zeit in kleine Abschnitte, brachte den Kindern bei, auf Glockenzeichen zu reagieren, wie die später berühmten Pawlowschen Hunde; man zwang sie, pünktlich zu sein und stillzusitzen, man korrigierte ihre Körperhaltung und ihre Gesten, man disziplinierte ihr ganzes Verhalten und bestrafte jede noch so geringfügige Abweichung und Nachlässigkeit mit körperlichen Züchtigungen und Demütigungen. Man kolonialisierte ihre Köpfe, indem man sie desexualisierte und zum Arbeitsinstrument herrichtete, und man verpasste ihnen derart ein Wesen, das dann prima als innere Ergänzung des äußeren Zwangs wirkte.

Und selbst noch in die Aufzucht und Pflege der Neugeborenen und Kleinkinder mischte sich die betriebswirtschaftliche Rationalität ein, indem es in die Beziehung zwischen Mutter und Kind Normen der Distanz schob: Man ging nicht mehr hin, wenn das Baby schrie, sondern nahm es auf, ernährte es und legte es weg nach dem Rhythmus

der Uhr und nicht nach dem der kindlichen Bedürfnisse (bis heute stillen junge Mütter ihre Babys
nach der Uhr; und wie machst Du es?). Man dres-
sierte es, seine Exkremente pünktlich auszuschei-
den und sorgte dafür, dass es sich vor seinen Kör-
perflüssigkeiten ekelte. In die Erziehung gerieten
immer mehr die Grundsätze der „schwarzen Pädagogik" (Rutschky). Ihre Anweisungen lauten: „Man
beginne sofort mit der Geburt damit, den Eigensinn des Kindes zu brechen, die anarchischen Formen seiner Lust einzudämmen und den unregle-
mentierten Trieb zu bändigen".

In diesem Zusammenhang stellte Klaus Theweleit
bereits 1978 fest, dass solchermaßen empfangene
und erzogene Menschen „nicht zu Ende geboren"
werden. Dort, wo sich unter günstigeren Bedingungen bei Deinen Vorfahren und auch bei Dir ein *Ich*
hätte entwickeln können, habt Ihr einen unter
Schmerzen angeprügelten Körperpanzer, eine Art
Berst-Schutz, der verhindert, dass Ihr fragmentiert
und auseinanderbrecht. Das prekäre Ich des Nicht-
zu-Ende-Geborenen bedarf der äußeren Stützung,
eines Korsetts, das die Schwächen der Ich-Struktur
kompensiert. Die landläufige Form dieses Korsetts
ist dann die „Arbeit", die zum wichtigsten Ich-Er-
haltungsvorgang wird. „Arbeit" hält ihn bei der
Stange und sichert ihm das reduzierte Überleben,
und zwar nicht nur, weil sie seine materielle Reproduktion über den Lohn garantiert, sondern weil das
Arbeiten sein Ich vor dem Fragmentieren und Zu-
sammenbrechen bewahrt, vor dem Hereinbrechen

verschlingender Symbiosen (Vgl. Theweleit, 1978, S. 244 ff).

Das Zusammenspiel all dieser Prozesse des äußeren und inneren Zwangs führte schließlich dazu, dass „Arbeit" zu Deiner zweiten Natur wie die aller Menschen werden konnte. Sie unterwerfen sich diesem Zwang gewissermaßen „freiwillig" und sehen das auch noch als ihren vermeintlich freien Willen an. Auf diese Weise wurden sie erst zu Subjekten; *die Subjekt-Form überhaupt hat hier ihren Ursprung.*

Das führte und führt wiederum dazu, dass sich die äußere physische und manifeste Gewalt aus der Aufstiegsphase des Kapitalismus in dem Maße in die kapitalistischen Apparate zurückziehen konnte und kann, wie die Menschen sich selbst Zwang antun. Natürlich bleibt sie dort latent stets vorhanden und kann jederzeit wieder wirksam werden.

Die Mauern, hinter die man Deine Vorfahren einst sperrte, sind jetzt, über viele Generationen hinweg, in Deinem Inneren aufgerichtet. Es ist ein weitverbreitetes Missverständnis, diesen Zustand mit Freiheit zu bezeichnen aus der Tatsache heraus, dass die Ketten abgeschafft sind, mit denen man ehemals die Galeerensträflinge an die Ruderbank fesselte und daraus zu schließen, die Galeerensträflinge selbst seien abgeschafft worden.

Die Imperative der kapitalistischen Produktion und der ökonomischen Vernunft sind lediglich als eine Art Trojanisches Pferd gewaltsam in die Menschen

118

eingedrungen und haben den Status von Quasi-Instinkten und bedingten Reflexen angenommen. Lebensgeschichtlich frühe Rhythmisierungen der kindlichen Bedürfnisse, die Dressur der Körper und der Motorik lassen „Arbeit" zu einer ungreifbaren und zugleich prägnanten Bestimmung werden. Als Folge dieses epochalen psychischen Umrüstungsprozesses bildete sich eine *zweite innere Natur* der Menschen heraus, ein Fundus von tief eingewurzelten Automatismen, (Wiederholungs)-Zwängen und Abwehrmechanismen. Die Rigidität und Zwanghaftigkeit des Arbeits- und Alltagsverhaltens resultiert also nicht oder nicht in erster Linie aus dem Einfluss eines moralischen Diskurses. Einem solchen Zugriff könnten wir uns relativ leicht entziehen. Wenn das Über-Ich wie ein Reflex funktionieren soll, benötigt es als Unterbau und Komplizen einen kolonialisierten Körper, der von sich aus gewisse „gefährliche" Impulse wie den Wunsch nach einem Mehr an Glück und Zeit zum Leben einfach abwehrt. Direkter: Es braucht Dich, das geknechtete, verlassene, verächtliche Wesen, dass seiner Dummheit nicht entkommt.

Mit herzlichem Gruß

George Kaufmann

P.S.: Dieser kleine Brief meint mit dem vertrauten Du alle Menschen, mich also inklusive.

Der Mensch als Subjekt

Schauen wir uns nun an, wie diese „zweite innere Natur" unser Bewusstsein verkleistert, also dumm macht.

Klären wir zunächst den Begriff des Subjekts:

Subjekt: Lateinisch, das Daruntergeworfene. Das sich selbst gewisse und sich selbst bestimmende Ich-Bewusstsein. Somit ist das Subjekt zwar Träger seines „freien" Willens und der Entscheidungen, also Träger seines bewussten und unbewussten Handelns. Zugleich jedoch, mit diesem „freien" Willen zu entscheiden, ist ein Subjekt jemand, der der Herrschaft eines Anderen unterworfen ist und in dessen Abhängigkeit steht, während er durch Bewusstsein und Selbsterkenntnis an seine eigene Identität gebunden ist. Mit anderen Worten: Ein Mensch als Subjekt unterwirft sich mit seinem „freien" Willen, also „freiwillig" der Herrschaft eines Anderen. Er tut es automatisch, instinktiv und ist sich dessen gar nicht bewusst. Frei ist sein Wille jedoch keineswegs; in Wahrheit folgt er einem Zwang. Dieser besteht darin, dass ihm der Tod droht, wenn er nicht arbeitet, also kein Geld hat. Und es ist eine nicht zu steigernde Perversität, dass das die heutigen Menschen so als vollkommen richtig ansehen.

Man kann sogar sagen: Der Einzelne unterwirft sich aufgrund seiner Selbstermächtigung. Fremd- und Selbstformierung wirken dabei zusammen.

Allgemeine Macht-Verhältnisse machen die Menschen auch allgemein zu Subjekten, denn Subjekte werden durch Macht überhaupt erst hervorgebracht. Die Existenzformen der Macht sind Herrschaft und Knechtschaft. Die Ausübung der Macht kann sowohl gewaltsam direkt erfolgen als auch indirekt über Fetische, Rituale und Verwaltungs-Apparate.

Ursprünglich wurde als Subjekt ein verfügbarer Gegenstand bezeichnet.

Schauen wir einmal, welch ein erbärmliches Bild wir heutigen Subjekte abgeben:

Mit ihrer Zurichtung für die Produktion von Erzeugnissen für anonyme Märkte zur Geldbeschaffung für die Militär-Rüstung, also losgelöst von den konkreten Lebens- Bedürfnissen der Bevölkerung, wurden die Menschen, wie Du eben lesen konntest, nach und nach zu Subjekten. Und in dem Maße, wie sie sich diesem abstrakten Arbeits-Zwang als Subjekte qua eigenen Willens vermeintlich freiwillig unterwarfen, machten sie sich zugleich auch freiwillig zu Objekten dieses Zwangs. So sind die kapitalistisch formierten Individuen immer zugleich sowohl Subjekt (sich einer fremden Herrschaft selbst unterwerfende Menschen) als auch Objekt (Gegenstand fremder Herrschaft). Damit sind sie als „Arbeits"-Subjekte (sich der „Arbeit" „freiwillig" Unterwerfende) schizophrene Wesen, also in sich widersprüchlich und absurd. In sich widersprüchlich heißt, dass sie dem Zwang zwar (eigentlich) entfliehen möchten, sich ihm aber dennoch vermeintlich freiwillig unterwerfen. Hiermit erschöpft sich jedoch der innere Selbstwiderspruch, die Zerrissenheit, der Individuen keineswegs.

121

Denn obwohl die warenproduzierenden Individuen in und mit ihrer Produktion für anonyme Märkte praktisch mit der ganzen Welt verbunden, also in Beziehungen stehen, also hochgradig vergesellschaftet sind, können diese Beziehungen keine direkt menschlichen, sondern nur falsche, abstrakte, fetischisierte Beziehungen, nämlich Beziehungen der Dinge und des Geldes sein. Die Individuen sind Waren-, Wert-, Tausch- und Geldsubjekte, weil sie sich diesen Fetischen unterwerfen. Sie „wollen" diese Fetische, weil sie sie erzwungenermaßen „wollen müssen". Würden sie es nicht tun, könnten sie ihre „Arbeitskraft" nicht verkaufen, würden kein Geld „verdienen" und könnten nicht leben. Zu essen ist ein unbedingtes Bedürfnis; Geld zu haben lediglich ein sozial bestimmtes. Dessen ungeachtet ist heute für die modernen Subjekte „Arbeit" oder Geld das, was für die mittelalterlichen Menschen Gott gewesen ist: der Überfetisch. Man braucht nur einen Augenblick darüber nachzudenken, wie viele Gespräche und Auseinandersetzungen sich im Leben um Geld und Preise drehen, um zu erahnen, in welchem fetischhaften Bann wir stehen.

Und da der anonyme Markt, also das Terrain des Tausches zum Zweck der Geldbeschaffung, über den Preisvergleich Konkurrenz erzwingt, sind Markt-Beziehungen immer Konkurrenz-Beziehungen. Und wenn Markt-Beziehungen, also das Verkaufen und Kaufen, Konkurrenz-Beziehungen sind, so unausweichlich auch die der Produktion, folglich auch die der gesamten Gesellschaft. So stehen die Individuen bei allem was sie tun immer mit allen übrigen in direkter und indirekter Konkurrenz. Und nicht nur das, sie stehen auch stets sogar mit sich selbst in Konkurrenz: Als Produzent/Verkäufer haben sie an möglichst hohen Preisen Interesse; als Konsument/Käufer hingegen an möglichst geringen. Als Verkäufer verbergen sie gern manchen Mangel des Produktes oder betrügen direkt; als Käufer hingegen bestehen sie auf hoher Qualität. Sie sind also tief verinnerlicht auch Konkurrenz-Subjekte.

Das Subjekt, dass sich den Waren-, Wert-, Tausch-, Konkurrenz- und Geld-Fetischen ohne weiteres unterwirft, definiert sich selbst durch seine Unterwerfung unter die „Arbeit". Es ist also nicht der Mensch, das biologische Wesen mit vielfältigem Wissen und geschicktem Können, sondern nur das, was es „arbeitet". „Ich *bin* Tischler", „ich *bin* Maurer", „ich *bin* Sänger", „ich *bin* Politiker"… Das Individuum sieht sich selbst als das, was es als „Arbeit" tut. Dass es zugleich Objekt einer äußeren übermächtigen Drangsalierung ist, nimmt es nicht bewusst war, aber ahnt es vielleicht: „Ich kann doch sowieso nichts ändern", „*die* machen doch sowieso was sie wollen". Zum Subjekt wird das Individuum nur deshalb, weil es sich nicht als Mensch positiv selbst setzen kann, sondern nur negativ durch die „Arbeit" gesetzt wird. So bedeutet die Entäußerung der „Arbeit" stets zugleich die Entwesung des Menschen. Selbstbestimmung, also die Unterwerfung, bedeutet Fremdbestimmung, und zwar eine nichterkannte, aber anerkannte. So hat das Wesen des Kapitals die permanente Entwesung der Menschen zur Bedingung. Deren Wohlergehen, Gesundheit, freundschaftliches Miteinander sind nicht primäres Mittel oder Ziel, sondern bestenfalls zu erkämpfender Zusatz. Das bürgerliche Individuum ist wahrlich „ein geknechtetes, ein verlassenes, ein verächtliches Wesen" (Marx, 1974, S. 385).

Marx sprach in diesen wirtschaftlichen (ökonomischen) Zusammenhängen vom Menschen als „homo oeconomicus". Aber die Individuen haben sich nicht nur der kapitalistischen Ökonomie und ihren Fetischen zu unterwerfen, sondern ebenso dem Staat. *Wie die betriebswirtschaftliche Vernutzung menschlicher Energie („Arbeit") und die Konkurrenz den ökonomischen Zwangscharakter des Systems ausmachen, so der Staat und die Souveränität den dazugehörigen juristischen und politischen Zwangscharakter.* Wie Marx bereits sah, sind Markt und Staat nur die Kehrseiten derselben Medaille: Der Staatsautoritarismus ist nur die komplementäre Entsprechung des Marktautoritarismus, der politische Totalitarismus nur eine Erscheinungsform des ökonomischen Totalitarismus. Auf beiden Seiten dieses Verhältnisses bleiben die Individuen unfrei, weil sie im einen Falle den Mächten der anonymen Konkurrenz und im anderen der Bürokratie ausgeliefert sind. Markt und Staat, Politik und Ökonomie bilden nur die beiden Seiten eines paradoxen, irrationalen, schizophrenen Gesellschaftsverhältnisses, in dem die Individuen nicht nur der „homo oeconomicus", sondern dazu noch ein „homo politicus", also jeweils ein „bourgeois" (Bürger, Geldmensch) und ein „citoyen" (Staatsbürger) sind, also auch hier, wie schon bei der Konkurrenz, mit sich selbst in Widerspruch treten. Es handelt sich um die beiden Seiten ein und desselben schweren Mangels, die nicht gegeneinander auszuspielen, sondern nur beide gleichermaßen aufzuheben sind. Denn die beiden Wesen oder Seelen in der Brust des modernen Menschen, der homo oeconomicus ebenso wie der homo politicus, können nur als Vollzugsorgane des übergeordneten irrationalen Selbstzwecks agieren, wie er sich in den Pseudo-Naturgesetzen der kapitalistischen Verwertung darstellt, nämlich aus Geld mehr Geld zu machen. Und wir können wissen, dass es immer, wenn von zwei Seiten einer Medaille die Rede ist, um eine gegenseitige Bedingtheit dieser beiden Seiten geht. Die beiden Seiten bedingen sich so sehr, dass die eine ohne die andere nicht leben kann. Sehr einleuchtend sehen wir das an der „Medaille" Macht. Sie besteht aus den beiden Seiten Herrschaft und Knechtschaft. Verschwindet eine der Seiten (egal welche), gibt es auch die andere nicht mehr und damit ist die ganze „Medaille" futsch.

Erst nach dem Zweiten Weltkrieg konnte sich die heutige Form der Demokratie in den kapitalistischen Zentren herausbilden. Aber ein solcher Zustand der reinen Demokratie, der jedes Individuum qua Staatsbürgerlichkeit als „souveränes" setzt, während dasselbe Individuum gleichzeitig in sozialer („bürgerlicher") Hinsicht ein obdachloser Bettler sein kann, ein solcher Zustand, meinte Marx, sei die Verhöhnung eines menschlichen Gemeinwesens.

In dieser Verhöhnung eines menschlichen Gemeinwesens leben wir seit ein paar hundert Jahren bis heute. Unsere allgemeinen Bedingungen sind heute solche der reinen Demokratie (Rede-, Presse- und Versammlungsfreiheit und „freie" Wahlen), die durch die vollständige Unterwerfung der Individuen unter die kapitalistischen Formen, die sie nach Jahrhunderte langen blutigen Kämpfen nunmehr „freiwillig" tief verinnerlicht haben, gekennzeichnet ist. Diese Form-Kategorien, ich bezeichne sie, wie Du eingangs bereits lesen konntest, als den kapitalistischen Formzusammenhang, also „Arbeit", Ware, Wert/Mehrwert, Geld/Kapital, Markt/Tausch/Konkurrenz, geschlechtliche Abspaltung, Staat/Souveränität/Nation/Volk, Demokratie, Politik, Recht haben die Dritte industrielle Revolution (Entwicklung und Anwendung der Mikroelektronik) hervorgebracht, die nun zum Totengräber des Kapitalismus wird.

In dem Maße nämlich, wie der pseudo-naturgesetzliche Systemzwang selber in der Dritten industriellen Revolution immer größere Menschenmassen für die „Arbeit" überflüssig macht und sich dieser Prozess durch die finanzkapitalistisch gesteuerte Globalisierung des Kapitals dramatisch verschärft, stößt nicht nur die weitere Kapitalakkumulation (die ja auf einer ständigen Steigerung in der rentablen Vernutzung abstrakter Arbeit beruht) an objektive historische Grenzen, sondern gleichzeitig mit der Substanz des Kapitals („Arbeit") löst sich damit notwendigerweise auch die Substanz der Souveränität (Staat) samt dem daran gebundenen politisch-juristischen System der „Rechte und Freiheiten" auf; denn „Arbeit" und Staat sind die sich bedingenden zwei Seiten der „Medaille" Kapitalismus – und sonst nichts. Vom homo oeconomicus bleibt nur noch das entsubstantialisierte nackte Konkurrenz-

126

Subjekt übrig, während vom homo politicus lediglich das ebenso entsubstantialisierte Gewalt-Subjekt bleibt. Wenn die regulären Markt- und Produktionsbeziehungen aufhören, stürzt das Dach der Souveränität ein, die nichts als geronnene, zentralisierte und monopolisierte Gewalt ist; und die Gewalt in der inzwischen verinnerlichten Form der Geldkonkurrenz wird sozusagen verflüssigt, dezentralisiert und demonopolisiert. Stichwörter hierfür sind zum Beispiel: Al Kaida, Islamischer Staat, bewaffnete Sekten, militärische Großeinsätze, Söldnerbanden, Intifada, Gegenschläge, Bombardierungen, Weltpolizei, Kollateralschaden, Krieg, Entstaatlichung, Milizen, Clans, Plünderung, Vergewaltigung, familiäre Gewalt, Gangs, Banden, Verschwundene, Tote, Massaker, Gemetzel, Nationalismus, „die Ausländer", Rassismus, „die Ungläubigen", Flüchtlinge. Dabei repräsentiert jedes dieser Stichwörter eine riesige Ereignistraube. Und wir sehen und erleben sie tagtäglich mit ihrer zunehmenden Gewalt.

Das bürgerliche Individuum, das sich den kapitalistischen Kategorien vollständig unterworfen hat, kann sich zunächst einmal nicht selber außerhalb der Rechtsform denken, die ja seine Subjektform und damit seine Beziehungsform zur Welt ist. Diese bürgerliche Rechtssubjektivität kommt aber, wie Marx offengelegt hat, überhaupt nur durch die Aufspaltung des bürgerlichen Menschen in ein Wirtschafts- und ein Staatsbürgersubjekt zustande, in den „homo oeconomicus" und den „homo politicus", den „bourgeois" und den „citoyen", den Geldmenschen und den Staatsmenschen. Geld und Staat aber sind laut Marx, und wie wir hier ebenfalls bereits wissen, die beiden polaren Formen einer bloß abstrakten und daher unwahren Allgemeinheit, jener bloß „illusorischen Gemeinschaftlichkeit", die keine direkten menschlichen Beziehungen ermöglicht, sondern nur solche vermittels der Dinge, also des allgemeinen Geld-Fetischs. Damit die unwahre Gesellschaft der nach blinden Gesetzmäßigkeiten atomisierten Individuen wirklich zu einer Gesellschaft, zu einer bewusst agierenden Gemeinschaftlichkeit wird, müssen die Individuen die beiden entfremdeten, irrationalen Formen abstrakter Allgemeinheit, nämlich Geld und Staat, „in sich zurücknehmen", also aufheben und überwinden, also ihre Subjektform loswerden. Hierüber lässt sich aller Wahrscheinlichkeit mit den meisten Menschen schnell Übereinkunft erzielen. Aber spätestens wenn klar wird, dass es dann mit dem Geldverdienen zu Ende ist, bockt das allgemeine Bewusstsein und es wird deutlich, dass das Herauswürgen der kapitalistischen Kategorien, wie Du schon weißt, nicht nur schwer zu machen, sondern, da es ja um „mich persönlich" geht, auch sehr schwer zu ertragen ist.

Dieses Bewusstsein sieht nicht, dass die Dritte industrielle Revolution (der Mikroelektronik) die „Arbeitssubstanz" immer weiter abschmilzt und damit die Verwertung des Werts an sich ad absurdum führt, egal, ob die Menschen nun in freiwilliger Knechtschaft in dieser Form weiterleben wollen. Sie sind in der gleichen Lage wie die Kühe in den verlassenen Dörfern der Bürgerkriegsregionen, die deshalb elend zugrunde gehen, weil sie nicht mehr gemolken werden. Sie schreien nach „Arbeitsplätzen" die es für sie nie mehr geben wird.

Die universelle Konkurrenz von Marktsubjekten wird durch das Verschwinden der „Arbeit", wie wir jetzt alltäglich weltweit sehen können, nicht etwa aufgehoben, sondern sie reproduziert sich auf Elendsniveau noch verschärft. Denn wie beschrieben geht dem „homo oekonomicus" mit der „Arbeit" seine Substanz verloren und es bleibt die nackte Konkurrenz in ihm übrig, ohne die er sich gar nicht denken kann. Ebenso geht dem „homo politicus" mit dem Staat seine Substanz verloren und übrig bleibt die nackte Gewalt. Wenn die minimalsten Bedingungen einer Weltmarktteilnahme entfallen oder der Finanzüberbau zusammenbricht (oder beides), ist so mit der übriggebliebenen substanzlosen Konkurrenz und der ebenso substanzlosen Gewalt der Weg in eine Plünderungs- und Banden-Ökonomie vorgezeichnet, wie wir sie in weiten Teilen der Welt derzeit bereits sehen, und wofür die weiter oben genannten Stichwörter zwar gegenwärtig charakteristisch aber weit unvollständig sind.

Gestatte mir in diesem Zusammenhang ein paar Anmerkungen zum Begriff „Freiheit" unter kapitalistischen Bedingungen:

„Frei" und im kapitalistischen Rechtssinn überhaupt ein Mensch bist Du, wenn und solange Du etwas kaufen kannst oder etwas zu verkaufen hast, und wenn es lediglich noch ein paar Deiner Körperorgane sind. Allein die verwendeten Anführungszeichen verweisen darauf, dass Du um kaufen oder verkaufen zu können lediglich eine äußerst begrenzte Freiheit besitzt. Vielmehr unterliegst Du bereits *davor* (also vor Deinem kaufen und verkaufen können und sogar schon ehe Du überhaupt gehen und sprechen kannst) einem fundamentalen abstrakten Zwang, bei dem es letztlich um Tod oder Leben geht. Um das Geld zu bekommen, mit dem Du kaufen willst, oder die Ware für den Verkauf, musst Du Deine Arbeitskraft verkaufen und „arbeiten". Was Du als „Arbeit" tust, ist Dir weitgehend egal. Hauptsache, Du bekommst Geld dafür. Und der Zwang ist deshalb so fundamental, weil Du Dich ihm bei Strafe Deines Lebens nicht entziehen kannst. Keine „Arbeit" –> kein Geld; kein Geld –> nichts kaufen; nichts kaufen –> kein Leben. Tolle Freiheit!

Aber bevor es zu dieser Kausalität überhaupt kommen konnte, bedurfte es sogar mehrerer „Freiheiten" der Individuen. Wie oben geschildert, wurden die Menschen im Laufe mehrerer Jahrhunderte gewaltsam von ihren Produktionsmitteln (in Manufakturen und Plantagen) enteignet, also von diesen *frei*. Massenhaft wurden die Menschen enteignet, beraubt, eingesperrt, gefoltert, verstümmelt, gebranntmarkt, verjagt und sonstwie kujoniert. So waren sie darüber hinaus auch *frei*, sich als Träger ihrer Arbeitskraft, nichts anderes besaßen sie mehr, zu entscheiden, an wen sie ihre Arbeitskraft *verkaufen*. Bei Strafe ihres Lebens konnten sie nicht entscheiden *ob* sie ihre Arbeitskraft verkaufen, sondern nur an wen. Endlich waren unsere Vorfahren nun „doppeltfreie Lohnarbeiter"/Marx. Und sie wurden Jahrhunderte lang gegen ihren allergrößten Widerstand, der bis zu überaus blutigen Bürgerkriegen reichte, in die „Arbeit" regelrecht hineinkanoniert, hineingefoltert, hineingeprügelt, hineinpädagogisiert, hineindiszipliniert. Um also überhaupt „arbeiten" zu können, mussten die Menschen doppelt *frei* sein: *frei* von allen Produktionsmitteln und *frei* zu entscheiden, an wen sie sich verkaufen. Das ist bis heute unverändert und firmiert unter dem Begriff Freiheit und insbesondere „Westliche Freiheit".

Heute können wir sagen, dass dieser unermessliche Zwang über mehrere Jahrhunderte hinweg besten „Erfolg" hatte. Der Liberalismus, die „Aufklärung", die Sozialdemokratie und vor allem der Marxismus verklärten dieses Zwangsverhältnis „Arbeit" im Laufe der Zeit zu etwas Positivem, ja sogar zu einer natürlichen menschlichen Daseinsweise. Und wir Idioten lassen das nach wie vor „freiwillig" mit uns machen, weil wir selbst davon gar keine Ahnung haben und uns etwas anderes gar nicht vorstellen können. Ist das nicht pervers? Während der Liberalismus (Marktwirtschaft) ein Konstrukt ist, das dem Haupt des Absolutismus entsprang, so sind die Sozialdemokratie und der Marxismus (Staatsökonomie) als Konstrukte dem Haupt des Liberalismus entsprungen. So sind sie selbst der Kapitalismus und nichts an ihnen ist anti-kapitalistisch, bzw. kann es überhaupt sein.

Wer heute nach „Arbeit", guter „Arbeit", „Arbeitsplätzen", Gleichberechtigung, mehr Demokratie, anderer Politik… ruft, ruft (fast immer unbewusst) nach mehr bzw. einem anderen Kapitalismus, was angesichts des heutigen immer gewaltsameren Zerfalls des Kapitalismus an seiner absoluten inneren Systemschranke einfach nur irre ist. Wie auf der sinkenden Titanic: die Passagiere wollen an Bord bleiben und die Kapelle soll weiterspielen (Robert Kurz).

Eine Schlussfolgerung: Der Kapitalismus befindet sich in seiner End-Krise, die objektiv zu immer stärkerer Gewalt in nahezu unendlicher Vielfalt treibt, ohne eine neue Gesellschaftlichkeit zu kreieren. Die Globalisierung ist die strukturelle Systemkrise des Kapitalismus, die End-Form des Systems. Wir sehen, dass das warenproduzierende System die von ihm selbst geschaffenen doppelt „freien" Subjekte, wegen seiner ungeheuren Rationalität (Mikroelektronik) immer weniger und schließlich gar nicht mehr vernutzen kann. Die subjektivierten Individuen können noch so laut nach „Arbeitsplätzen" schreien, sie werden dennoch für ungültig erklärt und zu kapitalistisch Überflüssigen. Kurioserweise geschieht das durch ihre dritte „Freiheit". Sie sind jetzt sozusagen‚ triple free (dreifach frei); nämlich *frei* von Produktionsmitteln, *frei* ihre Arbeitskraft an diesen oder jenen zu verkaufen und nun auch noch *frei* von jeglicher Nachfrage nach ihrer Arbeitskraft. Sind das nicht tolle Freiheiten?

Und dennoch schafft sich der Kapitalismus objektiv erst durch diese dritte Befreiung seine potentiellen Totengräber, während die nur doppelt freien Subjekte noch seine Entwicklung trugen. Jetzt erst haben die Individuen die erforderliche Zeit, sich Wissen anzueignen und mit ihrer verkorksten Subjektform auseinanderzusetzen, um sie schließlich verlassen zu können.

Vor allem die kapitalistisch Überflüssigen, egal in welcher politischen (rechts, mittig oder links) oder materiellen (oben, unten) Form sie das warenproduzierende System zugerichtet ausspuckt, können eine in der nahen Zukunft schlummernde gesellschaftliche Bewegung kreieren, die dem ganzen kapitalistischen Spuk ein Ende macht, indem sie die Spielregeln einfach vom Tisch fegen. Vermeintliche

Versuche in dieser Richtung gab es etliche; sie scheiterten jedoch alle, weil sie die kapitalistischen Kriterien niemals verließen. Sie wollten gewissermaßen den Kapitalismus mit dem Kapitalismus austreiben. Sehen wir hier noch etwas genauer hin:

Der Alptraum der Freiheit

Die Grundlagen der „westlichen Werte" und die Hilflosigkeit der Kritik

Bekanntlich bilden die Begriffe von Freiheit und Gleichheit die zentralen Schlagworte der Aufklärung. Diese Ideale hat allerdings der Liberalismus nicht für sich gepachtet. Paradoxerweise spielten sie im Marxismus und Anarchismus eine ebenso große Rolle. Und auch für die heutigen sozialen Bewegungen haben sie einen hohen ideologischen Stellenwert. Die Linke starrt auf die Idole von Freiheit und Gleichheit wie das Kaninchen auf die Schlange. Um nicht vom Glanz dieser Idole geblendet zu werden, empfiehlt es sich, den Blick auf ihre gesellschaftliche Grundlage zu richten. Marx hat diese Grundlage schon vor mehr als 150 Jahren aufgedeckt. Es ist die Sphäre des Marktes, der kapitalistischen Zirkulation, des Warentauschs, des universellen Kaufens und Verkaufens.

In dieser Sphäre herrscht eine ganz bestimmte Art von Freiheit und Gleichheit, die sich einzig und allein darauf bezieht, zu verkaufen was man will – vorausgesetzt, es findet sich ein Käufer; und zu kaufen, was man will – vorausgesetzt, man ist zahlungsfähig. Und nur in diesem Sinne herrscht Gleichheit, nämlich die Gleichheit von Waren- und Geldbesitzern. Es kommt bei dieser Gleichheit nicht

auf die Qualität an, sondern auf die gemeinsame gesellschaftliche Form. Für den Cent ist nicht dasselbe zu kaufen
wie für den Dollar; aber egal ob Cent oder Dollar, der Qualität nach herrscht die Gleichheit der Geldform. Beim Kaufen und Verkaufen gibt es keine Herren und keine
Knechte, keinen Befehl und keinen Gehorsam, sondern
nur freie und gleiche Personen des Rechts. Egal ob Mann
oder Frau oder Kind, egal ob „weiß" oder „schwarz" oder
braun – der Kunde ist unter allen Umständen willkommen.
Die Sphäre des Warentauschs ist die Sphäre des gegensei-
tigen Respekts. Wo ein Händewechsel von Ware und Geld
stattfindet, gibt es keine Gewalt. „Das bürgerliche Lächeln
ist immer ein Verkäuferlächeln" (Marx).

Der Sarkasmus von Marx bezieht sich darauf, dass diese
Sphäre des Marktes nur einen kleinen Bruchteil des modernen gesellschaftlichen Lebens ausmacht. Der Warentausch oder die Zirkulation hat aber eine ganz andere
Sphäre zur Voraussetzung, nämlich die kapitalistische Produktion, den Funktionsraum der Betriebswirtschaft oder
der "abstrakten Arbeit" (Marx). Hier gelten ganz andere
Gesetze als in der Zirkulation der Waren, hier gefriert das
Verkäuferlächeln zur zynischen Grimasse des Sklaventrei-
bers oder Gefängniswärters. In der Arbeit, so schrieb
schon der junge Marx, ist der Arbeiter "nicht bei sich, sondern außer sich". Die Freiheit in der Warenproduktion ist
so gering, dass noch nicht einmal über Inhalt, Sinn und
Zweck dessen bestimmt werden kann, was da produziert
wird. Auch die Kapitaleigentümer und Manager haben
diese Freiheit nicht, weil sie unter dem Druck der Konkurrenz stehen. Deshalb folgt die Produktion ganz den Prinzi-

pien von Befehl und Gehorsam. Wo das Regime der Betriebswirtschaft besonders "effizient" ist, dürfen die Arbeiterinnen und Arbeiter nicht einmal selbstständig pin-
keln gehen. Gerade der Neoliberalismus liebt diese produktive Strenge ganz außerordentlich.

Nur scheinbar, also dem Anschein nach, widersprechen
sich die Freiheit und Gleichheit der Zirkulation und die Diktatur der betriebswirtschaftlichen Produktion. Rein for-
mell sind die Arbeiterinnen und Arbeiter in der Produktion
gerade deswegen unfrei, weil sie vorher auf dem Markt
ihre „Freiheit" als Warenbesitzer betätigt, nämlich ihre Arbeitskraft verkauft haben. Die Arbeitskraft gehört nun
nicht mehr ihnen, sondern einem Anderen und sie haben
über deren Einsatz nichts mehr zu bestimmen. Natürlich
ist diese Freiheit, die eigene Arbeitskraft zu verkaufen, selber einem Zwang geschuldet, also einer Unfreiheit: Es
wurden historisch durch die Modernisierung Verhältnisse
geschaffen, in denen es keine andere Möglichkeit mehr
gibt, sich am Leben zu erhalten. Man muss entweder Arbeitskraft kaufen und für den Selbstzweck der Kapitalverwertung anwenden, oder man muss seine eigene Arbeitskraft verkaufen und sich für diesen Selbstzweck anwenden
lassen. Solange es noch unabhängige (bäuerliche und
handwerkliche) Produzenten gab, gab es gar keinen universellen Markt, sondern der größte Teil der sozialen Beziehungen spielte sich in anderen Formen ab. Der Aufstieg
des universellen Marktes ging einher mit dem Abstieg der
unabhängigen Produzenten. Nur weil es den Arbeitsmarkt
gibt, weil also die menschliche Arbeitskraft Warenform
angenommen hat, werden auch alle anderen Güter als
Waren gehandelt. Die Sphäre der Freiheit und Gleichheit

in der Zirkulation existiert also überhaupt nur, weil sich die Sphäre der Unfreiheit in der Produktion herausgebildet hat. Deshalb findet die universelle Freiheit auch in der Form der universellen Konkurrenz statt.

Dieses Problem setzt sich im Bereich der persönlichen Reproduktion oder der Privatheit fort, wo die Waren konsumiert werden und die intimen sozialen Beziehungen ihren Ort haben. Hier gibt es viele Tätigkeiten und Momente des Lebens, die nicht in der Warenproduktion aufgehen (Haushalt, Kindererziehung, „Liebe" usw.). Für diese Aspekte wurden materiell, soziopsychisch und kulturell-symbolisch im Prozess der Modernisierung die Frauen zuständig gemacht und eben deswegen sozial abgewertet: es handelt sich um Momente des gesellschaftlichen Lebens, die kein „Geld wert", also im Sinne der Kapitalverwertung zweitrangig und minderwertig sind. Diese „Abspaltung" (Roswitha Scholz) beschränkt sich nicht auf eine abgrenzbare sekundäre Sphäre, sondern sie durchdringt den gesamten gesellschaftlichen Lebensprozess. So werden Frauen innerhalb der Warenproduktion in der Regel schlechter bezahlt und gelangen relativ selten in Führungspositionen. In den persönlichen Beziehungen herrscht ein bestimmter Code der Geschlechter, der für Frauen ein strukturelles Abhängigkeitsverhältnis impliziert, auch wenn dieses in der Postmoderne vielfach gebrochen und modifiziert ist. Ganz ähnlich wird der nicht-„weiße", nicht-westliche Teil der Menschheit einer schon in der Aufklärung rassistisch formulierten strukturellen Unterordnung ausgeliefert.

Einzig und allein in der Sphäre der Zirkulation, des Marktes, scheinen alle Verhältnisse einer „Herrschaft des Menschen über den Menschen" ausgelöscht. Diese gleisnerische Sphäre der Freiheit und Gleichheit beruht jedoch nicht nur auf Strukturen der Abhängigkeit, sondern sie bildet auch in einem unmittelbaren Sinne eine bloße Funktion für den Selbstzweck der Kapitalverwertung. Denn der universelle Markt dient im krassen Gegensatz zum Austausch voneinander unabhängiger Produzenten nicht der wechselseitigen Befriedigung von Bedürfnissen, sondern er ist nur ein Aggregatzustand oder ein Durchgangsstadium des Kapitals selbst. Im Verkauf „realisiert" sich der abstrakte Wert (der hierfür die zwischenzeitliche Form einer Ware angenommen hat) als Geld, und genau darin besteht die Funktion des scheinbar freien Austauschs. Das ursprüngliche Geldkapital, das sich durch die Produktion in Waren verwandelt hat, kehrt um den Profit vermehrt zu seiner Geldgestalt zurück. Darin äußert sich gerade der Charakter des Kapitals als Selbstzweck, nämlich aus Geld mehr Geld zu machen und somit „abstrakten Reichtum" (Marx) in einem unendlichen Prozess aufzuhäufen. Indem die Menschen also ihre Freiheit und Gleichheit in der Sphäre der Zirkulation betätigen, tun sie nichts anderes, als die „Selbstvermittlung" des Kapitals zu bewirken, nämlich den produzierten Mehrwert oder Profit aus der Warenform in die Geldform zurück zu verwandeln. Freiheit und Gleichheit der Zirkulation sind daher nichts anderes als ein Räderwerk für den Zweck der „Realisation" des Kapitals. Jeder Akt der Freiheit muss eine Art Pumpleistung vollbringen, um Kapital aus dem Aggregatzustand der Ware in den Aggregatzustand des Geldes zu versetzen.

Die moderne bürgerliche Freiheit hat also einen seltsamen Charakter; sie ist identisch mit einer höheren, abstrakten und anonymen Form der Knechtschaft. Soziale Emanzipation wäre Befreiung von dieser Art der Freiheit, statt sie zu „verwirklichen". Nicht besser steht es mit dem Begriff der Gleichheit, der geradezu eine Drohung impliziert, nämlich die Individuen in ein und dieselbe Form zu pressen. Die Modernisierung hat die Menschheit gewissermaßen in die Einheits-Uniform von Subjekten des Geldes gesteckt. Dahinter aber verbergen sich strukturelle Abhängigkeitsverhältnisse. In Wirklichkeit sind die Bedürfnisse, die Geschmäcker, die kulturellen Interessen und die persönlichen Ziele der Individuen niemals „gleich"; sie sind nur der Gleichheit der Warenform unterworfen worden. Emanzipatorisch wäre es daher, wie Adorno sagte, endlich „in Frieden ungleich" sein zu können.

Die Gleichheit hat ihren falschen Nimbus durch einen argumentativen Taschenspielertrick der bürgerlichen Ideologen seit der Aufklärung erhalten. Die Bedeutung des Begriffs der Ungleichheit wurde verschoben von der schlichten Verschiedenheit der Individuen auf die Unterordnung der einen Individuen unter die anderen. Was an sich lediglich Ausdruck der individuellen Eigenart ist, nämlich die Ungleichheit, erscheint plötzlich als Ausdruck der Abhängigkeit. Und umgekehrt: Was an sich Ausdruck des uniformen Zwangs ist, nämlich die Gleichheit, erscheint plötzlich als Ausdruck der Befreiung von Abhängigkeit. Wir haben es hier mit einem typischen Fall der Orwellschen Sprache in der modernen Ideologie zu tun. In Wirklichkeit hat Ungleichheit nichts mit Herrschaft und Gleichheit nichts mit

Selbstbestimmung zu tun. Eher im Gegenteil: Die Gleichheit in der Moderne ist selber ein Herrschaftsverhältnis. Ich weiß, das ist schwer zu denken.

Das Resultat ist ein permanenter Widerspruch in der modernen Ideologie. Einerseits wird die Sphäre der Zirkulation aus dem Gesamtzusammenhang der kapitalistischen Reproduktion herausgelöst und zum Ideal erhoben. Andererseits werden die faktische Diktatur in der Produktion und die strukturelle Abwertung des Weiblichen zum unüberschreitbaren „sachlichen Naturgesetz" erklärt. Beständig muss die eine gegen die andere Seite ausgespielt werden; und gerade dadurch befestigt sich das gesellschaftliche Verhältnis in den Köpfen. Freiheit und Gleichheit stellen so genau das dar, was Adorno als „Verblendungszusammenhang" bezeichnet hat. Und die Linke hat diese Verblendung zusammen mit ihrem begrifflichen Apparat von der Aufklärung geerbt. Besonders die Utopisten, die demokratischen und libertären Sozialisten, die Anarchisten und die Dissidenten in den Ländern des Staatssozialismus beriefen sich stets auf die Ideale von Freiheit und Gleichheit, ohne deren Beschränkung auf die Sphäre der Zirkulation zu erkennen und ohne den inneren Zusammenhang von Freiheit und Unfreiheit in der Moderne zu durchschauen.

Heute scheint die Gesellschaftskritik mehr denn je auf die Ideale der Zirkulation zurückzufallen. Das hat strukturelle Ursachen. Die Weltkrise der Dritten industriellen Revolution hat eine wachsende Zahl von Menschen aus der eigentlichen Produktion verdrängt und sie zwangsweise zu Agenten der Zirkulation gemacht. Als billige Dienstleister aller Art, als Verkäufer, Straßenhändler und sogar als Bettler erleben sie nun die Sphäre der Freiheit und Gleichheit selber paradoxerweise als Joch einer sekundären Arbeit; die Diktatur der Produktion dehnt sich auf die zunehmenden Tätigkeiten der Zirkulation bis hin zum Elends-Unternehmertum aus. Freiheit und Unfreiheit fallen dabei unmittelbar zusammen; aber ideologisch verarbeitet wird dieses Paradoxon umso mehr in Begriffen der zirkulativen Ideale. Indem die Individuen sich als Kleinbürger ihrer selbst und als eine Art Teppichhändler ihres weitgehend zirkulativen „Humankapitals" erleben, kehrt nach dem Ende des Arbeits-Sozialismus der Utopismus des Warentauschs in einer neo-kleinbürgerlichen Version zurück. In einer Gesellschaft, in der alle allen permanent irgendetwas andrehen wollen und sich die sozialen Beziehungen in einen universellen Basar auflösen, werden die zunehmenden Krisenerscheinungen durch das Raster der Zirkulations-Existenz wahrgenommen. Geradezu zwanghaft interpretiert eine Intelligentsia von Selbstverkäufern die Probleme der Dritten industriellen Revolution nach dem Muster des Zirkulations-Verhältnisses: „Ein Warenbesitzer trifft den anderen." Sogar noch die Überwindung der Warenproduktion wird in Kategorien des „ewigen Tauschens" gedacht.

Die in ihrer gesellschaftlichen Verfasstheit nicht kritisch reflektierten, nur scheinbar in der Sphäre der Zirkulation „voneinander unabhängigen" Individuen sollen sich wechselseitig ihre „Gunst" schenken und einander „etwas gönnen", statt miteinander zu konkurrieren; ganz so, als läge das Problem nicht auf der Ebene der gesellschaftlichen

Produktions- und Lebensweise, sondern auf der Ebene einer individuell darstellbaren „Pathologie", die durch pädagogische und therapeutische Maßnahmen „geheilt" werden könnte. Das Grinsen der Verkäufer wird zum Idealismus eines netten, nicht mehr von Konkurrenz geprägten Umgangs miteinander stilisiert, als wäre eine gesellschaftliche Transformation an der substantiellen Produktions- und Lebensweise vorbei durch utopische Konstrukte des persönlichen Verhaltens machbar, die allesamt ihre Wurzel in der idealisierten Sphäre der Zirkulation haben – wobei die neo-kleinbürgerlichen Utopisten sich selbst zu „Ärzten am Krankenbett des Subjekts" ernennen.

Die in vielen Ländern verbreitete Ideologie der Tauschringe stellt praktisch kaum mehr als eine Hobby-Ökonomie dar; wo sie in großem Maßstab praktiziert wurde, wie zuletzt in der argentinischen Krise, ist sie grandios gescheitert. Noch dürftiger erscheint der Versuch, die Anlehnung an die Untersuchungen des französischen Ethnologen Marcel Mauss und dessen Hauptwerk „Die Gabe" das „ewige Tauschen" nach dem Muster sogenannter archaischer Gesellschaften vermeintlich von der Konkurrenz zu erlösen und in ein wechselseitiges Austauschen von Geschenken, also in eine Art permanentes Weihnachten zu verwandeln. Diese Vorstellung einer „Geschenk-Ökonomie" kann ihrem Wesen nach die Reichweite unmittelbar persönlicher Beziehungen nicht überschreiten; sie verfehlt daher den Maßstab gesellschaftlicher Produktivkräfte und hoch organisierter sozialer Zusammenhänge. Es wäre lächerlich, wenn das eine abstrakte Individuum zum anderen sagt: „Schenkst" du mir eine Nieren-Transplantation, dann „schenke" ich dir, wenn du schön brav bist, einen

Mähdrescher. Das Problem ist nicht, dass man sich gegenseitig individuell etwas „gönnt", sondern dass die bisher entwickelten gesellschaftlichen Potenzen (Infrastrukturen, Systeme der Bildung und Wissenschaft, Systeme der industriellen und der immateriellen Produktion) sinnvoll statt destruktiv eingesetzt werden.

Die Utopien der Zirkulation dagegen suchen eine Lösung immer primär auf der Ebene der individuellen Verhaltensweisen. Das heißt das Pferd vom Schwanz her aufzäumen. Statt durch eine gesellschaftliche Umwälzung der Produktion und der Lebensweise die Zirkulation von Waren und die damit verbundene Konkurrenz auf den Märkten überflüssig zu machen, soll umgekehrt das isolierte Subjekt der Zirkulation selbst die vermeintliche Ontologie des Tauschens in einer geläuterten Form vollziehen. Die Frage der praktischen Solidarität in gesellschaftskritischen sozialen Zusammenhängen wird ideologisiert zu einem verlogenen pädagogischen und oft geradezu psychotherapeutischen Idealismus, der nur in den Terror der Nettigkeit und der wechselseitigen sozialen Kontrolle (etwa nach dem Muster religiöser Sekten) umschlagen kann. Die Konkurrenz soll „wegmoralisiert" werden. Soziale Emanzipation erscheint dann als bloße Folge einer angeblich „verwirklichten" Utopie von Freiheit und Gleichheit des Zirkulationssubjekts in kleinen Gruppen. Dieser neo-kleinbürgerliche Utopismus des zirkulativen Humankapitals ist ebenso zum Scheitern verurteilt wie alle früheren Utopien.

Arbeiterbewegung als Arbeitsbewegung

Der Arbeiterbewegungs-Marxismus ist in seiner Vorstellung von „Arbeit" eigentlich nie über das Engelssche Manuskript „Anteil der Arbeit an der Menschwerdung des Affen" (Engels 1969, S. 444-455) hinausgekommen. „Die Arbeit hoch", so heißt tatsächlich der Refrain des bis heute noch gesungenen „Lied der Arbeit". Formulierungen dieser Art waren üblich; und es gab noch viel Üblere. „Bewusste, planmäßige Organisation der sozialen Arbeit nennt sich der ersehnte Heiland der neueren Zeit" (Dietzgen 1930, S. 103), so verkündete es etwa Josef Dietzgen, in der zweiten Hälfte des 19. Jahrhunderts einer der bekanntesten sozialdemokratischen Propagandisten.

Und natürlich gab es auch ein bolschewistisches Pendent. Anatoli W. Lunatscharski, der spätere Kommissar für Bildungswesen, schrieb 1908, es gehe um die Schaffung einer Religion „ohne Gott", um die Etablierung einer „Religion der Arbeit" (Geschichte der Kommunistischen Partei der Sowjetunion, Bd. 2, S. 307). Und Josef Stalin meinte damals, Aufgabe der Bolschewiki sei es, die Philosophie Marx' und Engels' „im Geiste von J. Dietzgen weiterzuentwickeln" (ebd., S. 308). Unter Stalin gab es in der Sowjetunion schon mal die Kleinigkeit der Todesstrafe für Zuspätkommen in der Fabrik.

Mit gewaltigem und gewaltsamen Aufwand, der Millionen Menschenopfer erzwang, wurde es schließlich geschafft: Die „Arbeit" ist zur Religion der Arbeiterbewegung geworden. Die „Arbeit", sie ist die Angebetete. „Hauptsache, du hast eine Arbeit", ist bis heute noch ein geflügeltes Wort. In der heutigen Krisenzeit verstärkt sich das noch; für die allermeisten gilt es, irgendwo unterzukommen. Für einen sicheren Job, für eine Stelle überhaupt, selbst für die Taglöhnerei ist man bereit, unendliche Demütigungen hinzunehmen. Hauptsache „Arbeit". Die Arbeiterbewegung wurde so zur Bewegung für die „Arbeit", zum Motor des Kapitalismus überhaupt, und ist es, sofern es noch ein paar Reste von ihr gibt, stotternd bis heute geblieben. Aber:

Die „Arbeit" verhungert.

Heute sehen wir tagtäglich vor unseren Augen die strukturelle Krise des Kapitalismus.

„Das Postulat der Vollbeschäftigung wird also umso weniger erfüllbar sein, je höher der technologische Status einer Gesellschaft ist. Wenn gewisse mitteleuropäische Politiker vorgeben, den technologischen Stand ihrer Länder deshalb steigern zu wollen, weil sie dadurch Vollbeschäftigung gewährleisten können, dann sind sie entweder denkunfähig oder Volksbetrüger" (Anders 1980, S. 99). Das ist jedoch nicht unbedingt ein Widerspruch.

Gerade *wegen* der exorbitant gesteigerten betriebswirtschaftlichen Rationalität des globalisierten Kapitals leidet die „Arbeit" weltweit an Auszehrung. Im Zuge der Dritten industriellen Revolution (der breiten Anwendung der Mikroelektronik) kann zur Herstellung von Waren immer weniger „Arbeit" eingesetzt werden. Der Kapitalismus schafft selber seine Basiskategorie, die „Arbeit", ab und damit seine Existenzgrundlage. Das Arbeitslager gleicht einem globalen Lazarett und Leichenschauhaus. Die Entwesung geht bereits in Verwesung über. Politiker sind nichts mehr als örtliche Verweser der „Arbeit".

144

Arbeitsbefreiung als Arbeitslosigkeit

Wir haben uns auf den Märkten in Konkurrenz aufeinander zu beziehen, nicht in Unterstützung und Solidarität unsere Bedürfnisse zu regeln. Wir sind nicht füreinander da, sondern haben einander zu bekriegen. Konkurrenz war in der kapitalistischen Aufstiegsphase ein dynamisches Prinzip sondergleichen, um die Produktivkräfte zu entwickeln. Was sich durchsetzen lässt, ist richtig; was in der Konkurrenz den Kürzeren zieht, hat sich damit als falsch erwiesen. Heute (2017), an der objektiven absoluten inneren Schranke des Kapitalismus, vernichtet sich die praktische Arbeits-Konkurrenz selbst. Das bedeutet zugleich: je besser es in Teilbereichen (Branchen, Regionen usw.) gelingt, wirklich noch in der Konkurrenz zu bestehen und somit auch Arbeitsplätze zu schaffen oder wenigstens zu halten, desto mehr Arbeitsplätze werden woanders abgeschafft. Standortsicherung ist bei der längst erreichten 100-prozentigen Kapitalisierung der Welt absolut zu einer eliminatorischen Größe geworden.

Arbeitslos zu sein bedeutet, als Arbeitskraft konkurrenzunfähig zu sein. Das bedeutet für die Betroffenen und meist auch für deren Familien stets auch eine soziale Degradierung. Die Arbeitslosigkeit ist ein Schrecken, den die „Arbeit" anrichtet, nicht die Untätigkeit. Wenn Arbeitslosigkeit vorgeblich Elend schafft, ist sofort einzuwenden, dass die Arbeitslosigkeit eine untergeordnete Kategorie der „Arbeit" selbst ist, eine ihrer Wirkungen, nicht jedoch deren Gegenteil, als das sie dem Alltagsverstand oberflächlich erscheint. Das ist für diesen Alltagsverstand schwer zu denken. In einer Gesellschaftsform jedoch, in der Wert (und seine Verwertung) oberstes Gesetz ist, meint Arbeitslosigkeit nichts als Entwertung der Arbeitskraft. Und wodurch wird sie entwertet? Durch „Arbeit"! Psychisch erleben die ausgestoßenen, quasi überflüssigen Personen einen wahren Entwertungsschock. Nicht zufällig stammen „Wert" und „Würde" vom gleichen gotischen Begriff (vairths) ab.

Arbeitslosigkeit tritt auf als Schande, Schwäche, Unfähigkeit, Wertlosigkeit. Und genauso wird sie auch in dieser Gesellschaft gedacht. Die Betroffenen sind gezeichnet, gebrannmarkt. Man nennt sie Sozialfälle, Versager. Ohne gesellschaftliche Alternativen geraten diese Menschen leicht in die unselige Versuchung, Sündenböcke zu suchen, die sie direkt für ihre Situation verantwortlich machen. Nur in diesen Bahnen haben sie als Konkurrenz-Subjekte fühlen gelernt. Es müssen immer Andere sein, die an meinem eigenen Elend schuld sind. Und so birgt die soziale Perspektivlosigkeit der sozial Deklassierten enormen rassistischen Sprengstoff. Die Systemsklaven können nicht begreifen, dass sie es, solange sie arbeiten, selbst sind, die mit ihrer „Arbeit" anderswo dieses Elend der Arbeitslosigkeit schaffen. Aber was genau ist daran so schwer zu begreifen?

Wenn entlassene „Kräfte" nicht wissen, was sie mit ihrer Zeit anfangen sollen, dann demonstriert sich an ihnen nur, wie sehr sie dem Kult der „Arbeit" verfallen sind. Ihr Leben haben sie tatsächlich mit nichts als der „Arbeit" identifiziert; ist diese weg, scheint das Leben leer und sinnlos geworden zu sein. Für sie ist der absurde Satz „Arbeit macht das Leben aus" in doppeltem Sinn richtig: Ausmachen im Sinn von *bedeuten* und ebenso im Sinn von *auslöschen*.

„Arbeit" meint ja nicht die Erfüllung des Lebens, sondern Mühsal der Existenz. Arbeitszeit ist gestohlene Lebenszeit. Dass Arbeitsplätze in einer Situation, da sie sich als überflüssig erweisen, geradezu angebetet und erfleht werden, statt sich zu freuen, dass man nun befreit leben könnte, ist eine Groteske sondergleichen – eine markwirtschaftliche, wohlgemerkt.

Jetzt ist jedoch nicht Fatalismus gefragt. Es geht nicht darum, die kapitalistischen Verwüstungen passiv hinzunehmen oder sie sogar als Naturnotwendigkeit zu feiern und zu propagieren. Das eigene (schlimme) Schicksal sei ja ohnehin nicht zu verändern oder gar zu vermeiden. Wie soll das denn gehen? Ich kann doch sowieso nichts dagegen tun. Es wird schon nicht so schlimm werden; ist ja bisher auch immer irgendwie weitergegangen…

Zunächst einmal haben die Arbeitslosen recht, wenn sie gegen ihre Arbeitslosigkeit protestieren. Nur dürfen sie dabei nicht stehenbleiben. Wer gegen die Arbeitslosigkeit kämpft, darf damit nicht für die „Arbeit" kämpfen, also für die Verursacherin der Arbeitslosigkeit. Das ist natürlich nicht leicht zu verstehen, denn jeder ist doch offenbar auf „Arbeit" angewiesen, weil er leben will. Es wird Dir helfen, hierin mit aller gedanklichen Schärfe möglichst tief einzudringen.

„Arbeit" ist Übel, Leid; sie richtet die Menschen psychisch und physisch zugrunde. Sie wird getan, weil sie Lohn bringt. „Wir wollen arbeiten müssen" singt der Arbeitergefangenenchor. Warum aber sollen wir wollen? Weil wir, wie wir hier ja schon wissen, als Subjekte wollen müssen! Unser Wille ist Gesetz, weil er uns gesetzt ist. Wir sind so zugerichtet und domestiziert, dass wir nicht von unserer Maske lassen, die wir als unsere Haut verstehen.

„Arbeit" zeichnet den Menschen nicht aus, vielmehr zeichnet sie ihn.

Fabriken, Büros, Verkaufshallen, Baustellen sind aus solcher Perspektive nichts als legale Institutionen zur Vernichtung menschlicher Substanz.

„Arbeit" ist etwas, das über uns hereinbricht, eine Heimsuchung, derer wir uns erwehren müssen. Die Alternative dazu ist ja nicht die Untätigkeit, sondern das individuelle und kollektive Bereiten eines sinnvollen Werkens und Wirkens in den unterschiedlichsten Bereichen. Die Überwindung der „Arbeit" ist somit überhaupt erst die Voraussetzung der Verallgemeinerung der Kreativität, die damit aus ihrem Dasein als Randexistenz erst befreit wird. Kommunismus kann ja überhaupt nichts anderes sein, als sich in aller Kreativität einander zu schenken.

Zur Unterstützung dieses Gedankens möchte ich Dir hier einmal aufzeigen, wie schwachsinnig wir uns als Subjekte verhalten und wie irrsinnig wir in unserer „Arbeit" mit den Ressourcen umgehen, schon allein, um dieses irre System Kapitalismus (abstrakte Reichtums-Produktion, Verwertung des Werts, durch „Arbeit" aus Geld mehr Geld machen) überhaupt erst real zu machen.

Kapitalismus – ein Automat zur Verschwendung materieller, zeitlicher und menschlicher Ressourcen (7)

Du kennst das natürlich: Bist auf der Suche nach den begehrten Dingen des täglichen Bedarfs und schiebst Deinen Einkaufswagen durch den Supermarkt. Hast Du eine Dose Erbsen, einen Eisbergsalat, eine Flasche Bier oder was Dein Herz oder Magen sonst noch wünschen, gefunden, suchst Du zuallererst am Regal oder auf der Verpackung nach absonderlichen Zahlen und Symbolen, die in irgendeiner seltsamen Beziehung zu den jeweiligen Gütern stehen. Wie teuer? Wo kommt das Zeug her? Wieviel Kalorien sind drin? Wieviel Zucker? Ungesättigte Fette? Welche gemeinen und krankmachenden Zusatzstoffe wurden verwendet? usw.

Anschließend verstaust Du Deinen Fund im Einkaufswagen oder stellst ihn merklich enttäuscht zurück. Hast Du alles mehr oder weniger beisammen, gehst Du zielstrebig zu einer schmalen, virtuellen Gasse, in der sich vermutlich schon eine Menge Leute staut. Irgendwann bist Du dran und stehst seitlich neben einem Fließband. Obwohl vor Dir die Bahn nun frei wäre, bleibst Du stehen, als wäre da das unsichtbare Schutzschild des Raumschiffs Enterprise hochgefahren. Du fängst nun an, alle zuvor sorgsam in den Wagen gestapelten Waren eine nach der anderen wieder herauszunehmen und auf das Fließband

(7): vgl. hierzu auch Gaston Valsivia, 31.12.1997, „Zeit" ist Geld und Geld ist „Zeit".

149

zu legen. Auf halber Fließbandlänge scheint sich wieder eine unsichtbare Barriere aufzurichten, die alle Waren stoppt. Eine Hand streckt sich nach den Leckereien aus, nimmt sie etwas hoch, um einen Piepton zu erzeugen, scannt seltsame Zeichen ein und legt die Waren hinter der unsichtbaren Barriere wieder aufs Band, damit sie am Ende in eine Art Auffangbehälter hinabgleiten.

Für Dich selbst ist das unsichtbare, Stopp gebietende Schutzschild immer noch hochgefahren. Nun kramst Du ein Ledertäschchen heraus und entnimmst ihm ein paar bedruckte Papierzettel, die Du dem Händchen reichst. Sogleich hörst Du eine Stimme fragen, ob Du alles Gewünschte gefunden hättest, ob Du Treue-Punkte oder Bons sammelst und es vielleicht etwas kleiner hättest. Dann bekommst Du selber ein oder mehrere Zettelchen mit lauter Zahlen und vielleicht noch einige kleine Metallscheiben in die Hand gedrückt. Das ist dann für Dich das Zeichen, dass die unsichtbare Schranke nun verschwunden ist. Nun kannst Du Dich und den Wagen weiterschieben bis zum Auffangbehälter. Dort holst Du sämtliche Beutestücke wieder heraus und packst sie wieder in den Gitterwagen zurück. Anschließend rollst Du mit dem Wagen zu einer Tischplatte, hebst alle Waren wieder aus dem Wagen heraus und verstaust sie nacheinander in Tüten und Taschen. Danach bugsierst Du Dein leeres Gefährt ans

Ende einer Schlange säuberlich aufgereihter, leerer Gefährte, steckst ein Kettchen in einen Plaste-Verschluss, der ein kleines Fach herausschnipsen lässt, entfernst daraus eine Metall- oder Plaste-Scheibe, verstaust diese in der Tasche und watschelst nun beladen mit Tüten und Taschen zu einem anderen Wagen, dieses Mal zu einem mit Motor. Vermutlich sinkst Du nach dem Einladen etwas erschöpft in den Sitz und beißt erst einmal kräftig in einen frisch erworbenen Schokoriegel.

Geht's noch? Hast Du Dich eigentlich schon irgendwann einmal gefragt, was Du da jedes Mal tust? Kommst Du Dir nicht bescheuert vor? Preise anschauen, einräumen, ausräumen, Zettel tauschen, einräumen, ausräumen, einpacken... und das alles nur, um ein paar Lebensmittel verzehren zu dürfen?

...und so wirst Du gezwungen

Diese absurden und zeitraubenden Tätigkeiten im Supermarkt sind jedoch nur Kleinigkeiten. Damit die unsichtbare Barriere, wo immer Du auf Waren zugreifen möchtest, wie geschmiert hoch- und herunterfährt, wird ein riesiges Monstrum am Leben gehalten. Es gibt sich nicht mit ein paar Prinzessinnen zufrieden, sondern es verspeist alle in der „freien Marktwirtschaft" lebenden Menschen zum Zweck seiner zeitaufwändigen Lebenserhaltung mit Haut und Haaren. Karl Marx nannte dieses Monster das „automatische Subjekt".

Begeben wir uns auf seine Spur:

Damit Du dem Händchen an der Kasse ein Kärtchen oder einen Papierzettel überreichen kannst, muss es einen Ort geben, an dem Dein Anspruch darauf erfasst ist, richtig zugeordnet, geändert und hier und dort gemeldet wird. Der Ort ist ein aufwändig errichtetes und gut ausgestattetes Gebäude, in dem Menschen, die das in langen Jahren gelernt haben, den ganzen Tag lang mit Material hantieren und Geräte bedienen, die wiederum eigens für diese Zwecke her- und bereitgestellt werden müssen. Damit die Zahlen, also nichts Anderes als Geld, nicht in falsche Hände geraten, wird viel Material und Personal in diesem Gebäude und unzähligen anderen eingesetzt, die für diese Zwecke auch erst einmal gebaut und gepflegt sein wollen. Gepanzerte Fahrzeuge, gehärtete Stahlkästen, Alarmanlagen, Kameras, Computer und viele andere Geräte sind nur ein Teil dessen, was hierzu notwendig ist. Die entstehenden Geldüberschüsse sollen wiederum so verteilt werden, wie es die hierarchischen Gepflogenheiten und das Gesetz vorsehen. Die angemessene Einhaltung dieser Vorgaben überprüfen Menschen, die im Auftrag des Staates arbeiten und in noch größeren Gebäuden sitzen und die selbst wieder durch andere Menschen kontrolliert werden, die ebenfalls in Gebäuden sitzen. Nur so glauben sie sich vor unerwünschten Geldverlusten im komplexen Zahlenwerk sicher.

Wie aber kommst Du als numerischer Repräsentant des Geldes an den geweihten Ort, an dem man Dir Geldscheine und Kärtchen – die Schlüssel zur Bedienung der unsichtbaren Schutzschilde – aushändigt? Dazu musst Du in der Regel Deine Arbeitskraft für viele Stunden am Tag an jemanden verkaufen, der Dir dafür Dein Zahlendepot auffüllt und, nebenbei, sein eigenes gleich mit. Und wahrscheinlich gehörst Du zu den schätzungsweise 80 Prozent aller Menschen, deren Arbeit wiederum zu nichts anderem dient, als den Schutzschild-Mechanismus in Gang zu halten. Vielleicht arbeitest Du ja in einer Bank, in der auch Deine Ziffern gespeichert werden; oder Du produzierst Geräte, die ziemlich laut piepsen oder sogar laut heulen, wenn jemand die Barriere ohne entsprechendes Äquivalent überwinden möchte. Vielleicht klebst Du Preisschilder an oder arbeitest in einer Fabrik für Überwachungskameras? Womöglich in einem Supermarkt als Händchen oder als Architekt für die Büroetagen einer Versicherung? Oder Du verhaftest von Berufs wegen Privatbesitz-Verächter?

Was immer Du da jeweils tust – um es zu können, musst Du Entfernungen überbrücken. Du willst zur Arbeitsstätte gelangen und verwendest dazu wahrscheinlich ein privates oder geschäftliches vierrädriges Fahrzeug mit Motor oder benutzt ein öffentliches Verkehrsmittel. Die Strecken, die Du zurücklegen musst, könnten recht lang und stauträchtig sein. Vielleicht arbeitest Du gar als Vertreter und Deine Zeit geht hauptsächlich für nervende Fahrten drauf? Derweil hast Du noch lange nicht eingekauft und noch nichts für Dein Outfit und Dein körperliches Wohlbefinden getan. Auch dazu benötigst Du Verkehrsmittel, und viel Zeit vergeht auf dem Weg zu den Tempeln des schönen Seins, die Du frequentierst, um für die Arbeit am nächsten Tag wieder fit und makellos zu sein.

Egal worin Deine Arbeiten auch bestehen mögen, Du führst sie selten glücklich oder in gemächlichem Rhythmus aus. In der Regel bist Du einem Zeitmanagement unterworfen, das Dir in immer kürzerer Zeit immer mehr und intensivere Tätigkeiten abverlangt. Der geforderte Zeitrhythmus verfolgt Dich bis nach Hause in die Küche und ins Schlafzimmer und beschleunigt auch noch Deinen freizeitlichen Wanderschritt in einem Maße, als müsstest Du den Schwarzwald in einem Tag durchqueren. Möglicherweise gehörst Du aber auch der zunehmenden Population an, die gar keinen Beitrag mehr zur Aufrechterhaltung dieser Absurdität leisten darf, aber ebenso gehetzt tagtäglich auf Arbeitssuche geht oder gestresst in den deprimierenden Räumen eines Sozialamtes zahllose Stunden der Lebenszeit an sich vorüberziehen lassen muss. Derweil befassen sich andere im selben Gebäude in eben solch mieser Stimmung mit der Prüfung und Berechnung Deiner Ansprüche, damit Du am Ende einen armseligen Warenkorb Dein Eigen nennen darfst.

Und in all den anderen unserer Reproduktionsbereiche sieht es nicht anders aus. Das „automatische Subjekt", dem wir uns angeblich freiwillig unterwerfen, scheucht uns durchs Leben für den einzigen Zweck, um an irgendeiner Stelle aus Geld mehr Geld zu machen.

Schauen wir auch hier noch ein wenig genauer hin:

Das Hamsterrad im Labyrinth

Die Ideologen der Marktwirtschaft feiern den oben beschriebenen Zustand als die beste und wirtschaftlichste menschliche Existenzweise aller Zeiten. Betriebswirte, Volkswirte, Politiker und akademische Berufsideologen werden nicht müde, Dir die Leistungskraft und unübertroffene Fähigkeit der Marktwirtschaft zur Platzierung und Zuteilung aller Ressourcen zu lobpreisen. Damit begründen sie die Überlegenheit der Marktwirtschaft gegenüber allen anderen vergangenen und allen überhaupt denkbaren künftigen Gesellschaftsformationen prophylaktisch gleich mit. Hochnäsig weisen sie Dich darauf hin, dass noch niemals in der bisherigen Geschichte mit so geringem Zeitaufwand so viele Güter in solcher Qualität produziert worden seien. Und in der Tat, in noch keiner menschlichen Gesellschaft ist die Produktivkraft-Entwicklung derart schnell vorangetrieben worden wie in der „freien Marktwirtschaft" – allerdings auch ohne jegliche Rücksicht auf das menschliche Wohlbefinden. Die Effizienz der einzelnen Arbeitsabläufe, von der Planung, über die Herstellung von Waren, deren Transport, Lagerung und Verkauf/Kauf bis hin zu den Abrechnungs-Systemen, hat für sich genommen tatsächlich einmalige Standards erreicht. Einen derart ökonomischen Umgang mit der Zeit gab es in dieser Hinsicht noch nie zuvor. Aber wie stets richtet sich der begeisterte Blick der Ideologen nur auf das Detail; sie haben immer nur die betriebswirtschaftliche Rationalität oder Teile davon in ihrem Betrachtungsfeld, niemals jedoch die Entwicklung des Gesamt-Systems. Beim Anblick einer Fertigungsstraße verfallen sie in eine romantische Verklärung. Verzückt schauen sie auf Automessen unter glänzende Motorhauben bulliger Edelkarossen, in denen die gesamte geistige und körperliche Potenz in Kraftmaschinen von höchstem Wirkungsgrad zusammengeballt ist, um am Ende doch nur einen gestressten Herrn oder eine gestresste Dame vielleicht noch 5 Minuten schneller zu einem Geschäftstermin zu befördern. Ganz wie sich der betriebswirtschaftliche Blick auf die Rentabilität eines einzelnen Betriebes reduziert, zentriert sich der technokratisch-ideologische Blick der Marktwirtschafts-Apologeten auf den einzelnen Arbeitsablauf, die Funktionalität der Arbeitskraft und ihres Produkts.

Aber wie sieht es mit dem Ganzen aus?

Entgegen der allgemeinen Auffassung weist uns jegliche Empirik darauf hin, dass es niemals zuvor eine derart zeitaufwändige gesellschaftliche Reproduktion wie die der modernen Marktwirtschaft gegeben hat. Sie hält die Menschen in einem für jede andere Gesellschaft völlig unvorstellbaren Maß sinnlos auf Trab und zwar nicht nur in der Arbeitswelt, sondern auch in der sogenannten Freizeit. Den Menschen ist es bestenfalls erlaubt, nebenbei noch von den Früchten ihrer dauernden Anstrengungen zu kosten. In keiner anderen Gesellschaft hatten Produktion und Konsum derart verheerende Auswirkungen auf die Produzenten selbst wie auch auf die Natur. So können wir sagen, dass die Marktwirtschaft einem monströsen, Zeit, Raum und Lebensenergie verschlingenden „Labyrinth" gleicht, das ausschließlich zu dem Zweck existiert, lebendige menschliche Energie („Arbeit") unablässig in Geld und Kapital zu verwandeln.

Der die Marktwirtschaft antreibende Mechanismus lässt sich mit folgender Metapher einigermaßen beschreiben: Wie umherirrende Ameisen bilden die Menschen mit ihren Leibern unablässig immer neue Muster eines Labyrinths, jagen wechselweise durch die selbst geschaffenen Gänge hindurch, picken rasch einige Krümel auf, die wiederum Andere verstreut haben, um darauf sofort wieder Teil des unruhig wabernden Labyrinths zu werden. Wem

157

die Luft ausgeht, der bricht zusammen, um sogleich von Anderen überrannt zu werden. Wer mehr Krümel als die Anderen ergattern möchte, beschleunigt seinen Gang und setzt die Ellenbogen ein. Aus ihrer Bodenperspektive können die fleißigen Irrläufer das Labyrinth allerdings nicht als solches erkennen. Die einzelnen Gassen erscheinen ihnen als der direkteste und einzig mögliche Weg zu den Krümeln, die ihre Existenz sichern. Obwohl sie alle ununterbrochen handeln, sind sie wiederum nur Getriebene des Labyrinths, das sie selbst unter Überwindung gigantischer Dimensionen von Zeit und Raum Tag für Tag erneuern.

Verlassen wir die Metapher wieder, so sehen wir, dass sich die notwendig verausgabte Zeit zur Herstellung der Gassen des Labyrinths (manifestiert im Geld) als Barriere sowohl zwischen die Individuen als auch zwischen die Individuen und deren Erzeugnisse schiebt (sh. obiges Einkaufsbeispiel). So reproduziert sich ein verrücktes und historisch einmaliges Verhältnis: Nicht für ihre Reproduktion als Menschen verausgaben die Individuen primär ihre Zeit (Herstellung und Genuss der Krümel), sondern zur Herstellung der Barriere (der Gänge des Labyrinths), die ihnen den Zugang zu ihren gesellschaftlich erzeugten Produkten verwehrt. Diese so verrückte wie bewusstlose und historisch einmalige Beziehung der Individuen zu ihrer Gesellschaftlichkeit, also das kapitalistische Labyrinth, lässt sich mit dem Begriff des „automatischen Subjekts", den Marx im Kontext der Analyse der Warenform eingeführt hat, auf den Punkt bringen. Das Ganze funktioniert als reiner Selbstzweck: Verausgabung menschlicher Energie, um aus Geld mehr Geld zu machen, um aus „Arbeit" mehr „Arbeit" zu machen, um aus Wert (vergangene/tote „Arbeit") mehr Wert (Mehrwert) zu machen. Schlicht: um eine immerwährende Verwertung des Werts zu sichern, ein Hamsterrad am Laufen zu halten.

Und bei der „Verausgabung" von Zeit, von der hier geschrieben wird, möchte ich noch deutlicher werden: Dieser Begriff „Zeit" kommt, mit beachtlichem Hintergrund an Dummheit, in den vielfältigsten Kombinationen vor. „Zeitverschwendung", Zeitaufwand", Zeitverausgabung", „Zeitbeschleunigung", „Zeitverdichtung" (ähnlich „Leistung"). Tatsächlich lässt sich Zeit aber weder „verschwenden", noch „aufwenden", noch „verausgaben" oder gar „verdichten". Den bürgerlichen Zeitvorstellungen liegt die Einteilung von Ereignissen in exakte Einheiten zugrunde („Zeitquanta"). Damit ist die Zeit als quantifizierbare Größe „erfunden" und kann so dem Alltagsverstand auch als eine dinghafte Menge erscheinen, über die man so oder so verfügen könnte. Daher die vielen Attribute, die ansonsten nur Dingen zugewiesen würden. Sie stellen moralische Urteile im Hinblick auf die „Verwendung" oder Wirkung der Zeit dar. Wer also meint, er würde gerade seine Zeit „verschwenden", hat eine andere Verausgabung im Sinn, die ihm nützlicher oder sinnvoller erscheint. Dabei liegen natürlich auch den Begriffen „Nutzen" und „Sinn" wiederum spezifisch kapitalistische Bedeutungen zu Grunde. „Zeitbeschleunigung" oder „Zeitverdichtung" meinen schlicht, dass schneller gearbeitet, gehandelt und gedacht wird als zuvor. Dass im modernen Kapitalismus immer mehr und dies immer schneller erledigt werden muss, drücken die entsprechenden Attribute aus. „Ich habe keine Zeit" dürfte wohl die am häufigsten in diesem Kontext verwendete Phrase sein. Das kann so weit gehen, dass „die Zeit" selber als eine dingliche Last empfunden wird, die tonnenschwer auf das Gemüt drückt. Nicht wenige Menschen wünschen sich, die Zeit verschwände, damit sie endlich einmal „ihre Ruhe" haben.

Kehren wir im Zusammenhang dieses Kapitels zu der anfänglichen Feststellung zurück, dass der Kapitalismus eine unwirtschaftliche Wirtschaftsweise sei. Wirtschaftlichkeit ist identisch mit Rentabilität, bedeutet also nichts anderes, als dass kapitalistische Einzelbetriebe unter Einsatz möglichst geringer monetärer Mittel in kurzer Zeit möglichst hohe Warenberge ausstoßen und möglichst viel Gewinn erzielen. Was dabei mit den Produzenten geschieht und unter welchen Bedingungen sie arbeiten, geht in diese Bestimmung nicht mit ein. Der Kapitalismus wird vom heutigen Allgemeinbewusstsein jeglicher Herkunft nur nach seiner einzelbetrieblichen Effizienz, dem Wirkungsgrad seiner Maschinen und der Prozessoren beurteilt. Die gesamtgesellschaftlichen Implikatoren bleiben einfach ausgeklammert. Schauen wir uns das aber genauer an, sehen wir deutlich, dass sich das, was vom Standpunkt des Einzelbetriebes und des isolierten Wirtschafts-Subjekts rationell erscheint, im gesellschaftlichen Gesamt-Kontext als aberwitzig und vom Standpunkt eines „schönen Lebens" aus gesehen als pure Zeitverschwendung erweist. So treten wir alle dieses Hamsterrad bis zur Besinnungslosigkeit mit der verinnerlichten Begründung, „nur wenn wir es besinnungslos und immer besinnungsloser treten, können wir leben". Die Idee, dass das Hamsterrad der eigentliche Irrsinn ist und wir es einfach umwerfen könnten, kommt uns nicht einmal im Traum.

Betrachte Dir dazu einmal all jene Arbeiten, die ausschließlich der Aufrechterhaltung des verrückten Labyrinths dienen. Du wirst sehen, dass der größte Teil der heute verrichteten gesellschaftlichen „Arbeit" keinen anderen Zweck hat als den, nahezu allen Gesellschaftsmitgliedern den direkten Zugang zum stofflichen Reichtum zu versperren. Und so zeigt sich Dir und uns allen

die Warenzirkulation.

Marktwirtschaft heißt, für den Markt wirtschaften, also fürs Kaufen und Verkaufen. Und natürlich springt uns sogleich die Existenz eines umfänglichen Bereichs ins Auge, der die sich täglich wiederholenden Abermilliarden-fachen Transaktionen überhaupt erst ermöglicht: die

161

Sphäre des Handels. Ganze Heerscharen von Menschen werden den ganzen Tag lang mit nichts anderem als dem Verkauf von Waren und Dienstleistungen beschäftigt (!). Sie fahren oder laufen durch die Gegend, um Anderen Kosmetika, Staubsauger und Computer anzudrehen; sie stehen in Läden, auf Märkten und in Kaufhäusern vor oder hinter aufgetürmten Warenbergen oder kauern vor auf verpesteten Gehsteigen ausgebreiteten Tüchern; sie hängen in schicken Büros an Telefon, Fax, I-Phon, Scanner, Kopierer und PC, akquirieren und schließen Verträge ab; sie sitzen an Fließbandkassen oder quetschen sich durch verqualmte Kneipen, um eine Rose loszuwerden. Verkäufer verkaufen an Wiederverkäufer, die zum Wiederverkauf weiterverkaufen etc. Wo verkauft wird, wird gekauft. Wiederum Abermillionen Menschen sitzen in speziellen Abteilungen und kaufen für ihre Produktions- und Dienstleistungsbetriebe Rohstoffe, Halbfabrikate, Maschinen, Waren und Arbeitskräfte ein. Und damit die Konsumenten endlich an die benötigten Waren kommen und ihre geliebten Schnäppchen machen können, vergehen zahllose Stunden im Stau, in Kaufhäusern und beim Schlange-Stehen vor Kassen und Bankschaltern.

Das die Tauschakte vermittelnde Geld muss in seinen unterschiedlichen Existenzweisen stets aufs Neue geschaffen, verwaltet, weitergeleitet und abgesichert werden. Ob Bargeld, Schecks, Kreditkarten, schriftliche oder elektronische Überweisungen, alle monetären Transaktionen ziehen einen gewaltigen Rattenschwanz an Aktivitäten nach sich und erfordern einen Zeitaufwand, der ohne weiteres mit dem der Verkaufssphäre konkurrieren kann. Da ist zunächst die materielle Herstellung von Bargeld, Schecks, Überweisungs-Formularen und Wertpapieren; der weitaus größte Zeitaufwand fällt mit der Buchgeldschöpfung und der Abwicklung des Geldverkehrs an. Unzähliges Personal fristet zu diesem Zweck an Schaltern, Computern und Schreibtischen in den zahlreichen Banken und Kreditinstituten sein Dasein. Geld ist Eigentum und steht daher niemandem per se und schon gar nicht in beliebiger Menge zu. Es muss daher vor unbefugtem Zugriff geschützt werden. Von den Bankangestellten und den Nachtwächtern, den Polizeibeamten und Computerspezialisten bis zu den finster dreinblickenden Schwarzen Sheriffs widmen sich zahllose Beschäftigte tagein tagaus einzig und allein dem Schutz des monetären Eigentums. Eigentum und Habgier, Armut und Reichtum fordern zu Streit und Diebstahl heraus. Richter und Anwälte schlichten, richten und lassen in Gefängnissen sühnen, deren Erhaltung ebenfalls mit großem personellen Aufwand verbunden ist. Aufbewahrtes Geld kann sich auf wundersame Weise vermehren: Hunderttausende Banker, Broker, Spekulanten, Groß- und Kleinanleger und unzählige andere Glücksritter widmen sich weltweit dieser heiligen Mission. Wo sich Banker tummeln, da sind auch Versicherungen nicht weit. Ihre Existenz verdanken sie der speziellen Manie der bürgerlichen Gesellschaft, jeden Schaden, sei er ideeller, sach- oder personenbezogener Art, in Geldquanta auszudrücken. Gefühle, Gedanken und Körper bilden ein Puzzle aus addierbaren Wertgrößen, die sich u. a. durch die Höhe des zu leistenden Tributs und die quantifizierten Auswirkungen eventueller Schadensfälle bestimmen. Der Busen von X macht 10 Millionen Dollar, der Daumen von Y vermutlich 5.000 Euro und der Kopf eines obdachlosen Menschen null Komma nix. Versicherungen verwalten nicht nur Geld, sie senden auch tausendfach Hausierer in die Lande, um Dich nachdrücklich auf Deine bedrohlichen Lebensumstände aufmerksam zu machen. Die allgemeine Absicherung und Kontrolle des in Geldeinheiten abstrahierten und quantifizierten Eigentums der Bürger erfordert eine ununterbrochene Zählung, Abrechnung, Kontrolle und Buchung in allen ökonomischen Bereichen und Sphären. Heerscharen von Berufstätigen bevölkern Büros, kaufmännische Abteilungen und Kontroll-Firmen, um sich diesen ehrenwerten Arbeiten partiell oder mit ihrer gesamten Arbeitskraft zu verschreiben. Selbst beim kleinsten Handwerksbetrieb und der Arztpraxis um die Ecke fällt eine stetig wachsende Masse an steuerlichen und kaufmännischen Tätigkeiten an, die zur eigentlichen Dienstleistung gar nichts beitragen.

Der Bereich Menschenhilfe

Nun sollte man meinen, dass doch zumindest solche Tätigkeiten wie karitative Hilfsleistungen oder Hilfe zur Selbsthilfe für die Ärmsten dieser Welt von den Eigentümlichkeiten der Zeit-Wert-Logik verschont blieben. Leider ist auch das ein Trugschluss. Der weitaus größte Teil gezielter Hilfe wird durch Organisationen geplant und durchgeführt, die selber einem rigiden Abrechnungs- und Kotrollsystem unterliegen, damit, so fordern es die Finanziers, das Geld nicht in die falschen Hände gerät. Je größer die Hilfsorganisation, desto größer ihr Verwaltungsapparat, der sie in Gang hält. Doch allein die Beantragung von Geldern zur Durchführung von Projekten (ob bei kirchlichen, nationalen oder internationalen Stellen) seitens einer winzigen NGO (Nicht-Regierungs-Organisation) erfordert einen enormen Zeitaufwand allein für das Studium der Formalien, der sich später auf die akkurate Buchführung, die Berichterstattung, Prüfung und Rechenschaftslegung für den Fiskus usw. ausdehnt. Nicht selten führt das zu dem paradoxen Zustand, dass nur der Einhaltung der gesetzten Normen wegen die eigentlichen Intentionen zurückzutreten haben oder Zahlenwerke manipuliert werden müssen, damit die eigentliche Aufgabe erfüllt werden kann. Nicht selten geraten die Zielgruppen ganz aus den Augen und die Verwaltung wird, ganz analog zum „automatischen Subjekt", zum reinen Unterhalts-Selbst-

zweck der Verwalter. Damit zwei oder drei Ingenieure So-
larkochanlagen in einem afrikanischen Land aufstellen
können, bedarf es der drei- bis vierfachen Anzahl an Personen in allen darin verwickelten Institutionen und Behörden, die ihre Zeit der Bereitstellung des nötigen Verwal-
tungsrahmens widmen – von der Planung und Beurtei-
lung, über die Abrechnung, bis hin zu allen eingebauten
Kontrollen.

Ja aber – die gute reale Produktion

Um jedoch die Zirkulation mit allen damit verbundenen
Arbeiten überhaupt materiell durchführbar machen zu
lassen, bedarf es wiederum einer gigantischen Zeitverausgabung für die Produktion der Waren und einer ebenso
überdimensionierten Aufwendung materieller Ressourcen. Die Produktionssphäre, die vielen Gesellschaftskriti-
kern traditionell als die gute, bodenständige und erhal-
tenswerte Seite der Marktwirtschaft erscheint, ist durch
und durch in den systemerhaltenden Kreislauf der Ver-
schwendung menschlicher Lebenszeit eingebunden. Zur
Verteilung der Dienstleistungs- und Warenflut über den
Markt wird der größte Teil des vorhandenen Produktions-
und Logistikaggregats in Anspruch genommen. Das beginnt bei den notwendigen Gebäuden, vom Wolkenkrat-
zer über die Kaufhalle bis zur Pommes-Bude, die erst einmal gebaut sein wollen. Ein Blick auf Innenstädte und Ge-
werbegebiete lässt Dich ahnen, welche umbauten Flächen

ausschließlich diesem Zweck geopfert werden, während Wohnraum beengt und chronisch knapp bleibt. Verkaufs- und Transportfahrzeuge, Geschäftswagen; Regale, Lager, Gefriertruhen, Dekorationen; Registrierkassen und Geld- kassetten; Pappe, Papier, Farben und Tinten für Werbe- blätter, Verträge, Rechnungen, Kassenbons und Verkaufs- verpackungen in gigantischen Mengen; Computer, Han- dys, Faxgeräte, Möbel, Kopierer, Bleistiftspitzer, Drucker, Scanner, Toner und Tausende andere Gegenstände mehr. Geschäftemachen verlangt nach Präsentation und Reprä- sentation. Textil-, Schmuck- und Lederindustrie halten hierfür unerschöpfliche Varianten von Bekleidung und sonstige Accessoires bereit. Die Geldverwahrung, Geld- vermehrung, Geld- und Eigentumssicherung erfordern Bankgebäude, Börsenlokale, Büroräume ohne Ende; sie setzen Keller, Bunker, Tresen, Rechner, Safes, Sicherungs- anlagen, Kassetten, Überwachungskameras, Riegel, Pan- zerglas, zahllose kleine und große Türen, Schlösser und Sparschweinchen für die ganz Kleinen voraus, die mit Hilfe Letzterer schnellstmöglich die Prinzipien der Marktwirt- schaft einüben sollen. Auch mittelbar beeinflusst die Geldlogik die materielle Produktion. Unaufhaltsam hat sie alle alten Gemeinschaftsformen gesprengt und eine auf sich selbst zurückgeworfene Geldmonade (in sich voll- kommene, unteilbare Einheit) zurückgelassen. Kleinfami- lien und Single-Dasein haben die Reproduktion und die

Konsumgewohnheiten gründlich verändert. Die Versorgung der Kleinhaushalte mit Individual- oder Familienportionen potenziert die Verpackungsflut und macht besondere Produktionsanlagen zur Abfüllung von Minimalmengen in Flaschen, Dosen, Becher usw. notwendig. Auch auf diese Weise schnellt der Rohstoffverbrauch dabei, trotz Recyclings, unablässig in die Höhe. Jeder Haushalt verfügt über eine eigene nicht zu verachtende Mini-Infrastruktur, vom Herd über den Kühlschrank bis zur Wasch- und Geschirrspülmaschine. Individuelles Wohnen erzwingt vielfach individuelle Mobilität und erzeugt zum anderen auch ein Bedürfnis nach einem eigenen Fahrzeug. Es versteht sich, dass es dazu eines riesigen materiellen, zeitlichen und räumlichen Aufwands zur Herstellung dieser in die Abermillionen gehenden Individualkarossen bedarf. Wegen der Trennung von Wohnen, Arbeiten und Lernen sind wiederum spezielle Gebäude mit entsprechender Infrastruktur für begrenzte Zwecke nötig, die nur von autorisierten Personen in einem eng beschränkten Zeitrahmen genutzt werden. Trotz massenhaften Mangels an kostenlosen Räumen für Kommunikation und geselligem Zeitvertreib machen die Tore der Schulen und deren Sportplätze pünktlich dicht und können bestenfalls noch mit Sondererlaubnissen und repräsentativen Leumundszeugen partiell genutzt werden. Riesige Flächen und Räume von Firmen, Universitäten und anderen öffentlichen Gebäuden

bleiben ungenutzt, obwohl sie locker mit Freizeitgerät-
schaften ausgestattet und als nette öffentliche Treff-
punkte fungieren könnten.

Und der Transport?

Der gesamte Produktions- und damit Zeitaufwand wird
weiter dadurch potenziert, dass die produzierten Waren,
ob nun Produktionsmittel oder Konsumgüter, ausschließlich nach Kostengesichtspunkten und nicht nach Kriterien
der Streckenersparnis an die Empfänger gebracht werden. Schauen wir uns an einem inzwischen schon berühmten Beispiel einmal an, wieviel Gesamttransportleistung in
einem simplen Joghurt steckt: Bis alle zu seiner Herstellung notwendigen und sogar zum Teil überflüssigen Ingre-
dienzen und sämtliche Verpackungs-Bestandteile zusam-
mengefunden und in den Supermarkt gelangt sind, hat er
nahezu 8.000 km per LKW zurückgelegt. Ein weiteres Beispiel zeigt uns drastisch, wie wenig die auf Kostenmini-
mierung bezogene betriebswirtschaftliche Rationalität
mit einer Minimierung des gesellschaftlichen Aufwands zu
tun hat. Orangensaft. Die durstigen Bundesdeutschen
konsumieren davon im Durchschnitt über 8 Liter pro Jahr,
also nahezu 660 Millionen Liter. Der weitaus größte Teil
davon kommt aus Brasilien. Das Zeug legt 12.000 km auf
seinem Weg zum Konsumenten zurück. Hinzu kommt,
dass zur Erzeugung eines einzigen Liters O-Saft etwa 22 Liter Wasser verbraucht werden, abgesehen von riesigen

Mengen an Giften. Und kurios ist, dass der Orangensaft aus brasilianischem Anbau mit seiner bereits riesigen Umweltbelastung im Vergleich zu US-amerikanischen Säften noch verhältnismäßig günstig abschneidet. Denn in den USA müssen die Orangenplantagen künstlich bewässert werden. So entfallen dort auf einen Liter dieses begehrten Getränks 1.000 Liter Wasser und 2 Liter Treibstoff. Noch irrwitziger geht es in der Produktion komplexer industrieller Güter zu, zum Beispiel bei Fahrzeugen. Die Rohstoffe und Bestandteile zur Herstellung der beliebten Dreckschleudern von Volkswagen, Daimler und Co. stammen aus allen Kontinenten und legen, zusammengenommen, Millionen von Kilometern zurück.

Wie die verzweigten und verzwickten Wege der elektronischen und mechanischen Einzelteile für die über 50.000 Produkte des Siemens-Imperiums verlaufen, können nicht einmal mehr die eigenen Manager angeben. Kreuz und quer werden so Zig-Millionen Tonnen von Gütern selbst geringster Preisvorteile wegen über den gesamten Globus bugsiert. Und so rauschen in stickige Laderäume eingepferchte Schweine derart gequält auf langen Asphaltbahnen nicht selten mehrmals aneinander vorbei und legen Tausende Kilometer zurück, um irgendwo auf der Welt ein Konto um ein paar Ziffern zu erhöhen. Dieser Streckenaufwand reduziert sich auch dann nicht, wenn die Schweine, vom irdischen Leid erlöst, nunmehr als tiefgefrorene Schweinehälften durch die Landschaft schaukeln. All diese

Wege und die in diesem Zusammenhang verschleuderten Ressourcen sagen eigentlich schon alles über den täglichen Wahnsinn der marktwirtschaftlichen Kreisläufe, denn nahezu nichts davon wird zum Zweck einer Befriedigung konkreter Bedürfnisse unternommen. Die Bedürfnis-Befriedigung ist daher nichts als ein Abfallprodukt der irren Verwertung des Werts. Die Beispiele sind jedoch nur ein kleiner Aspekt des tatsächlichen Gesamt-Wahns, und leider gehen in der Regel ökologisch inspirierte Kritiker mit ihren Unmutsäußerungen nicht über solche Teilprobleme des Ressourcen-Wahnsinns hinaus. Von der gesamten Dimension scheinen sie entweder keine Ahnung zu haben oder wollen sie nicht sehen. Verwunderlich ist das jedoch nicht, denn längst haben die politisch etablierten Ökologen ihr Faible für die Mechanismen des Marktes entdeckt und konkurrieren oder koalieren kräftig mit den Liberalen in puncto marktwirtschaftlichem Sachverstand und Realismus (vulgo Wahnsinn).

„Zeitverschwendung" durch „Zeitbeschleunigung"

Und wie soll das, bitteschön, gehen? Schauen wir es uns an:

Als wäre die Überwindung der beschriebenen gigantischen räumlichen Dimensionen nicht schon genug, erhöht sich der enorme Materialeinsatz und paradoxerweise auch der Zeitaufwand durch den zwanghaften Beschleunigungsdrang. Das allgemeine Phänomen der Geschwindigkeitserhöhung in nahezu allen Lebensäußerungen plagt die Menschen in Formen von Unfalltod, Stress, Hektik, Hetze, Genervtheit, Depression, Aggressivität, Drogensucht, Lärm oder einfach nur unendlicher Müdigkeit. In der Literatur hat dieser immer schnellere Lebensrhythmus inzwischen schon viele Namen: „Zeitverdichtung", Zeitbeschleunigung", „Zeitkompression", „Zeitdruck" usw. Damit die Waren immer schneller und billiger produziert, transportiert und an den „Verbraucher" gebracht werden können, muss in erheblichem Umfang wertvolles Know-how und jede Menge Zeit für irgendwelche Fitzelchen teuer erkaufter „Zeitersparnis" aufgebracht werden. Mit Marx' Worten: Die organische Zusammensetzung des Kapitals verändert sich ständig zu Gunsten des *konstanten* Kapitals (Gebäude, Werkzeuge, Werkstoffe), während das *variable* Kapital (Arbeitskraft) abgeschmolzen wird. Die Verwissenschaftlichung des ganzen kapitalistischen Konstrukts nimmt immer größere Ausmaße an. In der bürgerlichen Statistik firmiert dieser Vorgang im Ausweis des exorbitanten Anstiegs der (toten) Vorauskosten für die Schaffung eines Arbeitsplatzes.

Es wird ja schließlich nicht irgendein Motor benötigt, sondern einer, der eine Blechkiste von 0 auf 100 in 5 Sekunden katapultiert und mit mindestens 200 km/h eine Autobahn entlangpreschen kann. Um einen immer dichteren und schnelleren Verkehrsfluss zu gewährleisten, muss extra gesicherter Raum auf dem Land und in den Städten geschaffen werden, der in Form von Millionen Straßenkilometern die Siedlungsräume wie rasend pulsierende Adern durchdringt. Die langsamen Verkehrsteilnehmer werden per Gesetz und gerne auch durch rabiate Autofahrer in ihre Schranken verwiesen. Breite Gehwege, sicherer Platz für Fahrräder auf den Straßen, Bewegungsraum für Kinder? Fehlanzeige. Aber Autos sind noch nicht schnell und universell genug, um in wenigen Stunden und ohne Stau einen Geschäftstermin in einem entfernten Ort oder gar in Übersee wahrzunehmen. In immer größerer Zahl werden Hochgeschwindigkeitszüge und Flugmaschinen benötigt, zu deren Einsatz und Wartung ein riesiges Infrastruktur-Aggregat bereitgehalten werden muss. Und nicht zuletzt wollen die vom Zeitdruck geplagten, erholungsbedürftigen Menschen einen auf die Minute genau getrimmten Urlaub verbringen, dessen Zeitraum in Arbeitsverträgen penibel festgehalten ist. Zur Bewältigung der wachsenden Warenströme reichen die überdimensionierten Transportmittel längst nicht mehr aus. Auch die Möglichkeit der Überwindung großer terrestrischer und maritimer Distanzen muss gewährleistet sein. Entsprechende Maschinen, Motoren, Turbinen und andere Komponenten müssen dies ermöglichen. Gigantische Lern-, Forschungs- und Erfahrungszeit fließt als Know-how in die Ausreizung aller physikalischen Möglichkeiten, um noch das letzte

Quäntchen Beschleunigung heraus zu kitzeln. Das Phänomen der Beschleunigung hat sich längst verallgemeinert und macht daher auch vor den Sphären der sogenannten Freizeit und des Privaten nicht halt. Die Organisation des persönlichen Haushalts, insbesondere bei den sogenannten Alleinerziehenden, erfordert zunehmend ein Zeitmanagement, das locker mit dem der Industrie konkurrieren könnte. Aufgaben wie Haushaltspflege, Kochen, Behörden-, Banken- und Versicherungskram, Sport, Hobby, Kontakte, Besuche, Einkäufe und andere Erledigungen halten die Personen beständig auf Trab. Ach ja, dann gibt es ja auch noch die Kinder, einen unter vielen Posten, die im Rahmen der Einhaltung des rigiden Zeitmanagements „abgearbeitet" werden müssen. Ruhig halten und möglichst oft abschieben, ist die viel praktizierte, oft nicht gewollte Lösung, die, wie könnte es anders sein, eine weitere Arbeitssphäre erforderlich macht, nämlich die der Kinderbetreuung und Freizeitunterhaltung. Und wenn die Zeit nicht einmal mehr ausreicht, um die Kleinen zu den Orten ihrer Betreuung und schulischen Indoktrination zu bringen, dann hängt man ihnen einen Schlüssel um den Hals, stülpt ihnen den billigsten Fahrradhelm über den Kopf und setzt sie auf ein zu groß geratenes BMX-Bike, damit sie schnell und alleine ihren Zielort erreichen. Angesichts so vieler Plackerei, ziehen viele doch lieber ein pflegeleichtes Haustier vor und sparen sogar noch dabei. So ein Fiffi widerspricht nicht und wedelt noch unterwürfig

174

mit dem Schwanz, auch wenn ein gestresstes Herrchen/Frauchen mal nach ihm tritt. Nicht wenige bezeichnen ihre Haustiere schon als ihre „Kinder". Auf die Dimensionen der Versorgungsindustrie für diese Art vierbeinigen „Kinder", sei hier nur beiläufig verwiesen.

Wer keine Zeit mehr für die Kontaktpflege findet, beauftragt eine Partneragentur, wer es nicht mal mehr zum Kochen schafft, bestellt sich eine Pizza oder kauft irgendeinen anderen, mit betrügenden Zusatzstoffen vergifteten Industriefraß. Unzählige Dienstleistungen entstehen, um den permanenten individuellen Zeitmangel auszugleichen. Es versteht sich, dass die dort Arbeitenden selber auch nie genügend Zeit haben. Der schnelle Rhythmus wird derart verinnerlicht, dass er sich selbst in so unverdächtigen Betätigungen wie dem Musizieren artikuliert. Die Musikforschung fand heraus, dass die klassische Musik heute schneller gespielt wird als zu Lebzeiten ihrer Komponisten. Am deutlichsten aber zeigt sich der Geschwindigkeitswahn im Sport. Immer schneller laufen, schwimmen, fahren, fliegen, weiter und höher springen usw.: Das erfordert und befördert immer neue Technologien, Trainingsmethoden, Geräte, legale und illegale Drogen und medizinisches Fachpersonal und Rehabilitationskliniken ...

Damit wären wir dann bei der

Gesundheit.

Die dramatischen gesundheitlichen Folgen der „Arbeit" an sich und ihrer beständigen Intensivierung fordern, ebenso wie der extreme Sport, ihren Tribut. Eine gewaltige „Gesundheits"-Industrie befasst sich mit den Konsequenzen und stellt Arbeitskräfte, Wissen, Forschung, Anwendung, Betreuung, Pflege, Esoterik, Tantra, Yoga, Naturheilkunde und christlichen Beistand in gewaltigem Umfang und mit einem entsprechenden räumlichen und materiellen Aufwand bereit. Ob all das tatsächlich der Gesundung dient, sei dahingestellt. Kritiker des Gesundheitswesens machen inzwischen deutlich, dass der heute praktizierte medikamentöse und operative Aufwand zumindest ebenso viele Kranke wie Geheilte produziert. Von dem üblichen Standpunkt einer kurzfristigen und schnellen Wiederherstellung der Arbeitskraft aus   gesehen, spielt das aber keine Rolle. Um die Langzeitgeschädigten müssen sich ja die „Arbeitgeber" nicht kümmern. Uns sollte nicht wundern, wenn zur Reduzierung der Krankheitsdauer um eine Stunde oder, im umgekehrten Fall, zur medizinisch bedingten Herstellung einer Krankheitsstunde das Fünffache oder mehr an Arbeitszeit innerhalb des gesamten Gesundheitskomplexes verausgabt wird.

Zeitklau Lernen

Damit die Menschen überhaupt in der Lage sind, die milliardenfachen Tauschvorgänge und die dazu erforderlichen Arbeiten in all ihren Aspekten adäquat auszuführen, müssen sie erst entsprechend zugerichtet werden. Dazu bedarf es der Eltern und ganzer Legionen von Lehrern, Dozenten, Professoren, Unterweisern und anderen Spezialisten. Der Zeitaufwand zur Vermittlung des Produktions- und Zirkulationswissens an Schulen, Berufsschulen und Universitäten lässt sich ganz gut vorstellen. Wenn Du meinst, nur der Staat verschwende Zeit für Bürokratie, so irrst Du gewaltig. Gerade der private Bildungssektor wirft ein bezeichnendes Licht auf die dort zwingend erforderliche Zeitverschwendung. Allein um eine einzige Schulklasse für eine Umschulung einzurichten, bedarf es, neben den Lehrern, mindesten 5-6 Personen, die sich um die Belange der Verwaltung an den verschiedensten zuständigen Orten kümmern. Weniger auffällig, aber umso wichtiger für die richtige „Investition in unsere Zukunft", sind die ersten Kindheitsjahre, die zumeist im Rahmen der familiären Umgebung und des Kinderhorts verbracht werden. Viele Stunden gehen mit Kampf und Krampf ins Land, und viele Tränen fließen, bis die widerspenstigen Kinder endlich verstehen, dass sie sich begehrte Dinge nicht einfach nehmen dürfen. Jahre vergehen, bis sie verstehen, was ihnen und was anderen gehört, und noch ein wenig länger, bis sie sich dementsprechend untadelig verhalten.

Liebe Kinder, versteht es endlich: Eine Puppe ist keine Puppe, sondern eine Ware im Wert von 29,99 Euro – einfach nehmen ist Diebstahl. Wieviel Erziehungsarbeit muss geleistet werden, bis im Restaurant der Teller leergegessen wird, selbst wenn der Bauch schon platzt. Schließlich hat man dafür „geblutet", und dem Wirt wird erst recht nichts geschenkt! Wo kämen wir denn da hin? Jahre gehen ins Land, bis der Zögling einsieht, dass ihm Gebrauchsdinge nicht einfach zustehen, sondern einen Preis haben. Welche Zurichtung ist erforderlich, bis ein Mensch vor der gefüllten Schaufensterauslage verhungert, anstatt sich zu nehmen, was er zum Leben braucht? Wieviel Zeit verstreicht, bis man Gefühle „investiert" und nur gegen entsprechende Äquivalente eintauscht? Du weißt selbst, wie viele unserer Gespräche und Auseinandersetzungen sich um Geld und Preise drehen. So kannst Du auch wissen, wie lange ein Mensch braucht, bis er endlich im vollen Brustton der Überzeugung herausschreien kann: „Geiz ist geil!" Es ist nicht leicht, auseinander zu klamüsern, wieviel Zeit letzten Endes in die Verhaltens- und Wissensproduktion zur Gewährleistung der Warenzirkulation unmittelbar und mittelbar eingeht. Sicherlich ist es aber nicht übertrieben, dafür mindestens ein Drittel der gesamten Lernzeit zu veranschlagen. Gestohlene Lebenszeit! Und Du bist es, der das (vermeintlich freiwillig) permanent mit sich und seinen Kindern machen lässt. „Ja ich kann doch

aber nichts tun!", höre ich auch hier wieder Dein ohn-
mächtiges Jammern. Doch, Du kannst; wenn Du es willst.
Ein paar Ansätze dazu wirst Du hier noch lesen.

Zeitklau Arbeitssuche

Immer mehr Menschen können im mörderischen Existenzkampf nicht mehr mithalten, und immer mehr Menschen werden für die Profitproduktion einfach nicht mehr
benötigt, denn wir haben das kapitalistische Monster für
seine Verhältnisse zu produktiv gemacht. Lockert aber die
Zeitdiktatur wenigstens für diese Menschen ihren Griff?
Keineswegs! Zumindest tun Politik und Arbeitslosenver-
waltung ihr Möglichstes, um das zu verhindern. Das Prinzip: Ob die Job-Agenturen ihrem Anspruch Genüge tun
und ihren Klienten zu einem Arbeitsplatz verhelfen können, ist nicht das Primäre. Hauptsache die Arbeitslosen
werden auf Trab gehalten und haben keine Zeit, um irgendetwas anderes zu tun, als „Arbeit" zu suchen.

Die Praxis der Arbeitsämter folgt dieser programmati-
schen Ausrichtung in steigendem Maße. Für eine erfolgreiche Arbeitsvermittlung völlig unsinnige Maßnahmen
werden durchgesetzt bei Strafe einer Kürzung der
„Stütze". Bewerbungstrainings, „Profilings", Qualifizie-
rungs- und Weiterbildungskurse, Nötigungen in die

Selbstständigkeit... Wer dabei nicht „ordentlich" mitmacht, muss ständig seine aktive Arbeitssuche nachweisen.

Der Zweck ist ein zweifacher. Die Leute auf Trab zu halten, damit sie nicht etwa auf „dumme Gedanken" kommen; und diese Menschen tauchen gar nicht mehr in der Statistik über Arbeitslosigkeit auf.

Diese aus dem Arbeitsprozess ausgestoßenen Menschen (Überflüssige) beschäftigen sich und zugleich ihre Kontrolleure bei den Ämtern und in den Personalbüros allerorten damit, eine Flut aussichtsloser Bewerbungen zu schreiben, zu sichten, und zu beantworten. So müssen Zehntausende arbeiten, nur damit Millionen von Arbeitslosen ihre Tage mit irgendwelchen Arbeitsersatzhandlungen zubringen. Ein ganzer Arbeitskomplex ist entstanden, dessen einziger Inhalt im Diebstahl der Lebenszeit und -lust von unverwertbaren Menschen besteht. Das alles hat natürlich weitere Konsequenzen: So verhalten sich die Überflüssigen zunehmend

legal, illegal und letztlich ist ihnen sogar alles **scheißegal.**

Wo Millionen und weltweit sogar Milliarden zeitweilig oder ständig vom legalen Gelderwerb ausgeschlossen sind, drängen sich unweigerlich Gedanken über neue Geldquellen auf. Nicht wenige fühlen sich durch den Kon-

180

kurrenzkampf erst recht beflügelt, in die Grauzonen der Illegalität auszuweichen. Gleichzeitig wird das Reich des legalen Gelderwerbs um bisherige Tabubereiche erweitert. Lebensäußerungen und Naturressourcen, die man bisher für nicht kommerzialisierbar gehalten hat, kommen am nächsten Morgen schon als neueste Waren und Dienstleistungen auf den Markt. Marketingkampagnen werben mit den gesundheitlichen Möglichkeiten der Biotechnologie, um endlich die Patentierung aller menschlichen, tierischen und pflanzlichen Gene durchsetzen zu können, immer das Ziel fest im Auge, auch noch dem kleinsten DNS-Strang einen Preisstempel aufdrücken zu können. Geht es nicht ganz legal, dann eben illegal: Menschen werden vermietet oder als Sklaven verkauft, als Ersatzteillager gehalten und bei Bedarf zur Operation frisch auf den Tisch serviert. Prostitution und Kindervergewaltigung, verharmlosend Missbrauch oder Schändung genannt, sind feste Bestandteile einer weltumspannenden Dienstleistungsbranche geworden. Die Regierungen der kapitalistischen Kernländer koalieren längst mit den globalen Drogenmafias. So darf der Drogenstrom von Süd- nach Nordamerika auf keinen Fall gestoppt werden. Und wenn nötig, wird in Afghanistan über 15 Jahre lang Krieg geführt, um dort den Mohnanbau in die richtigen Hände zu legen und enorm auszuweiten, damit die seltsamen Gelüste und Herrschaftsfantasien gestresster Männer aus den Monopolen des Kapitalismus bedient werden können.

181

Last but not least Politik und Staat

Zu guter Letzt soll noch die Rede auf den Staat kommen, der großen Klammer, die das ganze Labyrinth mit der nötigen Gewalt zusammenhalten soll. Er kann sich selber nur reproduzieren, indem er sich beständig Finanzmittel beschafft. Er überwacht das Finanz- und Eigentumsgebaren der Bürger und organisiert die Umverteilung von Geldwerten. Dazu unterhält er ein Heer von Fachleuten. Tausende von Finanzbeamten überprüfen Daten, nehmen Rückzahlungen vor, mahnen Nachzahlungen an und leiten Gelder an die Staatskasse weiter, die dort von einem Stab an Sachkundigen und weniger Sachkundigen auf allen Ebenen verwaltet, verteilt oder eingesackt werden. Nicht jeder hat es gern, wenn Big Brother gierig auf seine Geldbörse schielt. Zum Schutz davor wacht das Heer an Steuerberatern, Steueranwälten, Geldwäschern, Fluchtgeldermittlern, Anlageberatern und anderen ehrenwerten Gestalten, die stets in ausreichender Zahl für solche Fälle zur Verfügung stehen. Weltweit sitzen Hundert-Tausende Politiker in riesigen Gebäuden, um Gesetze vorzubereiten, Gesetze zu beraten und Gesetze zu erlassen.

Wozu so viele Gesetze? Was ist es wert, so aufwändig bedacht zu werden? Es ist das Eigentum (!), das die inzwischen eingehend beschriebenen Umwege gehen muss, bis es die Einen haben und die Anderen nicht. Zwei Drittel aller Gesetze betreffen das private und öffentliche Eigentum und die Ahndung seiner Missachtung. Die Sühne und Entschädigung für Beschädigung oder Entwendung von materiellem und geistigem Eigentum steht an allererster Stelle. Gesetze über die Verursachung, Ahndung und Entschädigung seelischer Schäden sind sekundär, in Deutschland wirst Du sie vergebens suchen. „Hart sein, Mann sein", so will es hierzulande seit den Zeiten Friedrichs des Großen das königlich-preußische Erbe. Was nicht in Geldwert quantifizierbar erscheint, kann im Bewusstsein auch nicht als Schaden existieren. Millionen Menschen sorgen weltweit für die Einhaltung der Gesetze und die Bestrafungen, und nicht wenige davon lassen gemeinsam mit den Ertappten in Gebäuden mit vergitterten Fenstern ihre Lebenszeit an sich vorbeiziehen.

Während sich Politiker und deren Beraterstäbe in gleichbleibender Zahl mit Ideologieprodukten und Umverteilung nach überaus kuriosen Kriterien befassen, wächst mit den neuen Technologien auch die Schar der in der Juristerei tätigen Experten und IT-Spezialisten beständig an. Die Sicherung des geistigen Eigentums ist in der Tat eine Aufgabe nahezu überirdischen Ausmaßes und garantiert zahlreiche lukrative Jobs. Überwachungsgesetze, die in die privatesten Bereiche der Bürger eingreifen, sekundieren Kanzleien, die auf Überwachung und Feststellung von Datenpiraten und Urheberrechts-Verletzern spezialisiert sind; Abertausende Programmierer müssen ununterbrochen von Bill Gates und anderen absichtsvoll offen gelassene Türchen schließen. Riesige Industriebereiche planen, entwickeln, bauen und installieren in Zusammenarbeit mit diversen staatlichen Administrationen ebenso riesige Menschen-Überwachungs-Systeme (Kameras, Computer, Telefone, Internet-Dienste, Mikrochips, Identitätskarten...). Big Brother is watching you. Allein die USA beschäftigen für diesen Zweck Abertausende Menschen in etwa 17 Geheimdiensten. Und nicht zu vergessen die Hunderttausende und gar Millionen „Helden", die das Eigentum ihrer Mitbürger und ihrer Staaten verteidigen, wenn nötig auch in Afrika, Arabien oder am Hindukusch.

Könnten wir das ändern? (8)

Wie Du hier bereits weißt, gleicht die Marktwirtschaft einer gigantischen »*Zeitraubmaschinerie*«, die von Arbeitsameisen in Schwung gehalten wird, deren „Arbeits"- und Leistungsstolz sich vor diesem Hintergrund als lebensgefährliche Dummheit entpuppt, als Unzurechnungsfähigkeit. Wer sich zur Tauschwirtschaft bekennt, bekennt sich zu diesem monumentalen Wahnsinn, der seiner Logik nach nur im allgemeinen Exitus enden kann.

Wieviel Zeit letztlich für alle Umwege der Marktwirtschaft

(8) vgl. hierzu auch George Kaufmann in: Kapitalismus – verstehen – abschaffen, Verlag Tredition, 2015).

184

– trotz aller technologischen Errungenschaften – verausgabt wird, würde sich selbst bei intensiver empirischer
Forschung kaum ermitteln lassen. Dennoch wäre es sicher
sinnvoll, einigen der oben angeführten Beispiele einmal im
Detail auf den Grund zu gehen. Um jedoch einen Eindruck
der Dimension dieser marktwirtschaftlichen Zeitverschwendung zu vermitteln, reichen die Beispiele aber gut
aus. Nach allgemeiner Schätzung dürften allerdings so zwischen 75 und 80 Prozent der insgesamt „verausgabten
Zeit" in den kapitalistischen Zentren (34 OECD-Länder)
dem goldenen Kalb des Warentauschs geopfert werden.
Natürlich soll mit dieser Kritik nicht eine Erhöhung der
technischen

Effizienz dieses aberwitzigen Gesellschafts-Systems einge-
klagt werden, denn das ist auch gar nicht nötig. Der Kapitalismus wäre kein Kapitalismus, wenn er nicht auch beständig daran arbeiten würde, bestimmte Umwege des
Labyrinths leichter und schneller passierbar zu machen.
Die mikroelektronische Revolution lässt heute bereits
auch ohne weiteres etwa die direkte Warenzustellung unter Verzicht auf Barzahlung zu. Ansätze dazu gibt es ja bereits. Nicht anders als in der Produktion, wird auch bei den
Dienstleistungen und im Bereich der Kommerzialisierung
rationalisiert. Das alles mündet aber keineswegs in einer
Selbstaufhebung des Labyrinths, sondern macht seine un-
ausgesetzte Herstellung umso hektischer und aggressiver.
Die Logik ist immer dieselbe: Können die Leute nicht mehr

zahlen, muss die Produktion auf kaufkräftige Kundschaft umgestellt oder notfalls ganz eingestellt werden. Obwohl die moderne Gesellschaft ein so hohes Produktivitäts-Niveau erreicht hat, das eine materielle Versorgung eines Mehrfachen der heutigen Menschheit auf hohem Standard und die Beseitigung zahlreicher psychischer Elendserscheinungen ermöglichen würde, drängt sie immer mehr Menschen an den Rand der Reproduktion oder ganz aus dem Leben und macht die „Arbeit" und den Lebensalltag des weitaus größten Teils der Menschen immer gehetzter, brutaler, autorepressiver und unsicherer. Daher kann es heute nur um einen Schlussstrich gehen. Das heißt nichts anderes, als dass „Arbeit", „Tausch" und „Eigentum" überwunden, also abgeschafft werden. Erst in einer Gesellschaft ohne „Arbeit" und „Tausch" könnte sich nach und nach auch ein anderer Zeitbezug einstellen, und Begriffe wie „Effizienz" oder „Leistung" wären vermutlich sinnlos. Welche Bedeutung von „Zeit" sich unter diesen Bedingungen entwickeln und auf welche Aspekte der Tätigkeiten und Produkte Priorität gelegt würde, könnten die Menschen weitestgehend selber bestimmen und durch ihr praktisches Handeln überhaupt erst herausfinden. An die Stelle von „Arbeit" könnte so etwas wie kreativer Müßiggang treten, dessen wesentlicher Inhalt die genüssliche Betätigung und nicht ein aufgezwungenes Zeit-Leistungs-Verhältnis wäre. Denn durch das erreichte Rationalitäts-Niveau wäre es bereits jetzt zur Sicherung eines hohen menschlichen Lebensniveaus und dessen ständige Erweiterung gut möglich, den Aufwand der Menschen für ihre materielle, intellektuelle und kulturelle Reproduktion auf täglich zwei bis drei Stunden zu reduzieren.

Und welche Menschen sollen das schaffen? Das könnten *wir* sein – wenn wir tüchtig an unserem Bewusstsein „stricken", uns also die hier beschriebenen Zusammenhänge klarmachen, sie breit diskutieren und beraten, was sofort möglich ist, was mittelfristig wirksam werden kann und welche Ziele wir uns längerfristig setzen könnten. Um uns hierzu Wissen anzueignen und breit zu vernetzen, erfordert theoretisch und praktisch ungeheure Anstrengungen. Denn die Verwertungs-Maschinerie (Kapitalismus) hat mit ihrem Siegeszug nahezu alle produktiven Potenzen der Gesellschaft innerhalb der letzten Jahrhunderte immer mehr für sich monopolisiert. In dem gleichen Maße, wie mit der Verallgemeinerung der Warengesellschaft ein immer dichteres Geflecht von ausdifferenzierten Berufen und Sphären entstand, wurden die Einzelnen dazu verdammt, bloße zum Teil nur noch kleinste Teilfunktionen zu erledigen. Und obwohl auf diese Weise gesamtgesellschaftlich ein riesiges Aggregat an Kenntnissen und Fähigkeiten akkumuliert wurde, bildete sich dadurch zugleich ein vereinseitigter Menschentyp heraus, der nicht so ohne weiteres imstande wäre, eine umfassende kollektive Planung und Organisation gesellschaftlicher Aufgaben zu bewerkstelligen. Aber andererseits müssen bereits heute, unter diesen regressiven kapitalistischen Bedingungen, immer mehr flexibilisierte, metropolitane (im Sinne von weltstädtisch) Individuen zwangsläufig wachsendes Wissen und weitergehende Kompetenzen erwerben, allein um ihre Arbeitskraft überhaupt noch verkaufen zu können. Und dieses erworbene Wissen sprengt oftmals den relativ engen Rahmen beruflicher Erfordernisse und kann durchaus den Wunsch nach umfassender, kreativer und selbstverwirklichender Tätigkeit wecken. Zumindest in den kapitalistischen Zentren treffen wir bereits solche Kenntnisvielfalt in sehr hohem Maße an.

Eine direkt vernetzte, wirklich moderne Gesellschaft kann ohne universell befähigte Menschen nicht auskommen. Andererseits böte eine Gesellschaft ohne die Praxis des Tausches erstmals die Chance, solch ganzheitliche Persönlichkeiten überhaupt hervorzubringen. Das mag ein wenig nach abgestandener realsozialistischer Propaganda klingen, doch darum geht es natürlich nicht. Wenn es der »realsozialistische Mensch« nur zur Karikatur eines »umfassenden neuen Menschen« gebracht hat, sich also nicht wesentlich von seinen westlichen Mitbürgern unterschied, dann liegt das in erster Linie daran, dass der Realsozialismus lediglich eine Variante bürgerlicher Warenökonomie war, und er deshalb strukturell mit den gleichen

Problemen zu kämpfen hatte wie der Westen; dies allerdings auch noch auf weitaus niedrigerem nachholenden Produktivkraftniveau.

Schon im Kampf um die Abstreifung der Geldfessel werden die Menschen Kooperation und gegenseitige ungehinderte Wissensvermittlung erlernen müssen. Denn es gehört zu den Obszönitäten der Marktwirtschaft, auch dem Gedankengut durch Patentierung einen Preis zu verpassen, um seine Verbreitung an nicht zahlungskräftige Interessenten zu verhindern. So wird mitunter auch die Einführung naturverträglicher Technologien, sollten sie eine ernste Gefahr für den Absatz schädlicher Produkte darstellen, blockiert oder ganz vereitelt.

Die Geldwirtschaft verschwindet schließlich nicht mit einem lauten Knall. Vermutlich entstehen während eines zugespitzten Krisenverlaufs verschiedenste Notformen der gemeinschaftlichen Re-Produktion zur Sicherung des blanken Überlebens. Sollte es gelingen, die Tauschökonomie zu überwinden, ohne in eine neue moderne Barbarei abzugleiten, dann *wird jedenfalls die kontinuierliche Absprache über die Gestaltung des Lebensalltags in all seinen Facetten zur vorrangigen menschlichen Aktivität.* Der dafür erforderliche Zeitfonds steht bereits mehr als ausreichend zur Verfügung. Was, wann, wie und zu welchem Zweck produziert werden soll und wie die Verteilung der Güter zu gestalten ist, muss dann beständig allseitig geklärt werden. Dies würde einschließen und voraussetzen, die abstrakte, von der Reproduktion abgekoppelte und in einer getrennten Lernsphäre (Schule, Universität) vollzogene Vermittlung von Wissen zugunsten einer an die immer vielfältigere Gestaltung des Lebensalltags gekoppelten, ununterbrochenen Wissenserweiterung aufzuheben. Dabei ginge es beileibe nicht darum, lauter Individuen mit exakt gleichen Kenntnissen und Fähigkeiten heranzubilden, wie es dem platten Egalitarismus der meisten traditionellen Sozialismus- und Kommunismus-Vorstellungen entspricht. Vielmehr *sollten sich erstmals wirklich die individuellen Fähigkeiten uneingeschränkt entfalten* können.

Nach welchen Prioritäten ein von der Warenförmigkeit befreites, dennoch aber natürlich hoch entwickeltes Produktions-Aggregat eingesetzt würde, wäre eine Frage der Übereinkunft der Menschen. Sie agieren dann, wie Du schon weißt, in örtlicher, regionaler, überregionaler und globaler Vernetzung auf den verschiedenen Ebenen und beraten und entscheiden ständig über den konkreten Einsatz der ihnen gemeinschaftlich gehörenden geistigen und materiellen Ressourcen.

Was die Abschaffung des „automatischen Subjekts" und seiner Rastlosigkeit für das Wohnen, die menschlichen Beziehungen, die Kommunikation und alle anderen Aspekte des Lebens konkret bedeuten würde, kann nur durch die konkrete Tat überhaupt herausgefunden werden. Je nachdem, wie der Kapitalismus die verschiedenen Weltregionen zugerichtet und ruiniert zurückgelassen hat, werden auch die Ansätze zur Entwicklung einer Gesellschaft ohne Warenproduktion, Wert, Geld... sehr vielgestaltig sein.

Eines unserer vorrangigen Ziele wäre es, die Kultur der Muße wieder herzustellen, die einst alle Gesellschaften kannten und die vernichtet wurde, um ein rastloses und sinnvergessenes Produzieren durchzusetzen. Deshalb sollten wir zuerst all die vielen Produktionszweige ersatzlos stilllegen, die überhaupt nur dazu dienen, ohne Rücksicht auf Verluste den verrückten Selbstzweck (Geld/Wert) des warenproduzierenden Systems aufrechtzuerhalten. Ich spreche nicht nur von den offensichtlich gemeingefährlichen Arbeitsbereichen wie der Auto-, Rüstungs- und Atomindustrie, sondern auch von der Produktion jener zahlreichen Sinnprothesen und albernen Belustigungsgegenstände, die den Arbeitsmenschen einen Ersatz für ihr vergeudetes Leben vortäuschen sollen. Verschwinden wird dann auch die ungeheure Menge jener Tätigkeiten, die, wie vorstehend beschrieben, überhaupt nur deswegen anfallen, weil die Produktmassen durch das

Nadelöhr der Geldform und Marktvermittlung hindurch-gepresst werden müssen. Wozu sind dann noch z.b. Ban-ken, Versicherungen, Buchhalter und Kostenrechner, Marketingspezialisten und Verkäufer, Vertreter und Wer-betexter mit ihrem gesamten zugehörigen technischen, technologischen, baulichen und Ausbildungs-Aufwand nötig, wenn die Dinge nach Bedarf hergestellt werden und alle einfach nehmen, was sie brauchen? Und wozu sollte es noch Finanzbeamte und Polizisten, Sozialarbeiter und Armutsverwalter geben, wenn kein Privateigentum mehr geschützt, kein soziales Elend verwaltet und niemand für entfremdete Systemzwänge zugerichtet und überwacht werden muss?

„Die vielen Arbeitsplätze!" hört man schon rufen. Ja, und genau darum geht es. Rechne Dir einmal aus, wie viel Le-benszeit sich die Menschheit täglich raubt, nur um „tote Arbeit" aufzuhäufen, Menschen zu verwalten und das herrschende System zu schmieren. Wie viel Zeit könnten wir alle in der Sonne liegen, statt uns für Dinge zu schin-den, über deren grotesken Charakter schon ganze Biblio-theken geschrieben wurden. Aber keine Bange. Keinesfalls wird alle Tätigkeit aufhören, wenn die Zwänge der „Ar-beit" verschwinden. Allerdings ändert alle Tätigkeit ihren Charakter, wenn sie nicht mehr in eine selbstzweckhafte und entsinnlichte Sphäre von abstrakten Fließzeiten ge-bannt wird, sondern ihrem eigenen, individuell variablen

Zeitmaß folgen kann und in persönliche Lebenszusammenhänge integriert ist; wenn auch in großen Organisationsformen der Produktion die Menschen selber den Ablauf bestimmen, statt vom Diktat der betriebswirtschaftlichen Verwertung bestimmt zu werden. Warum sich hetzen lassen von den dreisten Anforderungen einer aufgezwungenen Konkurrenz? Es gilt, die Langsamkeit wiederzuentdecken. Nicht verschwinden werden natürlich auch jene Tätigkeiten der Hauswirtschaft und der Pflege von Menschen, die in der Arbeitsgesellschaft unsichtbar gemacht, abgespalten und als „weiblich" definiert worden sind. Das Kochen ist ebenso wenig zu automatisieren wie das Wickeln von Kleinkindern. Wenn zusammen mit der „Arbeit" die Trennung der sozialen Sphären überwunden wird, können diese notwendigen Tätigkeiten ins Licht bewusster sozialer Organisation jenseits der geschlechtlichen Zuschreibungen treten. Sie verlieren ihren repressiven Charakter, sobald sie nicht mehr Menschen unter sich subsumieren und je nach Umständen und Bedürfnissen von Männern wie Frauen gleichermaßen verrichtet werden.

Selbstverständlich wird nicht jede Tätigkeit dadurch zum Genuss. Einige mehr, andere weniger. Natürlich gibt es immer Notwendiges, das getan werden muss. Aber wen wollte das schrecken, wenn das Leben nicht wie bisher davon aufgefressen wird? Und es wird immer viel mehr geben, was aus freier Entscheidung heraus getan werden kann. Denn die Tätigkeit ist ja ebenso ein Bedürfnis wie die Muße. Nicht einmal die „Arbeit" hat dieses Bedürfnis ganz auslöschen können, sondern es nur für sich instrumentalisiert und vampirisch ausgesaugt. Berufe, über die sich bisher ein Mensch definierte, wird es nicht mehr geben. Sich in verschiedenen Künsten zu üben und Kenntnisse zu erwerben, galt in vormodernen Zeiten durchaus als ehrenhaft; machen wir es wie die vorstehend beschriebenen Königssöhne und Prinzen in den alten Gesellschaften und werden wir in vieler Hinsicht „geschickt", um qualitativ verschiedene Tätigkeiten ausüben und sie frei miteinander kombinieren zu können.

Sei weder Fanatiker eines blinden Aktivismus noch eines blinden Nichtstuns. Muße, notwendige Tätigkeit und freigewählte Aktivitäten müssen in ein sinnvolles Verhältnis gebracht werden, das sich nach Bedürfnissen und Lebenszusammenhängen richtet. Einmal den kapitalistischen Sachzwängen der „Arbeit" entwunden, können die modernen Produktivkräfte, wie schon dargelegt, die frei disponible Zeit für alle ungeheuer ausdehnen. Warum Tag für Tag viele Stunden in Fabrikhallen und Büros zubringen, wenn Automaten aller Art uns den größten Teil dieser Tätigkeiten abnehmen können? Warum hunderte menschlicher Körper schwitzen lassen, wenn einige Mähdrescher genügen? Warum Geist auf eine Routine verschwenden, die auch ein Computer ohne weiteres ausführt?

Allerdings kann für diese Zwecke nur der geringste Teil der Technik in seiner kapitalistischen Form übernommen werden. Das Gros der technischen Aggregate ist völlig umzuformen, wurden diese doch nach den bornierten Maßstäben der abstrakten Rentabilität gebaut. Viele technische Möglichkeiten sind andererseits aus demselben Grund gar nicht erst entwickelt worden. Obwohl solare Energie an jeder Ecke gewonnen werden kann, setzt die Arbeitsgesellschaft zentralisierte und lebensgefährliche Kraftwerke in die Welt. Und obwohl schonende Methoden der agrarischen Produktion längst bekannt sind, schüttet das abstrakte Geldkalkül tausenderlei Gifte ins Wasser, zerstört die Böden und verpestet die Luft. Wie Du bereits weißt, werden aus rein betriebswirtschaftlichen Gründen Bauteile und Lebensmittel dreimal um den Globus gejagt, obwohl die meisten Dinge ohne große Transportwege leicht vor Ort hergestellt werden können; denn Wissen (Knowhow), auch und gerade das auf höchstem Niveau, wird nicht mehr geheim gehalten oder gegen Geld getauscht, sondern steht dann über die modernen Kommunikations-Techniken weltweit zu freier Verfügung. Und die Wissen-„Produzenten" werden stolz darauf und glücklich darüber sein, wenn sie damit der globalen Allgemeinheit „dienen", indem sie sich Ihr schenken.

Ein erheblicher Teil der kapitalistischen Technik ist also ebenso sinnlos und überflüssig wie der dazugehörige Aufwand menschlicher Energie. Die Menschen werden künftig gemeinschaftlich solche Dinge produzieren und „Dienste" tun, die ihren wirklichen Bedürfnissen entsprechen.

Die Lösung?!

Unser Problem besteht darin, zu erkunden, wie wir mit den kapitalistisch domestizierten Individuen so eine Aufgabe, das in sich irre warenproduzierende System Kapitalismus abzuschaffen, überhaupt angehen können. Der Kapitalismus ist real so wie hier beschrieben und wie er sich heute immer grausamer zeigt; sein Gewaltkern wird tagtäglich sichtbarer. Die Menschen sind real so, wie von diesem System zugerichtet; ihr Bewusstsein ist derzeit noch das von Unzurechnungsfähigen. Dennoch spüren sie instinktiv, dass das System an seinem Ende angelangt ist. Sie sprechen von unruhigen Zeiten, bewegten Zeiten, unsicherer werdenden Zeiten, Zeiten im Umbruch und können sich gar keinen Begriff davon machen, warum das so ist. So personifizieren sie die für den System-Zerfall zuständigen Ursachen: Die Politiker, die da oben, die gierigen Banker, die Moslems, die Ausländer, die Juden, die Ungläubigen, die Flüchtlinge, die „Kanaken" usw. Wie beschrieben, werden sie als Konkurrenz-Subjekte, denen zunehmend ihre Substanz („Arbeit") abhandenkommt, über die allein sie sich aber definieren, selbst immer gewalttätiger. In der Konsequenz läuft es beständig immer mehr auf ein gegenseitiges Abschlachten hinaus, was wir heute bereits weltweit sehen können, weil es uns tagtäglich in allen Medien frisch serviert wird. Und irre wie sie sind, schreien sie nach „Arbeit" und „Arbeitsplätzen", wünschen sich also den guten alten Kapitalismus zurück, eigentlich den des sogenannten Wirtschaftswunders, der für sie niemals mehr real werden wird. Und dennoch haben wir quer durch alle (!) sozialen Lagen nur diese irren Menschen und keine anderen. Nur sie können damit beginnen, dieses Wahnsystem zu überwinden. In dem Maße, wie der Kapitalismus auch in den kapitalistischen Zentren (G7) seine Reproduktionsfähigkeit verlieren wird (was unausweichlich ist), können und werden die Menschen mehr und mehr begreifen, dass es der Kapitalismus selbst mit seiner (ihrer) „Arbeit" ist, dem sie ihr Elend verdanken. Sie können und werden (hoffentlich) lernen zu verstehen, dass es nicht bedeutsam ist, irgendwelche „Gegner" zu benennen und umzubringen, sondern dieses System selbst, das sie überhaupt erst zu „Gegnern" macht. Das wird ihrem Bewusstsein auf die Sprünge helfen. Dann ist natürlich guter Rat gefragt. Denn wo, wie, womit ist anzufangen und warum gerade damit? Dabei werden sie um Marx nicht herumkommen.

>Eine Gesellschaftsformation geht nie unter, bevor alle Produktivkräfte entwickelt sind, für die sie weit genug ist, und neue höhere Produktionsverhältnisse treten nie an die Stelle, bevor *die materiellen Existenzbedingungen derselben im Schoß der alten Gesellschaft selbst ausgebrütet worden sind.* Daher stellt sich die Menschheit immer nur Aufgaben, die sie lösen kann, denn genauer betrachtet, wird sich stets finden, dass die Aufgabe selbst nur entspringt, wo die materiellen Bedingungen ihrer Lösung schon vorhanden oder wenigstens im Prozess des Werdens begriffen sind< (Marx 1968/1859, 15 f).

Welches sind nun aber die

Keime und Keimformen (9)

die der Kapitalismus bereits in seinem Schoß selbst ausgebrütet hat, für die die kapitalistische Form längst zu eng geworden ist, die also für die Entwicklung einer neuen Gesellschaftsformation gute Ausgangs- und Ansatzpunkte darstellen? Gibt es sie überhaupt?

Um die Untersuchung dieses Zusammenhangs haben sich der Arbeiterbewegungs-Marxismus einst und seine kläglichen Reste bis heute stets herumgemogelt. Aus eigenem Erleben weiß ich, dass und wie Fragen nach den bereits im Schoß der alten Gesellschaft gesäten und ausgebrüteten Keime für die Entwicklung neuer, höherer Reproduktionsverhältnisse regelrecht unterdrückt und erstickt wurden

(9): vgl. Robert Kurz (1997): Antiökonomie und Antipolitik, Gruppe EXIT.

und wie primitiv die „Argumente" waren. Genau das aber sind die alles entscheidenden Fragen: Welches sind die Keime oder Keimformen, die bereits jetzt vorhanden sind und die weiter zu entwickeln wären, um zu einer neuen, höheren Gesellschaft zu gelangen?

Die Wege aus der Arbeitsgesellschaft ergeben sich weder von selbst, noch entsteht eine neue Gesellschaft naturwüchsig. Neben der Kritik an den bürgerlichen Ausdrucksformen kommt es   darauf an, nach den bereits in der Gesellschaft vorhandenen geistigen und materiellen Potenzen zu suchen, die für ihre gründliche Revolutionierung fruchtbar gemacht werden könnten. Sie bilden das Substrat notwendiger Überwindungsansätze. Aufspüren lassen sie sich nur im dialektischen Spannungsverhältnis von herrschender Gesellschaft, Kritik, Begehrtem und Denken des Möglichen.

Das herauszufinden ist eine der dringendsten Aufgaben kritischer Theorie. Denn in einer weltgesellschaftlichen Situation wie heute, in der einerseits der Kapitalismus überreif bis zum Platzen, andererseits aber keine soziale Aneignungsbewegung in Sicht ist, schon gar keine Weltbewegung, wird die Reformulierung kritischer Theorie selber zu einem bedingenden Moment künftiger Emanzipation. Ohne Theorie keine Praxis die ein Ziel anstreben kann. Ohne Theorie ist jegliche Praxis blind und ohnmächtig und kann den stattfindenden System-Zerfall nicht aufhalten.

Wenn wir uns heute anschauen, was derzeit angesichts des Zerfalls des warenproduzierenden Systems (Kapitalismus) als radikale Kritik daherkommt, zeigt sich uns das blanke Elend. Diese „elende Kritik" bleibt in der Konsequenz stets immanent, und kann sich dem Normal- und Massenbewusstsein deshalb nicht erklären. Immanent meint, sie bleibt in den kapitalistischen Formen (und damit auch Denkformen) gefangen und kann damit nur zu diversen Formen der Spekulation greifen, wenn es um die künftige Entwicklung jenseits des Kapitalismus geht. Denn diese Kritik hat weitgehend gar keinen Begriff von den kapitalistischen Formen, also dem kapitalistischen Formzusammenhang: „Arbeit", Ware, Geld/Kapital, Wert/Mehrwert, Markt, Konkurrenz, geschlechtliche Abspaltung, Staat/Souveränität, Politik, Recht, Nation, Volk, Demokratie. Und so holt sich weltweit insbesondere die politische Linke eine Klatsche nach der anderen, denn ihr bleibt die Frage, ob und wie eine emanzipatorische Vergesellschaftung ohne diese fetischistischen Formen von Ware und Geld möglich sein kann, ein Buch mit sieben Siegeln. Noch schlimmer: Sie weigert sich standhaft, die logische Formel anzuerkennen, dass Negation auf der Tagesordnung steht; sie schweigt wie ein Grab über die konkrete Aufhebung der fetischistischen, vom Wert gesetzten Formbestimmtheit der kapitalistischen Reproduktion. Diese Ignoranz kommt daher, dass die Frage der Aufhebung zweigeteilt wird. Zunächst in eine Hälfte   reiner (theoretischer) Negation: „Hiermit erklären wir und unterschreiben, dass wir gegen den Kapitalismus/Imperialismus sind und ihn stürzen wollen". Diese bezeichne ich als Maulhelden. Die andere Hälfte besteht aus einem inhaltlich vollkommen leeren und erst nachkapitalistisch (nach dem „Sturz" der kapitalistischen Macht) in Gang zu setzenden Praxis-Pragmatismus der „befreiten Gesellschaft". Wenn also die schwierige Machtfrage überwunden ist, könne man ganz leicht die vom Kapitalismus hervorgebrachten Produktivkräfte zum Wohle aller regulieren. Diesen „Denk"-Ansatz bezeichne ich als den von Ignoranten, denn er hat sich bereits mit dem Untergang des „Realsozialismus" (alias Staatskapitalismus der nachholenden Modernisierung) bis auf die Knochen blamiert und damit ein für alle Mal erledigt.

Folglich wird eine wirkliche Aufhebungsbewegung so nicht denken können, denn zwischen Kapitalismus und Nicht-Kapitalismus liegt keinesfalls nur die Frage der Macht (ihre Formen sind immer Herrschaft und Knechtschaft) bzw. „Verfügungsgewalt". Die Aufhebung der warenförmigen Reproduktion ist keine mehr oder weniger technisch-organisatorische Angelegenheit nach der (politischen und juristischen) „Enteignung" der Kapitalisten, sondern die Aufhebung aller (!) vom Wert bzw. der geschlechtlichen „Wert-Abspaltung" (Roswitha Scholz) strukturierten sozialen Beziehungen und Bewusstseinsformen. Das geht natürlich nicht leicht oder reibungslos, noch kann man das erst nachkapitalistisch angehen. Denn wie soll ein kapitalistisch strukturiertes Bewusstsein den Kapitalismus überwinden? Vielmehr ist schon die Bewegung radikaler Kritik und sozialer Emanzipation vom kapitalistischen Istzustand aus überhaupt nur denkbar durch den bestimmten Ansatz eines begreifbaren „Anderswollens", weil sonst gar keine Negation und gar keine gesellschaftliche Vermittlung möglich wären. Natürlich kann dieser Ansatz keineswegs in der Form einer moralischen oder metaphorischen Unbestimmtheit bis zu irgendeinem „Tag X" verharren, ohne mit konkreten Bestimmungen in die Theoriebildung einzugehen.

Das gilt umso mehr, wenn die nachkapitalistische Reproduktion nicht hinter die Höhe der kapitalistischen Vergesellschaftung zurückfallen, sondern diese eben aufheben soll. Unter diesem Gesichtspunkt ist es erst recht unmöglich, die Negation und eine positive Aufhebung auseinanderzureißen. Wenn die Potenzen, die der Kapitalismus selbst hervorgebracht hat, in der kapitalistischen Form nur noch destruktiv erscheinen (können) und wirken, müssen wir angeben können, wie diese Potenzen denn als aufgehobene anders wirken und durch Institutionen direkter gesellschaftlicher Kommunikation jenseits der bürgerlichen, warenförmigen Vergesellschaftung reguliert werden sollen. Das kann nicht irgendwann, nach Klärung der Machtfrage, nachkapitalistisch gemacht werden, sondern ist bereits die Voraussetzung, damit eine Aufhebungsbewegung überhaupt in Gang kommen kann. Wir müssen (jetzt!) Antworten finden, wie das Zusammenwirken von Millionen von Menschen in der Funktionsteilung ihrer Reproduktion, wie der Fluss der Ressourcen vom Stahlwerk bis zum Feuerhaken konkret aussehen soll, wenn all das nicht mehr die „unsichtbare Hand" der fetischistischen Wertform bewerkstelligen kann. Diese Probleme der Planung müssen wir neu formulieren und darstellen, wie sie jenseits der Formen von Ware und Geld in groben Zügen theoretisch und analytisch zu lösen wären, um überhaupt bereits jetzt (also noch kapitalistisch formiert) in (als solche erkannten) Keimformen praktische nachkapitalistische Erfahrungen machen zu können. Bei allem was wir hierbei unternehmen, stellt sich immer gleichzeitig die Frage des möglichen Übergangs, der praktischen Transformationsbewegung, des berühmten „Herankommens" an eine nicht-wertförmige Reproduktion, bevor sich diese dann auf ihrem eigenen Boden entwickeln kann. Zu fragen ist stets, wo und wie ist anzusetzen innerhalb der vorgefundenen und zunächst die gesamte Reproduktion beherrschenden kapitalistischen Gesellschaftsform, um in diese sozusagen von innen eine Bresche zu schlagen und aus ihr herauszukommen; also erste Schritte zu tun, einen formulierbaren Anfang der sozialen Emanzipation zu setzen.

Der alte Arbeiterbewegungs-Marxismus umging dieses Problem schlichtweg, indem er sich politizistisch und etatistisch orientierte. Er organisierte sich also nicht reproduktiv und lebensweltlich antikapitalistisch, sondern nur politisch (also innerkapitalistisch), als historisch abstrakte „Willenskundgebung" ohne reale reproduktive Verankerung und damit als „politische Partei" und parallel dazu gewerkschaftlich für den Kampf um systemimmanente Gratifikationen. Alles wurde dem Ziel der politischen Machtergreifung untergeordnet, um dann folgerichtig „von oben" die kapitalistische Reproduktion gewissermaßen sozialistisch-planwirtschaftlich „umstülpen" zu wollen. Unausweichlich erscheint hier die politische Macht als der archimedische Punkt und ein alternativer Staatsapparat („Arbeiterstaat") als der zentrale Hebel der Umwälzung.

Ebenso unausweichlich verschwindet dabei die Frage einer nicht mehr an den Wert gebundenen Reproduktion und des „Herankommens" an diese völlig. Der Wert wird aber auf diese Weise nicht geknackt, sondern er wird zum neutralen, ontologischen Gegenstand. „Wir leben um zu arbeiten"!

Damit brauchen wir uns hier nicht länger aufzuhalten; denn wohin das letztlich führt, wurde mit dem blamablen Untergang des realexistierenden Sozialismus konkret beantwortet (10). Wie wir sehen und erleben konnten, bleibt auf solche Weise die soziale Emanzipation immer ein bloßes Versprechen für eine imaginäre Zukunft. Erst müsse das Tal der Tränen durchquert werden, bevor das gelobte Land des „Sozialismus" in Augenschein genommen und praktisch besetzt werden könne. So war die politisch zentrierte und deswegen abstrakte Umwälzung im politischen Himmel statt auf der sozialökonomischen Erde stets identisch mit der Befangenheit in der Fetischform des bürgerlichen Vergesellschaftungsmodus'. Der sogenannte Sozialismus war auf diese Weise nichts als selbst nur eine Variante des Kapitalismus; nämlich Staatskapitalismus zum Zweck einer nachholenden Modernisierung auf der Grundlage einer wertvermittelten Warenproduktion. Aber davon hatten sowohl die östlichen Protagonisten, wie auch ihre westlichen Zuhörer, die ihnen den Schwachsinn aufs Wort glaubten, keinen blassen Schimmer. Mit der Losung „überholen ohne einzuholen" geilte man sich an jährlichen Wachstumsraten von über 4 Prozent auf, während „der Westen" bei einem Prozent herum-

(10): vgl. hierzu George Kaufmann, „Kapitalismus – verstehen – abschaffen", 2015).

204

mickerte. Man müsse nur so weitermachen, um den bösen Kapitalismus loszuwerden. Eine Denkweise von Dummen für Dumme; sie verstanden ihr eigenes System nicht, weil sie marxistisch verblödet waren. Denn wenn in einem Land jährlich zehntausend Kühlschränke produziert werden, ist Wachstum viel leichter möglich, als wenn jährlich zehn Millionen Kühlschränke die Fabriken verlassen. Konkret in Zahlen: 4 Prozent von zehntausend Kühlschränken sind 400 Kühlschränke. Ein Prozent von zehn Millionen Kühlschränken sind 100.000 Kühlschränke.

Das Problem, das allgemein hierin steckt, ist das der „Keimform". Der Marxsche historische Materialismus hat analytisch bewiesen und anerkannt, dass die bürgerlich-warenförmige, kapitalistische Vergesellschaftung bereits als Keimform im Schoße der feudalen Gesellschaft entstanden ist. Sie begann also nicht mit einer politischen Revolution (etwa der großen französischen), sondern weit früher, um sich nach einer bereits langen Entwicklung erst allmählich als selbstbewusste Kraft hinsichtlich der politischen Machtfrage geltend zu machen (machen zu können). Die sozialökonomischen Keimformen des Kapitalismus entwickelten sich also, während noch lange Zeit „darüber" und „daneben" die feudale Macht bestand. Als in den bürgerlichen Revolutionen „die feudale Hülle gesprengt" wurde, war die bürgerliche, warenförmige Gesellschaftlichkeit schon praktisch da; nicht nur indirekt als politische und negatorische Kraft, sondern direkt und positiv als reale sozialökonomische Reproduktionsform. Die politische Bewegung ging der neuen Reproduktionsform nicht als abstrakte und symbolische Willenskundgebung voraus, sondern war im Gegenteil erst ihre sekundäre Konsequenz und ihre notwendige Erscheinungsform.

Es ist heute von großer Bedeutung, sich diesen historischen Sachverhalt vor Augen zu führen. Denn der historische Materialismus „kippt" sozusagen, sobald es um die Bestimmung der sogenannten sozialistischen Revolution geht. Einerseits wird blind die bürgerlich-politische Bewegungsform mit allen ihren Erscheinungen übernommen (vom Revolutionsbegriff bis zur politischen Partei). Andererseits kann sich aber dieser Impuls *gerade deswegen* nicht auf eine bereits existierende nicht-bürgerliche, nicht-warenförmige Reproduktionsform stützen. Durch diesen Mangel einer real existierenden Keimform verrät sich die Lebenslüge des Arbeiterbewegungs-Marxismus deutlich. Denn der an sich bürgerlichen (also kapitalistischen) Bewegungsform der politischen Aktion konnte und kann keine nicht-bürgerliche, nicht-warenförmige soziale Existenzform entsprechen. Hiermit ist zugleich gesagt, dass der Kapitalismus nicht politisch überwunden werden kann, denn das Politische ist seine eigene Bewegungsform. Es geht also nur anti-politisch!

Wir stehen vor der Frage, ob es gelingen kann, die radikale Wertkritik theoretisch und praktisch an die sozialökonomischen Keimformen einer Transformation, *die zweifellos existieren*, heranzuführen, die den Weg aus den fetischistischen Strukturen herausfindet.

Wie können wir vorgehen? Klären wir zunächst den

Begriff der Produktivkräfte und die mikroelektronische Revolution

Zunächst einmal lassen wir uns von den Gespenstern der Vergangenheit nicht schrecken und versuchen, sozialökonomische Bestimmungen einer Keimform jenseits der Warenproduktion auf der Höhe des heutigen Vergesellschaftungsgrades herauszuarbeiten, ohne einem kruden Praktizismus zu verfallen. Somit kann es nicht um unmittelbare Handlungsanweisungen gehen, sondern die Frage der Keimform einer nicht mehr über Waren- und Geldbeziehungen vermittelten Reproduktion ist zunächst historisch, analytisch und theoretisch einzukreisen.

Dabei können wir durchaus von einer bekannten Marxschen Problemstellung ausgehen, nämlich von der Frage der Produktivkräfte und ihrer Beziehung zu den Produktionsverhältnissen. Auf den historischen Materialismus mit seiner deterministischen Abfolge von „immer fortschrittlicheren" Gesellschaftsformationen, deren Krönung dann der „Sozialismus" sein soll, verzichten wir in unserem Zusammenhang, denn diese Denkweise ist spätestens 1990 objektiv und deshalb so blamabel gescheitert. Wir sagen, dass die Produktivkräfte immer entwickelt werden, weil der menschliche Geist nie stillsteht. Natürlich kann diese Entwicklung in ganz verschiedene Richtungen gehen. Über die Richtung des Entwicklungsprozesses wird in gesellschaftlichen Auseinandersetzungen entschieden. So können wir sagen, dass im Spätmittelalter nach der Pestzeit (zwischen 1347 und 1353 wurden in Europa mehr als 25

Millionen Menschen von der Pest dahingerafft) keineswegs entschieden oder gar bestimmt war, dass als nächstes der Kapitalismus „dran" zu sein hatte. Zu diesem Zeitpunkt waren auch ganz andere Entwicklungsrichtungen möglich, die nicht unbedingt zum Kapitalismus führen mussten. Es wäre sicherlich lohnend, das einmal zu untersuchen.

Nachdem sich nun aber einmal der Kapitalismus mit seiner spezifischen Form der Produktivkraft-Entwicklung spätestens seit der Mitte des 19. Jahrhunderts durchgesetzt hat, konnte von diesem Zeitpunkt an die Frage der Emanzipation und der Aufhebung einer blinden, unbewussten Gesellschaftlichkeit auch nur noch in der Form einer Aufhebung des spezifisch kapitalistischen Fetischismus und seines Modus' der Vergesellschaftung formuliert werden. Da aber andererseits die vom Kapitalismus installierten warenfetischistischen Produktions- und Bewusstseinsformen in einer langen Durchsetzungsgeschichte beherrschend geworden waren und auch das Denken der Gesellschaftskritik bestimmten (der Arbeiterbewegungs-Marxismus ist dafür leuchtendes Beispiel), musste diese Formulierung der Emanzipation zunächst im Schoß der Geschichte verborgen bleiben und so eine lange Inkubationszeit durchlaufen. Für eine ganze Epoche konnte nur noch die historische Ungleichzeitigkeit innerhalb der Hülle des modernen warenproduzierenden Systems abgearbeitet werden; das betraf die bürgerliche Emanzipation der Arbeiterklasse zu Staatsbürgerlichkeit und Sozialreform ebenso wie die bürgerliche Emanzipation einer „nachholenden

208

Modernisierung" bei den historischen Nachzügler-Gesellschaften der kapitalistischen Peripherie (Staatssozialismus und nationale Befreiungsbewegung).

Diese Versuche sind nun an ihr Ende gelangt. Sowohl der Staatssozialismus des Ostens, wie der Befreiungs-Nationalismus des Südens sind heute so gründlich desavouiert, dass nur noch historische Idioten an den damit verbundenen Transformationsbegriffen festhalten können. Wenn wir den Untergang dieser Paradigmen ihrer historischen Einordnung gemäß nicht als „Sieg" des westlichen Kapitalismus (miss)verstehen, sondern als Beginn einer absoluten Krise des warenproduzierenden Systems überhaupt dechiffrieren, an deren Ende jene historische Entwicklungskette der Wertform reißt, dann wird Marx' Vorhersage einer objektiven, absoluten inneren Schranke des Kapitalismus heute real sichtbar. Diese Schranke bedeutet nichts anderes, als dass die kapitalistischen Inhalte (Produktivkräfte) zu groß für die kapitalistische Fetisch-Form (Wert, Ware, Geld... Staat, Souveränität, „Nation"... Recht, Politik, Demokratie) wurden und zur Sprengung dieser Fesseln drängen. Aber wir sind noch so blöd und beten diese lediglich aus Fetischen bestehende Form an. He, Du betest eine *Form* an! Eine *Form* ist Dein Gott. Noch dazu eine, die sich bereits selbst und damit die gesamte gesellschaftliche Reproduktions-Basis vor unser aller Augen zerlegt; und zwar genau deshalb, weil Du sie weiterhin willst und anbetest. All Deine Lebensäußerungen sind ausschließlich darauf gerichtet. Somit bist Du es selbst, der alles kaputtmacht. Geht's noch? Hör mit diesem Schwachsinn auf! Tu etwas für Deinen Verstand! Um Dich dabei zu unterstützen, will ich Dich hier nun mit der Bedeutung des

„Strukturellen" ein wenig vertrauter machen. Denn wie Du bereits weißt (sh. Der Mensch als Subjekt), entfaltet der Formzusammenhang des Kapitalismus als „automatisches Subjekt" eine strukturelle Gewalt, die durch die Willenshandlungen der Individuen vermittelt ist. Die Bestimmung eines Phänomens als „strukturell" schließt aber gerade aus, es im Sinne einer engen positiven Gegenstandsdefinition oder gar einer subjektiven und persönlichen Zuschreibung zu verstehen. Vielmehr geht es dabei um einzelgegenständliche und/oder subjektive Bestimmungen *übergreifende Zusammenhänge*. Während im sogenannten „strukturalistischen" und systemtheoretischen Denken der Begriff der Struktur die Gesellschaft und ihre Geschichte in subjektlose Gesetzmäßigkeiten auflöst, macht das der Subjektivismus, gewissermaßen als Kehrseite derselben Medaille, entgegengesetzt so, dass er sie als pure „Willensverhältnisse" deklariert. Auch hierbei ist bezeichnend, dass sich diese Polarität sowohl im bürgerlichen wie im Marxistischen Denken findet. Für unsere kritische Reflexion kommt es jedoch darauf an, die Vermittlung zwischen Willenshandlungen und Strukturverhältnissen aufzudecken, wie sie für die fetischistisch verfasste Gesellschaft des modernen warenproduzierenden Systems charakteristisch ist. Während also das eindimensionale positivistische Denken entweder nur eine Strukturbedingtheit oder nur eine willensmäßige Ursache sehen kann, setzt unsere kritische Reflexion beides in ein inneres Verhältnis. Der Begriff der *strukturellen Gewalt* etwa, der im positiven Verständnis nur als sinnlose paradoxe Aussage erscheinen kann, drückt in Wahrheit lediglich die Realparadoxie von

Fetischverhältnissen aus. Wenn mitten im globalen Reichtum Menschen verhungern oder ihnen an sich leicht zugängliche medizinische Hilfe verweigert wird, weil sie die weltkapitalistischen Produktions- und Verteilungsstrukturen mangels Kaufkraft von Nahrungsmitteln und Medikamenten abschneiden, dann ist das keineswegs ein Naturgesetz, schicksalhaftes Verhängnis oder Ratschluss eines jenseitigen „Strukturgottes da draußen", sondern gesellschaftliche Gewalt, die durch subjektive Willenshandlungen hindurchgeht. Allerdings nicht durch Willenshandlungen, die unmittelbar darauf abzielen, andere Menschen verhungern oder an Krankheiten sterben zu lassen, sondern die erst einmal nichts anderes als gewöhnliche Lebens- und Interessenvollzüge in einem strukturellen Rahmen darstellen, der seinerseits wieder historisch-gesellschaftlich entstand. Die Struktur ist nichts an sich Selbstständiges, sie wird durch die handelnden menschlichen Akteure hergestellt und reproduziert; aber sie hat sich diesen Akteuren gegenüber dennoch verselbstständigt und bringt durch deren unmittelbare Willenshandlungen hindurch von ihnen keineswegs unmittelbar gewollte Resultate hervor, so wie bereits weiter oben in der Metapher vom „Labyrinth" beschrieben. Die Struktur wirkt als Gewalt und die damit erreichten Tatsachen werden dann im Nachhinein als „Risiko und Nebenwirkung" unter Verweis auf die angebliche Unausweichlichkeit und Unüberwindbarkeit dieser Struktur auch wieder bewusst in Kauf genommen, und sei es mit noch so großem Bedauern.

Der Begriff der strukturellen Gewalt bringt genau diese paradoxe Verschränkung von verselbstständigter Struktur und Willenshandlungen/Willensverhältnissen auf den

Punkt. Alle sind beteiligt, auch die Opfer selbst, indem sie jene für viele mörderische Struktur leben und reproduzieren. Und alle sind dem „stummen Zwang" der von ihnen selbst vollzogenen Strukturen ausgeliefert. Deshalb kann man auch zu niemandem sagen, dass er ein „struktureller Mörder" sei. Dennoch ist es für Dein kritisches Begreifen wichtig, die Mitbeteiligung der Individuen durch ihre scheinbar neutralen Lebens- und Interessenvollzüge hindurch aufzudecken. Und an dieser Stelle setzt dann doch die auch subjektive Verantwortlichkeit ein. Denn eine Sache ist es, ob man in Kenntnis der objektivierten Gewaltresultate solche Strukturen radikal kritisiert, auch wenn man im persönlichen Leben daran gefesselt bleibt, weil man nicht individuell oder in kleinen Gruppen aus der gesellschaftlichen Verfasstheit „hinausspringen" kann – oder ob man trotz des Wissens um die tödlichen Resultate erst recht zum Apologeten und Ideologen dieser destruktiven Strukturverhältnisse wird.

Bereits Marx wusste, dass strukturelle Gewalt die eines „stummen Zwangs der Verhältnisse" ist. Ihr Gegenteil ist nicht eine Gewalt, die nichts mit gesellschaftlichen Strukturen zu tun hätte, sondern Gewalt als manifeste subjektive Willenshandlung (häusliche, kriminelle, polizeiliche, militärische Gewaltakte), die ebenfalls in solchen gesellschaftlichen Zusammenhängen wurzelt, jedoch anderer Natur ist. Hierbei geht es nicht um *objektive gesellschaftliche Reproduktionsstrukturen* bzw. um deren Folgen und Nebenwirkungen, sondern um *ideologische Diskursstrukturen*. Ideologie ist eben kein automatischer, gesetzmäßiger Reflex wie der Alltagsvollzug der fetischistischen Reproduktion (etwa das Kaufen und Verkaufen), sondern der

Reim, den sich das Bewusstsein von den Seinsverhältnissen macht als subjektive (und daher kontingente) Eigenleistung des Kopfes. Deshalb muss stets ein Vermittlungs- und Spannungsverhältnis zwischen dem gesellschaftlichen Formzusammenhang sowie dessen alltäglichen Vollzügen einerseits und der Ideologiebildung andererseits bestehen (bis die Ideologie als affirmative Denkleistung durch Kritik aufgelöst wird). Wäre es anders, dann könnte es gar keinen Begriff von Ideologie geben. Ideologiebildung findet jedoch eben nicht abstrakt-individuell, sondern in diskursiven Zusammenhängen und Prozessen statt. Insofern ist sie eine (negative) Eigenleistung des Bewusstseins der Subjekte und der Diskurse und kein „stummer Zwang". Somit ist der Fetischismus natürlich keine Ideologie, sondern die tatsächliche gesellschaftliche Konstitution und die damit gesetzte Reproduktionsstruktur eines „automatischen Subjekts". „Fetischistisch" sind also die Verhältnisse selbst, „ideologisch" die verschiedenen affirmativen Interpretationen dieses Seins; und eben keineswegs nur als „Reflexe" (was ja implizit einen Automatismus nach dem Muster eines Reiz-Reaktionsschemas unterstellt), sondern, wie beschrieben, als Eigenleistung des Bewusstseins und der Diskurse.

„Man sieht nur, was man weiß. Eigentlich: Man erblickt nur, was man schon weiß und versteht" (Johann Wolfgang von Goethe). Im Sinne dieses Zitats des alten Meisters lass Dir zeigen, welche Keimformen einer neuen, über den Kapitalismus hinausführenden Gesellschaftlichkeit bereits heute vorhanden sind und wie wir sie mit wachsendem Bewusstsein weiter entwickeln könnten:

213

Die erste Keimform: Mikroelektronik

Auf der Ebene der Produktivkräfte ist es zweifellos die Mikroelektronik als universelle Rationalisierungs- und Kommunikations-Technik, die an die Schwelle einer höheren, nicht mehr systemimmanenten Art der Transformation geführt hat. In demselben Maße nämlich, wie die mikroelektronische Revolution zur Produktivkraft der Krise für das warenproduzierende System wird, kann sie auch zur Produktivkraft der sozialen Emanzipation von den fetischistischen Formen des Werts werden.

Damit ist auch bereits ein erster Unterschied zu den Alternativbewegungen der 70er und 80er Jahre gesetzt, die mit einer reaktionären „Kritik der Produktivkräfte" verbunden und im System der „Arbeitsplätze" verhaftet waren.

Im Gegensatz dazu wird eine neue radikale Emanzipations-Bewegung in diesem Punkt zu Marx zurückkehren, also im Sinne der Transformation die Partei der mikroelektronischen Produktivkräfte gegen die Produktions-Verhältnisse des Kapitals nehmen. Der „starke" Marxsche Begriff der Transformation ist nicht lediglich zu wiederholen, sondern hier müssen wir über Marx selbst hinausgehen. Denn die übriggebliebenen Vertreter des „orthodoxen" Marxismus und der kritischen Theorie bilden sich ein, die Produktivkraft-Kritik der Alternativbewegung mit einer bloßen Wiederholung marxistischer Essentials über das Verhältnis von Produktivkräften und Produktionsverhältnissen abwatschen zu können. Sie übersehen ein entscheidendes Moment, das schon immer eine Schwachstelle des Marxismus war: Nämlich dass die Kritik an Naturwissenschaft, Technik und Industrialismus nicht nur reaktionär und irrational ist, sondern auch gleichermaßen zu Recht den destruktiven und repressiven Charakter der kapitalistischen Produktivkraft-Entwicklung moniert. Der Marxismus wollte stets die naturwissenschaftliche und technologische Seite der Modernisierung gänzlich von der Repression freisprechen und diese allein dem kapitalistischen Privateigentum und Profitstreben anlasten, das er ebenfalls nur soziologisch verkürzt begreifen konnte. Naturwissenschaft, Technik und Industrie sollten also gänzlich unverändert in den „Sozialismus" übernommen werden.

Vielmehr kommt es aber für uns heute darauf an, die Partei der mikroelektronischen Produktivkräfte gegen die für sie zu eng gewordenen Produktions-Verhältnisse zu ergreifen und gleichzeitig den destruktiven Gebrauchswert der kapitalistischen Produktions- und Konsumstruktur aufzuheben. In unserer Kritik müssen wir Wesen und Erscheinung der mikroelektronischen Revolution unterscheiden. Das Wesen dieser neuen Produktivkräfte ist eine Potenz, also eine Möglichkeit, die der Kapitalismus nicht um ihrer selbst willen, sondern für seinen eigenen abstrakten Selbstzweck der Verwertung hervorgebracht hat. Und natürlich kann davon die erscheinende Wirklichkeit dieser Potenz nicht unbeeinträchtigt sein. So ist die konkrete Erscheinung der mikroelektronischen Produktivkräfte auch ihrer stofflichen Gestalt nach eine kapitalistische, die zusammen mit ihrer gesellschaftlichen Form aufzuheben ist. Insgesamt ist die Aufhebung der fetischistischen Wertform einzuklagen, die sowohl die erscheinende Verkehrsform des Geldes als auch die erscheinende Form des kapitalistischen Gebrauchswerts in die aufhebende Negation einbezieht. Die Potenzen der mikroelektronischen Revolution sind gerade dadurch aufzugreifen, dass die kapitalistischen Artefakte kritisch aussortiert werden, statt sich der Logik ihres repressiven Gebrauchswerts kritiklos zu unterwerfen.

Diese Auseinandersetzung spitzt sich in der Frage der Keimformen zu. Denn die Ablehnung einer Keimform sozialökonomischer Reproduktion jenseits des Werts ist zwangsläufig mit einem etatistischen Verständnis der Umwälzung „von oben" verbunden, also dem zentralen archimedischen Punkt der Macht. *Staat jedoch und seine abgeleiteten Formen Politik und Recht, ebenso Macht, sind kapitalistische Formen; entstanden in der Entstehungs-Geschichte des Kapitalismus zum Zweck seiner Durchsetzung.* Sie sind absolut nichts Anderes. Sich also innerhalb dieser Formen zu verhalten, hat absolut nichts anti-kapitalistisches.

Auch der Verweis auf Räte als Organe der gesellschaftlichen Repräsentation ist unzureichend, denn die Räte müssen ja irgendetwas repräsentieren, also sich aus Elementen zusammensetzen. Die Krux der historischen Räte-Bewegungen bestand gerade darin, dass sie nur die kapitalistischen Formen der „Arbeit" (Betriebe bzw. Unternehmen, die von Haus aus über den Markt vermittelt sind) repräsentieren konnten, nicht hingegen die Keimformen einer Reproduktion unabhängig von der Vergesellschaftung durch die Realabstraktion des Werts. Genau deshalb fiel die Organisationsform der Räte wieder in die etatistisch orientierte bürgerliche Form der politischen Partei zurück, wurde von dieser aufgesaugt und kommandiert. Nicht zuletzt hatte das auch etwas mit dem Charakter der Produktivkräfte auf dem Höhepunkt der kapitalistischen Entwicklung zu tun: von den Zeiten der Dampfkraft und Eisenbahn bis zur Blüte der fordistischen Industrien waren die Aggregate der wissenschaftlich-technischen Potenzen tatsächlich nur in einem relativ großen gesellschaftlichen Maßstab darstellbar. Das galt ganz buchstäblich für die Maschinen, Gebäude und Techniken der Zufuhr von Energie. Klein stand das Individuum vor den maschinellen Ungetümen; und „groß" war das Synonym für Fortgeschrittenheit. Daraus resultierte auch eine gewisse, geradezu kindische Gigantonomie: Unternehmen und Nationen wetteiferten darin, die größte Turbine der Welt, das höchste Gebäude der Welt, den größten Tanker, das größte Schlachtschiff, Atom-U-Boot oder den größten Flugzeugträger der Welt usw. zu bauen. Dementsprechend groß war auch der organisatorische Maßstab, um diese Produktivkräfte überhaupt realisieren und mobilisieren zu können. Genau das war auch schon bei der Urzeugung des Kapitalismus ein maßgeblicher Faktor. Denn die früheste Keimform der Moderne war hinsichtlich der Produktivkräfte eigentlich eine Destruktivkraft: die Innovation der Feuerwaffen. Die gewaltigen Kanonen der frühen Neuzeit und die dazugehörigen gigantomanischen Befestigungswerke konnten nicht mehr in der dezentralen und naturalwirtschaftlichen Form der alten Agrargesellschaften dargestellt werden, sondern erforderten die Mobilisierung von Rüstungsindustrie, stehenden Heeren, Geldwirtschaft und gesellschaftlicher Zentralisierung, *deren Produkt die Staaten mit ihren Handlungsformen sind.*

217

Erst auf diesem Boden konnten sich die Keimformen der kapitalistischen Produktionsweise entwickeln. Alle Träger weiterer Entwicklungsschübe des warenproduzierenden Systems (der Sozialismus und seine Parteien eingeschlossen) blieben in der Vorstellung einer durchzentralisierten, pyramidenartig strukturierten Vergesellschaftungsform befangen. Nicht nur die Diktaturen „nachholender Modernisierung", sondern auch die entwickeltsten westlichen Demokratien sind bis heute negativ-utopische, in jeder Hinsicht Pyramiden bauende „Sonnenstaaten". Die bürokratischen Apparate und die nationalen bzw. kontinentalen großräumigen Märkte entsprechen Produktiv- bzw. Destruktivkräften, deren Aggregate nur noch von großen „Armeen der Arbeit" und des Krieges in Bewegung gesetzt werden können.

Und nun diese mikroelektronische Revolution! Sie führt demgegenüber nicht nur die lebendige Substanz des Kapitals, also die abstrakte „Arbeit", ad absurdum, sondern sie setzt auch zugleich die gesellschaftliche Zentralisation durch Staaten und Märkte zu einer archaischen, unangemessenen Organisationsform herab und macht die Gigantomanie der Moderne lächerlich. In demselben Maße, wie der Kapitalismus technologisch durch die von ihm selbst hervorgerufenen Produktivkräfte zu einem Wettlauf der Miniaturisierung getrieben wird, verfällt nicht nur seine Substanz („Arbeit", Wert, Geld...), sondern auch seine äußere Form (Staat, Politik, Recht, Demokratie...). Die Vergesellschaftung steckt jetzt nicht mehr in der Größe, sondern umgekehrt in der Kleinheit der Technologie. Die fortgeschrittensten Kapazitäten von Werkzeugmaschinen, Steuerungstechnologien und Kommunikationsmitteln sind nun im kleinen Maßstab mobilisierbar und benötigen keine „Armeen der Arbeit" und keine gesellschaftliche Zentralisation mehr. Die Reproduktion kann zu einer dezentralen Form zurückkehren. Aber natürlich nicht mehr zu den voneinander vergleichsweise isolierten dezentralen Reproduktionsformen der Agrargesellschaft, die nur äußerlich durch Strukturen der Herrschaft verbunden waren, sondern auf höherer Entwicklungsstufe zu einer allseitig kommunikativ vernetzten dezentralen Struktur. Das gilt im Übrigen nicht nur für die Mikroelektronik, sondern zumindest perspektivisch auch für die Ablösung der fossilen durch solare Energie. Erfordern die energetischen Systeme der fossilen Brennstoffe große, zentralisierte Technologien und Organisationsformen, so ist die Solartechnik ebenso dezentral und im kleinen Maßstab einsetzbar wie die Mikroelektronik.

Die Verbindung von Mikroelektronik und solarer Energie eröffnet die Möglichkeit, dass sich Menschen dem Kapitalismus (teilweise, schrittweise) entziehen können und seinen totalitären Anspruch durchbrechen, wie es in der Vergangenheit nur durch Abwanderung in die kapitalistisch unerschlossenen Weltregionen möglich war. Das geht heute nicht mehr, da es keinen Zipfel der Erde mehr gibt, der nicht bereits kapitalisiert wurde.

Aber diese Möglichkeit, sich zu entziehen, ist jetzt auf eine neue, ganz andere Weise durch die Entwicklung der Produktivkräfte selbst hervorgetrieben worden. Der Raum des Entzugs ist kein äußerer, territorialer mehr, sondern ein innerer und sozialer Raum. In den Poren und auf den

Trümmern der archaisch werdenden kapitalistischen Vergesellschaftung können die Keimformen einer nicht mehr warenförmigen Reproduktion blühen, die dann in Austausch und Auseinandersetzung mit dem Kapital treten, ihr Existenzrecht behaupten und die kapitalistische Reproduktion schließlich ganz überwinden.

Wenn wir das Verhältnis von Produktivkräften und Produktionsverhältnissen analysieren, wird deutlich, dass die Transformation unter den Bedingungen der Mikroelektronik keines zentralen, unmittelbar gesamtgesellschaftlichen Hebels mehr bedarf. Der gesamtgesellschaftliche Charakter erscheint nun vielmehr als perspektivisch vermittelter, als Bewegungsform und nicht als zentraler Akt der Umwälzung. Wie sich die Pioniere der USA dem Kapitalismus zeitweilig entzogen, dabei aber trotzdem kapitalistisch produzierte Werkzeuge (wenn auch nur einfache) mitnahmen, so können sich auf einer viel höheren Stufenleiter der Entwicklung heute Menschen mitten im kapitalistischen Territorium für einen Teil ihrer Reproduktion den kapitalistischen Zumutungen entziehen, indem sie kapitalistisch produzierte Mikroelektronik und Solartechnik für nichtkapitalistische Reproduktionsformen einsetzen.

Das bedeutet aber auch, dass eine Keimform sozialer Reproduktion jenseits des Werts nicht mit der *Produktion*, sondern mit der *Anwendung* von Chips beginnen wird! Denn die Herstellung der basalen Bausteine der Mikroelektronik erfordert sogar einen weitaus höheren Kapitaleinsatz als die früheren fordistischen Produktivkräfte, wenn auch keine „Armeen der Arbeit" mehr. Die Kosten liegen vielmehr in der Komplexität der Produktionsbedingungen von Mikro-Chips, die heute selbst Weltmarktkonzerne zu „strategischen Allianzen" für die Entwicklung der nächsten Generation zwingt.

Eine Aufhebungsbewegung gegen die Wertform wird also das System der Reproduktion genau umgekehrt, als bisher gedacht, aufrollen (müssen!). Die Grundstoffindustrien und die Basisproduktion der Mikroelektronik selbst werden nicht den Grundstein, sondern den Schlussstein der Transformation bilden. Es kommt nicht auf zentralistische Kontrolle, sondern auf die Konstitution und Entwicklung sozialer Räume der Emanzipation an.

Ganz anders verhält es sich mit der Frage der *Anwendung der Mikroelektronik* für emanzipatorische Zwecke. Muss die basale Produktionstechnik einstweilen noch dem Kapital überlassen bleiben, so kann die *Anwendung* gerade nicht mehr den vorgezeichneten kapitalistischen Mustern entsprechen. Genau hier liegt auch der erste Ansatzpunkt für eine Kritik der kapitalistischen Gebrauchswert-Struktur. Die erscheinenden Anwendungsformen der mikroelektronischen Produktivkräfte sind ganz auf kapitalistische Produktions- und Konsumtionszwecke zugeschnitten, in denen sich der Selbstzweck des Werts und die warenfetischistische Verdinglichung manifestieren. Wer sich gerade auf den verdinglichten und in seinen Auswirkungen hochgradig destruktiven Konsumismus positiv einlässt, wird auf die kapitalistische Spielwiese mit ihren konkurrenten Selbstbestätigungs-Kämpfen abgedrängt. Denn soweit die Bedürfnisstruktur aus der spezifisch kapitalistischen Gebrauchswert-Struktur folgt, ist sie selbst ein Bestandteil der fetischistischen Wertabstraktion und somit der Entmündigung des Menschen durch subjektlose gesellschaftliche Formen. Deshalb wird der Appell an diese Bedürfnisse, für die bloß nicht mehr genügend Geldeinkommen erzeugt wird, nie und nimmer zu einer emanzipatorischen Bewegung führen. Der Widerspruch zwischen dem Kapitalismus und den von ihm selbst hervorgetriebenen Potenzen liegt auf einer ganz anderen Ebene und ist derart billig nicht zu mobilisieren.

Nicht die Nintendo-Spiele oder das Handy sind die Anwendungspotentiale einer emanzipatorischen Keimform. Diese Entwicklungen hatten nur das Ziel, neue Produktions- und Absatzfelder zu erschließen, um die gesellschaftliche Arbeitsmaschine in Schwung zu halten. Für eine soziale Bewegung gegen das warenproduzierende System kann es nur darum gehen, die mikroelektronischen Anwendungspotentiale selber erst für emanzipatorische Zwecke der Reproduktion zurechtzuschneiden. Wenn die mikroelektronisch bestückten Geräte zunehmend aus Modulen bestehen, die dem verändernden Zugriff der Anwender oder selbst der bloßen Reparatur entzogen sind, dann ist diese Tendenz nicht allein auf ökonomische Gründe („geplanter Verschleiß"), sondern auch auf den Versuch sozialer Kontrolle zurückzuführen: die Menschen sollen mit den Produkten nicht selbstständig umgehen können, sondern als fetischistische „Arbeits"- und Konsum-Idioten der vorgezeichneten Gebrauchswert-Struktur folgen.

Deshalb wird die emanzipatorische Anwendung der Mikroelektronik selber aktiv das technologische Potential umformen und damit experimentieren müssen; also etwa eigene Hardware-Kombinationen und eigene Software entwickeln, die von Zwecken bestimmt sind, wie sie erst einmal zu definieren wären. Dafür bedarf es natürlich auch eines entsprechenden Wissens und der Teilnahme von Menschen, die mit den mikroelektronischen Potentialen entsprechend umgehen können. Schließlich ist auch eine bewusste Verbreitung dieses Wissens erforderlich, etwa in Gestalt einer mikroelektronisch-solaren „polytechnischen Bildung", die sowohl in eigener Regie organisiert als auch in Forderungen an das Schul- und Ausbildungssystem formuliert werden kann. Nicht der vollautomatische Narr kann das Ziel der Emanzipation sein, sondern der selbstreflexive Mensch, der seinen Lebenszusammenhang bewusst reguliert und nicht von den toten Dingen beherrscht wird. Dieses Ziel *muss* in den Keimformen emanzipatorischer Reproduktion erscheinen, weil sie sonst keine wären.

Die Aufhebung des Privateigentums

Das veränderte Verständnis der Produktivkräfte und ihrer Beziehung zu den Produktionsverhältnissen ist natürlich nur die Voraussetzung dafür, das eigentliche Problem zu bewältigen: die Aufhebung der fetischistischen Wertform sozialer Beziehungen.

Bei der Institution des Privateigentums handelt es sich um ein Moment des warenproduzierenden Systems, nämlich um dessen juristische Form. Schon hieraus wird deutlich, dass dieses Moment nicht isoliert aufgehoben werden kann, ohne die anderen Momente der Wertform und damit diese selbst und als solche aufzuheben. Der Versuch, das Privateigentum an den Produktionsmitteln abzuschaffen, gleichzeitig aber die Verkehrsformen von Ware und Geld beizubehalten, kann nur in gesellschaftliche Paradoxien führen, wie wir bereits aus eigenem Erleben sehen konnten.

Dass überhaupt das Privateigentum als derart isolierter Faktor gedacht und ihm die Hauptverursachung der kapitalistischen Übel zugeschrieben werden kann, beruht auf einem naiven und typisch aufklärerischen Missverständnis: Das Privateigentum wird nämlich fälschlich als bloß „subjektive Verfügungsgewalt" der Besitzenden und damit „Herrschenden" deklariert. Der Augenschein von Selbstherrlichkeit und vermeintlicher Willkür seitens der kommandierenden Personage des Kapitals wird für bare Münze genommen. Damit geht gewöhnlich ein ebenso naives Verständnis des kapitalistischen Reichtums einher, der nur „ungleich und ungerecht verteilt" sei. Elemente dieses verkürzten Begriffs von „Privateigentum" finden sich auch noch bei Marx und Engels, obwohl es gerade Marx war, der gleichzeitig das begriffliche Instrumentarium für eine Kritik dieser Auffassung lieferte.

Tatsächlich geht die Institution des Privateigentums bei weitem nicht in einer „subjektiven Verfügungsgewalt" auf. Ein solches Verständnis sieht nur das subjektive Kalkül der Besitzer von Produktionsmitteln, nicht jedoch deren objektive Formbestimmtheit („automatisches Subjekt"), die sich auch den vermeintlich „Verfügungsgewaltigen" als äußeres Zwangsprinzip aufherrscht und jede Abweichung

von den Form- und Bewegungsgesetzen des Werts post-
wendend bestraft. Die Übel des Kapitalismus sind daher
letztlich nicht den subjektiven Entscheidungen seiner
Funktionsträger anzulasten, sondern der subjektlosen, fetischistischen Reproduktions- und Verkehrsform selber.
Diese Erfahrung mussten und müssen immer wieder die
Akteure von Betriebsbesetzungen und „Belegschaftsbe-
trieben" machen, die versuchten, ein ökonomisch an die
Wand gefahrenes Unternehmen in eigener Regie zu betreiben. Denn was wurde gewonnen? Gar nichts, denn die
Markt- und Konkurrenzgesetze wirkten natürlich weiter;
die Belegschaft muss sich selbst ausbeuten, zur Arbeitshetze treiben, sich selbst wegrationalisieren usw. oder
eben in aller Schönheit des Kollektiveigentums bankrottie-
ren.

Beide Eigentumsformen, die gemeinhin im verkürzten und
weiterhin an die Warenproduktion gebundenen Verständnis als Aufhebung des Privateigentums figurieren, nämlich
das genossenschaftliche Eigentum und das Staatseigentum, sitzen beide gleichermaßen jenem aufklärerischen
Missverständnis von der subjektiven „Verfügungsgewalt"
auf. In Wahrheit aber ist jede beliebige Eigentumsform,
die auf der „Verwertung des Werts" beruht und deren Produktion daher gesellschaftlich nur über Marktbeziehungen vermittelt sein kann, per definitionem immer schon
Privateigentum.

Der Kapitalismus als Rückkoppelung des Werts auf sich
selber (als Verwertungsmaschine) ist es, der die Entwicklung der Produktivkräfte als identisch mit der Verallgemeinerung des Marktes erscheinen lässt. Aber ein allgemeiner

und totaler Markt kann überhaupt nur als Sphäre der Realisation von abstrakter Mehrwertproduktion entstehen. Für das bürgerliche Bewusstsein ist das dann identisch mit entwickelten Produktivkräften, weil sich ihm diese immer schon durch die Matrix des Werts geformt darbieten. Staatseigentum und genossenschaftliches Eigentum verbleiben ihrem Begriff nach stets in dieser fetischistischen Formbestimmung. Der Staat ist die juristische (und insofern politische) abstrakte Allgemeinheit einer Gesellschaft von Warenproduzenten, ebenso wie das Geld deren ökonomische abstrakte Allgemeinheit bildet. Abstrakt ist diese Allgemeinheit oder das Gemeinsame der Gesellschaftsmitglieder deshalb, weil sie nicht durch eine konkrete Kommunikation über konkrete stofflich-sinnliche Bezüge der gemeinsamen Reproduktion vermittelt wird, sondern weiterhin durch die Abstraktion des Werts. Hier zeigt sich, dass die Form des Privateigentums, unabhängig von den soziologischen Willensäußerungen, jeder auf dem Wert beruhenden Produktionsweise notwendig inhärent ist. Ganz egal, welches historische Subjekt ein warenproduzierendes System konstituiert, dieses System wird stets eine ähnliche Art von Funktionseliten (Marx nennt sie, wie wir ja bereits wissen, Offiziere und Unteroffiziere des Reproduktions-Prozesses) hervorbringen, wie sie den Formen einer „Verwertung des Werts" entsprechen. Insofern ist jeder Staat objektiv ein bürgerlicher Staat, ebenso wie jede Nation ihrem Wesen nach eine bürgerliche Nation, jedes Geld als allgemeine Verkehrsform ein bürgerliches Geld und jede Warenproduktion als allgemeine gesellschaftliche Reproduktionsform eine bürgerliche Warenproduktion ist. Das Attribut ist hier eigentlich überflüssig;

ich verwende es lediglich für ein Bewusstsein, das nur in den bürgerlichen Kategorien denken kann und die Widersprüche der kapitalistischen Produktionsweise auf dem Boden dieser bürgerlichen Realkategorien lösen will aber nicht kann. Denn das Problem liegt in den strukturellen Beziehungen, wie sie die fetischistische gesellschaftliche Form des Werts aus sich heraus setzt, und nicht in den sekundären (bereits auf diese Struktur apriori bezogenen) Interessen-Handlungen der soziologischen Gruppen, Schichten oder Klassen, deren Existenz selber nur ein historisches Produkt der Wertform ist.

Nicht besser als mit dem Staatseigentum steht es mit dem genossenschaftlichen Eigentum, soweit es sich um warenproduzierende Unternehmen in der Form von Genossenschaften handelt. Träger dieses Eigentums ist zwar nicht die juristisch-politische abstrakte Allgemeinheit der Gesellschaft, sondern ein partikulares Kollektiv-Subjekt. Da dieses Kollektiv eine überschaubare Einheit darstellt, wurde und wird die Idee der Genossenschaft immer wieder mit der Keimform einer vom Kapitalismus befreiten Reproduktion in Verbindung gebracht. Aber auch bei Genossenschaften läuft die gesellschaftliche Vermittlung „selbstverständlich" über den Markt, auf dem die Produkte der Genossenschaft abzusetzen sind.

Damit wird natürlich nicht die Wertform aufgehoben. Genossenschaften und ähnliche alternative Unternehmen bleiben Teil der allgemeinen Marktwirtschaft, die nur als Realisierungs-Sphäre des Kapitals existieren kann. Deshalb bleiben sie auch Bestandteil der kapitalistischen Reproduktion und unterliegen den Zwangsgesetzen der Konkurrenz. Die Mitglieder eines solchen Unternehmens selbst bleiben gleichzeitig als „Geldverdiener" untereinander trotz gegenteiligen Willens in der ökonomischen Form des Privatinteresses. Die ökonomische abstrakte Allgemeinheit des Geldes (wie immer es auch genannt wird) muss sich in letzter Instanz für ihre Produktions- und Lebensweise als bestimmend durchsetzen. Deshalb sind die genossenschaftlichen und alternativen Betriebe entweder untergegangen oder sie mussten sich mit „Selbstausbeutung" über Wasser halten, um sich schließlich qua „Professionalisierung" wieder in stinknormale kleinbürgerliche Klitschen mit Chef, Leistungsdruck usw. zu verwandeln, die ihre Bankkredite abarbeiten.

Somit wird also deutlich, dass jede soziale Vermittlung durch die ökonomische Wertform notwendigerweise immer auch die dazugehörige juristische Form des Privateigentums in irgendeiner Gestalt hervorbringt.

Wenn wir uns wieder den zu findenden Keimformen zuwenden, wird sehr klar, dass sich die Keimformen einer neuen sozialen Emanzipation von den bisherigen Genossenschaften und Alternativbewegungen wesentlich unterscheiden müssen. Die neue Kritik wird nicht lediglich die Partei der mikroelektronischen Produktivkräfte gegen die kapitalistischen Produktionsverhältnisse ergreifen müssen, statt diese Produktivkräfte zugunsten eines niedrigeren Niveaus der unaufgehobenen „abstrakten Arbeit" zu negieren. Sie wird sich eben auch deshalb nicht in der Form warenproduzierender Genossenschaften organisieren und erst recht nicht auf bloße Surrogatformen des Warentauschs und der Leistungsverrechnung („Geldpfuschereien"/Marx, Tauschringe) hinauslaufen können.

Die Aufgabe besteht vielmehr darin, an der Aufhebung des Privateigentums an Produktionsmitteln festzuhalten, jedoch nicht mehr aus jenem naiven, aufklärerischen Verständnis einer „Verfügungsgewalt" soziologisch bestimmter Gruppen heraus und daher auch nicht als paradoxes Staatseigentum, sondern als Entkoppelung eines sozialen Raums emanzipatorischer Kooperation von Warentausch, Geldbeziehung und abstrakter Leistungsverrechnung. Deutlicher: Es geht darum, Elemente und Keimformen einer „mikroelektronischen Naturalwirtschaft" zu entwickeln, die sich dem Vergesellschaftungs-Prinzip des Werts entzieht und davon nicht mehr erfasst werden kann.

Das von der Wertform bestimmte moderne Bewusstsein hat sich daran gewöhnt, „Naturalwirtschaft" als „Zurückgebliebenheit agrargesellschaftlicher Verhältnisse" zu übersetzen und mit fortgeschrittenen industriellen Produktivkräften für unvereinbar zu halten. Diesem Bewusstsein erscheint der von Robert Kurz entwickelte Ausdruck *mikroelektronische Naturalwirtschaft* zunächst als paradox. Erst einmal handelt es sich aber um einen neutralen Ausdruck, der lediglich bezeichnet, dass bestimmte reproduktive Tätigkeiten nicht die Wert-Form von Warenproduktion annehmen und demzufolge auch nicht in Geldbeziehungen eingehen. Es ist also eine unmittelbar direkte Form von Wirtschaft (also eine Natural-Form), die den Umweg über Fetische (Ware, Wert, Geld...) ablehnt und mit Hilfe der emanzipatorisch angewendeten Mikroelektronik den Fetischismus überhaupt überwindet. So bezeichnet „Naturalwirtschaft" in diesem Kontext, dass die Reproduktion keine Warenform annimmt und Produktionsmittel wie Produkte ihrem stofflichen, sinnlichen Charakter entsprechend und im Hinblick auf den menschlichen Genuss behandelt werden, also nicht mehr der fetischistischen Abstraktion der Wertform unterliegen.

Wie also wäre (ist) eine „mikroelektronische Naturalwirtschaft" als emanzipatorische Keimform möglich? Zunächst geht es um

die Entkoppelung von der Warenproduktion.

Es wird nicht leicht, ist aber zu schaffen. Die Schwierigkeit besteht darin, dass wir die kapitalistische Form der gesellschaftlichen Funktionsteilung ebenso wenig unverändert in eine emanzipatorische Reproduktion übernehmen können wie die kapitalistische Gebrauchswert-Struktur. Die Belegschaft einer Firma, die zum Beispiel Schiffe herstellt, kann sich nicht als das, was sie ist, von der gesellschaftlichen Wertform emanzipieren. Da sie die Schiffe nicht selbst konsumieren und mit den Produktionsmitteln ihrer Firma nicht die eigenen Bedürfnisse befriedigen kann, gleichzeitig aber die spezielle Produktion ihrer Firma in ein System kapitalistischer Arbeitsteilung inkorporiert ist, bleibt sie auf die Warenproduktion verwiesen, mit allen bereits geschilderten sozialen Konsequenzen.

Dieses Problem ändert sich nicht grundsätzlich, wenn eine gesamtgesellschaftliche Bewegung auf der Basis aller Betriebe etwa aus einer Krise der kapitalistischen Reproduk-

tion heraus die Warenform unmittelbar gesamtgesellschaftlich überwinden will. Denn die „Räte" aller kapitalistischen Betriebe würden erst einmal nicht nur die Gesamtheit der kapitalistischen Gebrauchswert-Struktur, sondern
auch ein Gesamtsystem durch und durch von der Abstraktion des Werts geformter Funktionsteilungen repräsentieren, von der Rüstungsindustrie bis zu den Transportunter-
nehmen. Ein großer Teil dieser Betriebe müsste wegen
Unsinnigkeit oder Gemeingefährlichkeit sofort stillgelegt,
ein anderer völlig umgeformt und in neue Bezüge gesetzt
werden.

Hinzu kommt die Tatsache, dass in einem warenproduzierenden System so gut wie kein gesellschaftliches Wissen
über die gesamte Vernetzung der Reproduktion auf der
materiellen, stofflich-sinnlichen Ebene existiert. Alle gesamtgesellschaftlichen Aggregierungen erscheinen nur in
der Form abstrakter monetärer Fließgrößen (Einkom-
mens- und Ausgabenströme etc.), wie sie von der „volkswirtschaftlichen Gesamtrechnung" dargestellt werden,
während die einzelnen Betriebe in materieller Hinsicht nur
ihre eigenen Zulieferer und Abnehmer kennen, nicht jedoch den gesamten materiellen Vernetzungs-Prozess,
dessen Teil sie sind. Es gibt also eine geradezu groteske
Unwissenheit in der kapitalistischen Gesellschaft und ihrer
Mitglieder über die materielle Aggregierung ihres eigenen
Lebenszusammenhangs, der Ihnen so fremd ist wie ein un-
entdeckter Kontinent.

Ein gesamtgesellschaftliches Repräsentations-System von
Betriebs-„Räten" hätte also nicht nur mit den Furien der
partikularen Betriebs-Interessen bzw. deren Überresten

zu kämpfen, sondern auch mit einer zunächst unüberschaubaren, von den Abstraktionen des Werts geformten Struktur der Reproduktion, die wie von selbst entweder nach warenförmigen Vermittlungen drängt oder aber doch wieder eine politische Meta-Instanz erforderte, die „von oben" und damit mehr oder weniger etatistisch eingreift, mit allen Gefahren einer Verselbstständigung dieser Instanz. Eine alternative territoriale statt betriebliche Organisation der „Räte" auf der Basis von Wohngebieten andererseits würde das Dilemma ebenso wenig lösen, denn auch auf dieser Ebene würde man nur Schnittstellen eines undurchschauten Zusammenhangs der Reproduktion vorfinden.

Die Organisation einer emanzipatorischen Bewegung kann daher weder allein von den Strukturen der kapitalistischen Arbeitsteilung (Betriebe) noch allein von einer territorialen Basis (Wohngebiete) ausgehen, sondern sie muss bereits von Anfang an die (anti-)ökonomische Keimform einer alternativen Reproduktion in sich enthalten. Eine solche emanzipatorische, das Privateigentum an den Produktionsmitteln überwindende Keimform „mikroelektronischer Naturalwirtschaft" ist aber nicht an beliebigen Punkten der (zunächst in kapitalistischer Form vorgefundenen) Struktur der Reproduktion darstellbar, sondern nur an ihren Endpunkten: also dort, wo die Produktion in die Konsumtion übergeht! Nur an diesen Endpunkten ist die Konstitution eines sozialen Raums der Kooperation möglich, deren Tätigkeiten nicht wieder auf den Markt zurückführen, sondern in ihren Resultaten von den Beteiligten selbst konsumiert werden.

Die ökonomische Aufspaltung (sogar der Individuen selber) in ein Produzenten- und ein Konsumenten-Interesse ist ein basales Merkmal des warenproduzierenden Systems und des dazugehörigen Privateigentums an Produktionsmitteln. Die Individuen treten als Produzenten beständig in eine Konkurrenz mit sich selbst als Konsumenten. Diese innere Spaltung der Individuen wird sogar noch zu einer doppelten. Während sie als homo politicus (Staatsbürger) als souverän gesetzt sind, können sie zugleich, wie ja bereits Marx sah, als homo oeconomicus (Produzent/Konsument) ein armer Bettler sein. So besteht für uns eine Grundaufgabe darin, mit der Aufhebung der Wertform die soziale und kommunikative, institutionelle Identität der Individuen als Produzenten und Konsumenten herzustellen, sie von diesem Teil ihres inneren Selbstwiderspruchs zu befreien. Unmittelbar ist diese Identität als gesamtgesellschaftliche natürlich nicht möglich, aber vermittelt durch Institutionen *direkter gesellschaftlicher Kommunikation* ist sie durchaus erreichbar: die „Direktheit" bezieht sich hier auf das Medium selbst, die Sprache und die „Diskussion über" alle Angelegenheiten der Reproduktion; im Unterschied zu einem indirekten, abstrakten, fetischistischen, subjekt- und sprachlosen Medium, wie es der Wert darstellt. Diese völlig andere Art der Vermittlung muss jedoch selber erst vermittelt, geübt, ausprobiert, erweitert und verfeinert werden usw.; deshalb bedarf es auch unseres Andockens an solche Keimformen, die dort ansetzen, wo das Verhältnis von Produktion und Konsumtion greifbar wird ohne dazwischengeschobene Instanzen. Dieses Problem wird sich für jede emanzipatorische Bewegung stellen, egal in welcher Größenordnung und in welchem Stadium der Krise kapitalistischer Reproduktion sie operiert.

Historisch hat sich der Markt ausgehend von den Grundstoffen, den Vor- und Zwischenprodukten immer weiter vorgeschoben und immer mehr reproduktive Bezüge okkupiert; nicht nur bis zu den Endprodukten, die direkt in die Konsumtion eingehen, sondern darüber hinaus bis zur Vermittlung der Konsumtion selber in Form von Dienstleistungen und bis in den Intimbereich. Der dem Kapital innewohnende ökonomische Totalitarismus drängte dazu, die menschliche Reproduktion mit Haut und Haar zu erfassen und nicht den kleinsten Bereich mehr übrigzulassen, der außerhalb des Verwertungsprozesses (bzw. außerhalb der staatlichen Redistribution) steht. An der heute aufscheinenden historischen Schranke der Wertform erlischt die Integrationskraft dieses totalitären ökonomischen Systems, weil die mikroelektronische Revolution auf vielfältige Weise immer mehr Menschen systemisch dysfunktional und damit überflüssig macht. Gleichzeitig haben die Menschen dieses irre System bis tief ins Bewusstsein so verinnerlicht, dass sie von seinem totalen Anspruch nicht loslassen, ja diesen noch nicht einmal erkennen und versuchen, die Zwanghaftigkeit seiner Form auch dann aufrecht zu erhalten, wenn er die menschlichen und stofflichen Ressourcen gar nicht mehr ausreichend besetzen kann.

Für eine emanzipatorische Bewegung, die sich der Notwendigkeit bewusst ist, aus vorhandenen und möglichen Keimformen heraus die gesellschaftliche Identität von

Produktion und Konsumtion auf einer höheren Entwicklungsstufe wieder herzustellen, folgt daraus, dass sie in genau umgekehrter Reihenfolge, von den Dienstleistungen und den direkt in die Konsumtion eingehenden Endprodukten ausgehend, dem Markt seine historische Beute wieder entreißen muss, um von diesen Endpunkten aus die gesamte Reproduktion aufzurollen und emanzipatorisch umzuformen, bis sie bei den Grundstoffen angelangt und das warenproduzierende System vollkommen aufgehoben ist. Damit steht im Einklang, das emanzipatorische Potential der Mikroelektronik zunächst durch die Anwendung zu nutzen und nicht mit der Produktion der Chips beginnen zu wollen. Wenn wir die grundlegenden Marxschen Begriffe seines Reproduktionsschemas anschauen, lässt sich diese Vorgehensweise ökonomisch auf den Nenner bringen, dass nicht mit der Abteilung 1 (Produktion von Produktionsmitteln), sondern mit der Abteilung 2 (Produktion von Konsumtionsmitteln) sowie mit Dienstleistungen begonnen wird, um soziale Terrains kooperativer Tätigkeit von der Warenform zu entkoppeln und nicht mehr in den Markt zurückkehren zu lassen.

Diese Perspektive unterscheidet sich grundsätzlich sowohl von einer Vorstellung kleiner autarker Gemeinschaften als auch von allen Konzepten der sogenannten Dualwirtschaft. Sozialökonomische Autarkie wäre keine gesellschaftliche Keimform, sondern eine im schlechten Sinne selbstgenügsame Endform, die das Niveau der Vergesellschaftung und der Produktivkräfte weder halten kann noch will; sie würde auf eine noch tiefere Stufe als die Modelle kleinbürgerlicher Warenproduktion herabsinken und übrigens trotzdem illusorisch bleiben, weil es immer irgendwelche Werkzeuge und Ingredienzien der Produktion gibt, die eine kleine Gemeinschaft nicht selbst herstellen kann. Dieselbe Vorstellung der Autarkie, aber im Maßstab regionaler, „ethnischer" oder nationaler Bezugsräume, würde das Moment der regressiven Abschottung nur auf einen größeren Zusammenhang übertragen und dann nicht einmal mehr auf ein Ende der Warenproduktion hinauslaufen, sondern nur noch auf eine (rassistische und lokalpatriotische) engherzige Bornierung des jeweiligen Bezugssystems.

Soweit sich eine autarke Reproduktion überhaupt verwirklichen ließe, würde sie eine „Zwangsgemeinschaft" konstituieren, die das Individuum nach dem Muster von religiösen Sekten unterdrückt. Autarkie darf nicht mit dem Streben nach sozialer Autonomie verwechselt werden. Autonomie heißt nämlich nicht, alles selber zu machen und die Reproduktion unter ein borniertes Gemeinschafts-Ethos zu zwingen. Autonomie bedeutet vielmehr gerade umgekehrt, dass sozialökonomische Beziehungen keinem äußeren, irrationalen und fetischistischen Zwangsverhältnis mehr unterliegen, sondern auf einer bewussten und freien Kommunikation beruhen, die dem Individuum Eigensinn, Entfaltungs- und Rückzugsmöglichkeiten bietet. Es gilt also, ein soziales Terrain der Autonomie in diesem Sinne zu besetzen, das nur leben kann, wenn es sich nicht regressiv abschottet, sondern in vielfältige und weitreichende Beziehungen tritt, die gerade die irrationalen nationalen, religiösen und „ethnischen" Bezüge, wie sie in der Geschichte der Modernisierung zu Ausgrenzungsmustern der Konkurrenz geworden sind, durchbrechen und aufheben können statt sie zu zementieren.

Ganz klar ist, dass alles, was Menschen kooperativ jenseits der Warenproduktion tun, dem Markt weggenommen wird. Das bedeutet beschleunigten „Verlust" von Absatz, Arbeitsplätzen und Kaufkraft. Hinsichtlich der um uns herum objektiv stattfindenden Krisen-Dynamik bedeutet das notwendigerweise eine verstärkende „positive Rückkoppelung". Und da es sich bei den ersten Ansätzen der Entkoppelung neben der Produktion von Konsumgütern vor allem um Dienstleistungen handeln würde, wäre das auch ein direkter Schlag gegen alle vollkommen fehlgehenden Hoffnungen auf eine marktwirtschaftliche Erneuerung durch die berühmte „Dienstleistungsgesellschaft".

Und ich mache deutlich, dass eine Aufhebungsbewegung ohnehin nicht die Absicht haben kann, Verantwortung für das Marktsystem und seine „Arbeitsplätze" zu übernehmen. Da unsere Aufgabe die Aufhebung dieses Systems ist, werden wir nicht in Tränen ausbrechen, wenn jeder Schritt der emanzipatorischen Entkoppelung gleichzeitig die Krise der warenförmigen Reproduktion forciert.

Es ist natürlich notwendig, in breiter Diskussion genauer zu klären, welche Bereiche für eine solche neue Form der Transformation zuerst in Frage kommen. Die theoretische Bestimmung, dass diese Entkoppelung an den Endpunkten des Übergangs von der Produktion in die Konsumtion ansetzen muss, liefert nur einen allgemeinen Begriff, der selber wieder zu konkretisieren ist. Zur Abteilung 2 gehört zum Beispiel auch die Produktion von Fernsehgeräten, und zu den Dienstleistungs-Unternehmen gehören auch

Banken. So ist klar, dass die Entkoppelung nicht ausgerechnet in diesen Bereichen ansetzen kann. Vielmehr muss es sich um Sektoren handeln, die in der unmittelbaren Reichweite von sozialen Initiativen liegen, damit überhaupt ein Anfang gemacht werden kann. Die Produktion von Gütern und Dienstleistungen sollte dabei nicht allzu tiefgestaffelt und in die kapitalistische Arbeitsteilung verwoben sein; sie sollte außerdem einen lebensweltlichen Bezug haben und eine fühlbare Umstrukturierung des Alltags bewirken. Erst in dem Maße, wie auf diese Weise genügend sozialökonomisches Terrain gewonnen, Erfahrung gesammelt und Know-how entwickelt wird, können die Felder der autonomen Reproduktion erweitert werden.

Die Initiativen für entkoppelte Sektoren der Reproduktion können durchaus Kooperativen oder Genossenschaften genannt werden; nur dass es sich eben nicht um warenproduzierende Unternehmen, sondern um autonome Bereiche mit einer sozialen Identität von Produktion und Konsumtion handeln würde. Hierfür gibt es wenigstens einmal ein Beispiel, das die alte Arbeiterbewegung hinterlassen hat; das waren die Konsumgenossenschaften. Die „orthodoxen" Marxisten wie die postmodernen Linken lassen bereits bei der bloßen Erwähnung sämtliche Scheuklappen fallen. Dabei geht es gar nicht um die Absicht, nun Hals über Kopf irgendwelche neuen Konsumgenossenschaften zu gründen. Vielmehr können wir darin eine von mehreren Möglichkeiten sehen, auch praktisch ein Moment autonomer Reproduktion zu erproben. Hier handelt es sich für mich zunächst aber nur darum, an einem Beispiel wie diesem die Geschichte des Entkoppelungs-Problems kritisch zu sichten und seine sozialökonomischen Problemlagen zu beleuchten.

Eine weitere Keimform: Konsumgenossenschaften

Ökonomisch handelt es sich bei den Konsumgenossenschaften, die zuerst von dem englischen Sozialreformer und „utopischen Sozialisten" Robert Owen gegründet wurden, ursprünglich um einen tatsächlichen Schritt der Entkoppelung von der Warenform. Denn die Absicht bestand darin, einen ganzen Sektor des Marktsystems für die Beteiligten auszuschalten, nämlich den Einzelhandel. An dessen Stelle sollte die selbstverwaltete Organisation des Einkaufs vom Großhandel treten. Ein Moment warenförmiger Reproduktion, der Einzelhandel, wird also durch ein Moment nicht-warenförmiger Selbstorganisation ersetzt. Für die Aktivisten der Arbeiterbewegung, die diese Konsumgenossenschaften organisierten, handelte es sich dabei freilich um einen kaum beachteten Nebeneffekt, weil ihr historischer Horizont überhaupt nicht von der Idee einer Aufhebung der Warenproduktion bestimmt war. Ihnen ging es nur um die Senkung der Transportkosten für die Arbeiter und um ihre Unabhängigkeit von den oft blutsaugerischen Praktiken der Krämer und vor allem des sogenannten Truck-Systems, einem Zwang für die Arbeiter, zu überteuerten Preisen in Läden des jeweiligen Fabrikbesitzers einzukaufen, also sozusagen ein zweites Mal ausgebeutet zu werden und de facto einen verschlechterten „Naturallohn" zu erhalten.

Wichtig an dieser Intention der Konsumgenossenschaften ist, dass es nicht um ein „Prinzip" und nicht um einen abstrakten Altruismus (Uneigennützigkeit, Selbstlosigkeit) oder dergleichen ging, sondern um höchst praktische Zwecke der persönlichen „Kostensenkung" und der Erleichterung des Alltags. Und genau dieses Motiv wird auch für eine zukünftige Entkoppelungs-Bewegung ganz entscheidend sein. Die Strategie der betriebswirtschaftlichen „Kostensenkung" kann durchaus durch eine emanzipatorische Strategie der „Kostensenkung" für die Haushalte konterkariert werden, die sich damit ein Stück Unabhängigkeit von der „abstrakten Arbeit" erobern. Die Kraft der autonomen Kooperation, die ganz an Markt und Staat verlorengegangen ist, gilt es gerade auf der Ebene der alltäglichen Reproduktion wiederzuentdecken und mit der Potenz der mikroelektronischen Produktivkräfte anzureichern. Der Zeitaufwand für die Beteiligung an der kooperativen Selbstorganisation ist mit Sicherheit kleiner als der Gewinn durch persönliche „Kostensenkung". Man braucht sich nur zu überlegen, wieviel Zeit und Ressourcen die zersplitterten individuellen Haushalte alle gleichermaßen für viele alltägliche Dinge vergeuden; zu Nutz und Frommen allein der jeweiligen „Märkte".

Das Beispiel der Konsumgenossenschaft ist jedoch ziemlich begrenzt, da es noch keine autonome Tätigkeit als solche setzte, sondern historisch an die Existenz des Marktes selber gebunden war. Aber dieser Ansatz hätte ja möglicherweise erweitert werden können. Um die Jahrhundertwende zum 20. Jahrhundert war in Deutschland immerhin mehr als eine Million Menschen in Konsumgenossenschaften organisiert. Aber dieses Kind war bei den politizistischen Führern unbeliebt, denn der Einzelhandel lief Sturm dagegen. So mussten sich schließlich die Konsumgenossenschaften per Gesetz in stinknormale Einzelhandels-Unternehmen verwandeln. Die Konsumvereine mutierten zu kapitalistischen Konzernen mit allen üblen Begleiterscheinungen. Eine zu organisierende neue und breite (möglichst globale) gesellschaftliche Debatte hierüber würde unausweichlich eine Fülle praktischer Ansatzpunkte ergeben, über die Du nur staunen könntest. Wir müssen also reden!

Für einen neuen Ansatz von Konsumgenossenschaften wären die Bedingungen wahrscheinlich in den einzelnen Ländern sehr unterschiedlich. Zumindest in Deutschland ist es auch ein Problem der Legalität. Hier bekommt niemand die Möglichkeit, en gros direkt bei den Erzeugern einzukaufen, der sich nicht als „Wiederverkäufer" ausweisen kann. Alternative Einkaufsringe in einigen Regionen beschränken sich in der Regel auf das „Luxusgut" ökologischer Frischprodukte und kränkeln sowohl an ihrer geringen organisatorischen Reichweite als auch an ihrer mangelnden Vermittlung mit einer weitergehenden gesellschaftskritischen Bewegung. In einem größeren Bezugsrahmen könnte aber dieser Ansatz durchaus noch einmal neu aufgebaut und gesellschaftlich konfliktträchtig werden.

Eine Keimform sind auch: Wohnungsbau-Genossenschaften

Ein nächstes Beispiel sind Wohnungsbau-Genossenschaften. Auch diese haben bereits eine lange Geschichte, die sich mit der alten Arbeiterbewegung zumindest über-schneidet und auch Bezüge zu anderen sozialreformeri-schen Ansätzen hat. Nicht unbedeutend war zum Beispiel die von England ausgehende „Gartenstadt"-Bewegung. Ökonomisch signifikant ist hier wiederum das Kriterium der Entkoppelung von der Warenproduktion: Es geht da-rum, Häuser zu bauen und instand zu halten, die von den Beteiligten selber genutzt werden (Identität von Produ-zenten und Konsumenten). Natürlich müssen auch dabei Leistungen von Baufirmen eingekauft werden; aber im Vergleich zum kommerziellen Wohnungsbau ist auch ein hoher Anteil von gemeinschaftlicher Eigentätigkeit mög-lich. Dieser Anteil könnte umso höher sein, wenn die Bau-tätigkeit, ähnlich wie auf dem Gebiet der Mikroelektronik, von der Vermittlung einschlägigen „polytechnischen" Wis-sens begleitet wird (Know-how von Architektur und Statik, Handhabung von Baumaterialien usw.).

Entscheidend ist, dass das Produkt nicht wieder als Ware in den Markt eingeht, die Kooperation also keine waren-produzierende Genossenschaft darstellt. Das ist der große Unterschied zur kommerziellen Bautätigkeit, die Häuser als Waren produziert und ihre Nutzung vermietet oder verkauft. Auf diese Weise wird der Bau von Wohnungen, Büros, Werkstätten, Kommunikationszentren usw. zu ei-nem Feld der Kapitalrendite gemacht. Da die Kapitalanle-ger die Gebäude nicht selbst nutzen wollen, kann es ihnen auch nicht genügen, wenn die Gelder für Baukosten und Instandhaltung zurückfließen. Sie verlangen darüber hin-aus, dass eine Rendite abgeworfen wird, die mit der Ren-dite anderer Kapitalanlagen zu konkurrieren hat und in den Mieten, Gebühren etc. enthalten sein soll. Die Benutzer der Gebäude müssen also über die Kosten der Produktion und Instandhaltung hinaus diese Rendite bezahlen und dafür auf anderen kapitalistischen Feldern „abstrakte Arbeit" verausgaben. Das kapitalistische Regime drängt darauf, möglichst den gesamten Bereich der Bautätigkeit als Feld der Kapitalanlage zu erschließen. Deshalb ist es kein Zufall, dass selbstorganisierte und selbstverwaltete Baugenossenschaften juristisch und steuerlich nicht etwa begünstigt, sondern im Gegenteil möglichst behindert und unattraktiv gemacht worden sind; die Parallele zu den Konsumvereinen ist nicht zu übersehen. Auch hier gilt es, vom Standpunkt der Wertkritik aus die Geschichte der früheren Ansätze noch einmal kritisch zu recherchieren.

An dieser Stelle möchte ich einmal darauf verweisen, wie dringlich praktische Aktionen zur Überwindung der Waren- und Wertform sind. Denn in demselben Maße, wie die arbeitsgesellschaftliche Reproduktion weiter schrumpft und die Menschen auf Notrationen gesetzt werden, kann der Kampf um die elementare Versorgung mit Wohnung, Nahrungsmitteln, Energie etc. und um den Zugang zu medizinischen und sozialen Diensten Sprengkraft entfalten. Wem das illusorisch vorkommt, der sei daran erinnert und mit der Nase darauf gestoßen, dass in weiten Teilen der Welt die „regulären" marktwirtschaftlichen und staatlichen Versorgungskreisläufe schon großenteils zusammengebrochen sind. In den kapitalistischen Kernländern fährt der Zug ja ebenfalls längst in diese Richtung; der Druck auch auf diejenigen nimmt zu, die noch in der Lage sind, ihre Arbeitskraft irgendwie zu verkaufen, weil die Löhne tendenziell und relativ ständig gesenkt und gleichzeitig die sozialen Transferleistungen gekappt werden. Unter solchen Umständen wird es entscheidend, ob die Versorgungskatastrophen eine gewaltsame Ausgrenzungskonkurrenz auslösen, die von rassistischen Banden und schillernden nationalistischen Medienpolitikern besetzt werden kann – oder ob ein emanzipatorischer gesellschaftlicher Fokus entsteht, etwa wenn durch Hausbesetzungen oder Mietstreiks damit begonnen wird, den Wohnbereich komplett aus der Sphäre der Warenproduktion herauszulösen und zum Beispiel gleichzeitig im Stadtviertel eine autonome Infrastruktur von sozialen und medizinischen Einrichtungen, Treffpunkten, Kommunikationszentren usw. aufzubauen. Und das Herauslösen, besser Aneignen, kann vollkommen auf jegliche Moralität in der Art „das kann man doch nicht machen" oder „das ist doch Diebstahl" verzichten. Denn eine überschlägliche Rechnung zeigt uns: Derzeit (2017) existieren in Deutschland etwa 21 Mio. Mieterhaushalte. Eine durchschnittliche Mietwohnung umfasst etwa 70 m² Wohnfläche. Die Baukosten für einen Quadratmeter (m²) Wohnfläche betragen großzügig gerechnet ca. 2.000 €. Der Bau einer Mietwohnung kostet somit ca. 140.000 €. Die derzeitige Kaltmiete für solche Wohnung beträgt bei sehr günstig gerechneten 7 €/m² ungefähr 500 €. In einem Jahr sind das 6.000 € Mieteinnahmen; in 20 Jahren 120.000 €. Wir können schlussfolgern, dass die Kosten für den Bau der Wohnung durch die Mieteinnahmen nach 20 bis 25 Jahren bezahlt sind. Unter Berücksichtigung des Alters der deutschen Mietwohnungs-Substanz können wir sehen, dass die Baukosten für alle Mietwohnungen mit den von den Mietern erzielten Mieteinnahmen bereits mindestens doppelt bezahlt sind. Mit anderen Worten, die Wohnungen gehören längst eigentlich denen, die darin noch zur Miete wohnen und immer weiter für nichts und wieder nichts bezahlen (müssen). Sie brauchten die praktische Aneignung nur noch zu vollziehen. Das wiederum ist lediglich eine Frage des Bewusstseins und der organisierenden Kommunikation.

Aber durchhaltbar sind solche Ansätze eben nur, wenn sie gewissermaßen als Ausgangsbasen und „Brückenköpfe" eine aufs Ganze der gesellschaftlichen Reproduktion gehende Dynamik entwickeln; und eine solche Dynamik ist schließlich nur noch möglich, wenn gleichzeitig ein theoretischer gesellschaftlicher Fokus entsteht, der als neue Gegenöffentlichkeit die Idee des kategorialen Bruchs mit „Arbeit" und Warenproduktion vermittelt. Das heißt auch, dass es von Anfang an einer überregionalen und transnationalen Kommunikation, Koordination und wechselseitigen Unterstützung einer Aneignungsbewegung bedarf, die es auch erlaubt, von einer dritten, aufhebenden Position aus in die immanenten sozialen Konflikte und Interessenkämpfe um Lohn, Arbeitslosengeld, Sozialhilfe, Rentenalter usw. einzugreifen.

Die weitere Keimform: „Clubs"

Wenn man für eine gesellschaftskritische Diskussion oder auch nur ein Essen unter Freunden kaum noch irgendwo hingehen kann, stellt sich doch die Frage, ob nicht auf diesem Sektor selbstorganisierte „Clubs" als Bestandteil einer Entkoppelungs-Ökonomie denkbar sind, wo man internationale Presse hält, vielleicht eine Bibliothek, Versammlungsräume nutzen sowie essen und trinken kann. In den angelsächsischen Ländern und nicht zuletzt in der Geschichte der USA war das lange Zeit ein fast selbstverständliches Moment des gesellschaftlichen Lebens. Im Laufe der kapitalistischen Entwicklung ist das abgebröckelt und hat ganze soziale Schichten, Wohnviertel und Regionen nie erreicht. Wesentlich dabei ist, dass eben nicht ein auf Gewinn abzielendes kommerzielles Objekt für ein beliebiges Publikum gegründet wird, sondern dass sich Leute zusammenschließen, um für sich selbst, für den eigenen Bedarf, eine solche Einrichtung bereitzustellen. Ökonomisch würde das bedeuten, dass jede/r Beteiligte nach seinen/ihren Möglichkeiten einen einmaligen und/oder regelmäßigen Beitrag bezahlt, mit dem dann alles Erforderliche bereitgestellt und betrieben wird, ohne dass dieser Betrieb selbst wieder in den Markt zurückkehrt; also etwa in der Manier von selbstorganisierten Kinderläden, die eines der wenigen aus der 68er Bewegung überkommenen Beispiele sind. Ob man dabei die erforderlichen Tätigkeiten abwechselnd organisiert oder einige Beteiligte teilweise finanziell dafür freigestellt werden (oder eine Mischform organisiert wird) bleibt gleichgültig, solange sich das Ganze nicht in ein Unternehmen für den Markt verwandelt. Und selbstverständlich müsste eine solche Einrichtung, im Gegensatz zu einem der betriebswirtschaftlichen Rationalität unterliegenden „Unternehmen", nicht engherzig sein und könnte auch unbemittelte Leute aufnehmen.

Natürlich ist auch klar, dass all das nicht mit lediglich einer Handvoll Leuten möglich ist. Rein sozialökonomisch ist es zwar heute in Deutschland keineswegs unvorstellbar, dass etwa hundert Leute jeweils 5.000 € als Ausgangsbasis zusammenlegen, und das wäre bereits eine halbe Million; ebenso leicht ist denkbar, dass diese Hundert jeweils zwischen 50 und 100 € pro Monat für einen laufenden Betrieb ausgeben (was auch schon mal 5.000 bis 10.000 € wären) und die entsprechenden Dienstleistungen dafür nicht mehr auf dem Markt kaufen müssen. Aber selbst die (im weitesten Sinne) Linke ist bereits soweit zusammengeschmolzen und in so viele einander befehdende oder bestenfalls ignorierende Kleinststämme zersplittert, dass es selbst in größeren Städten fast unmöglich scheint, auch nur 100 Leute (plus Anhang) für einen solchen Zweck zusammen zu bekommen; ganz zu schweigen von den kapitalistischen Normalos. Mit Entsetzen ist festzustellen, dass es dem Kapitalismus gelungen ist, selbst in derart einfachen Dingen schier unüberwindliche sozialpsychologische Barrieren zwischen den atomisierten Individuen zu errichten, die gegenwärtig fast nur noch von religiösen Sekten für mehr oder weniger finstere Zwecke durchbrochen werden können.

Solche autonomen Bereiche jenseits von Markt und Staat, wie die bisher hier skizzierten, sollen und könnten Ausgangspunkte einer letztendlich die gesamte Reproduktion erfassenden Aufhebungsbewegung sein, und nicht bereits der Endpunkt einer bloß marginalen „Selbsthilfe". Das sozialökonomische „Aufrollen" des gesamten Systems der Reproduktion können wir uns zunächst (wenn auch nur für einen begrenzten Schritt) so vorstellen, dass zum Beispiel mehrere solcher Initiativen gemeinsam einen vorgelagerten Sektor, der für sie bis dahin noch eine Zulieferung aus dem Markt dargestellt hat, in ihren nicht-warenförmigen

Zusammenhang integrieren. So könnten, um ein einfaches Beispiel zu nehmen, mehrere Baugenossenschaften gemeinsam eine Kiesgrube, einen Steinbruch oder die Produktion von Ziegeln nach Bedarf betreiben. Oder es könnten, um ein anderes Beispiel zu nehmen, das jede lokalpatriotische Einengung ausschließt, verschiedene Kooperativen den Kaffee für sich und ihre Einrichtungen von einer beteiligten Kooperative in Lateinamerika beziehen.

Das ökonomische Grundproblem besteht dabei darin, dass vorgelagerte Tätigkeiten nicht mittels Warentausch und Geldbeziehung verbunden werden, sondern dass eine vermittelte Identität von Produzenten und Konsumenten auf erweiterter Stufenleiter hergestellt wird. Es geht dabei nicht um eine betriebswirtschaftliche Spezialisierung, sondern um eine polytechnische Funktionsteilung, die zum Beispiel personell alternierend sein kann; selbst über Regionen und Kontinente hinweg, denn warum soll man nicht eine Zeitlang Ziegel in einer anderen Stadt oder Kaffee in Lateinamerika produzieren? Das geht natürlich alles nur dann, wenn das basale Know-how als Wissen verallgemeinert ist und wenn zumindest bei bestimmten Techniken die Präzision und „Geschicklichkeit" mehr in programmierten Maschinen liegt als in der persönlichen Übung. Es geht ferner auch nicht um einen Austausch abstraktifizierter Äquivalente in einer bloß naturalen Form (wie etwa bei den sogenannten Barter-Geschäften), sondern um eine rein stofflich-technische Funktionsteilung, bei der es nur darauf ankommt, dass innerhalb eines Funktions-Zusammenhangs die notwendigen Dinge in der notwendigen Quantität und Qualität hergestellt werden. Man kann sich das zwar einerseits wie die Funktionsteilung innerhalb einer Fabrik denken, nur in erweiterter Form; aber die dabei anklingende altmarxistische Vorstellung von der gesellschaftlichen „Gesamtfabrik" klebt andererseits noch an jenem Begriff der „Armeen der Arbeit", der das System der „abstrakten Arbeit" noch gar nicht überschreitet. Wie die äußere Beziehung von Reproduktions-Einheiten nur als Naturaltausch dennoch abstraktifizierter Äquivalente gedacht wurde, so die innere Beziehung quasi nur als Naturalform der betriebswirtschaftlichen Rationalität. Es kommt aber darauf an, die Funktionsteilungen in einen rein am Bedarf der Beteiligten orientierten Zusammenhang der Identität von Produktion und Konsumtion zu bringen. Vollständig wird das sicherlich nur möglich sein, wenn bereits ein breit gefächertes und tief gestaffeltes System nicht-warenförmiger Reproduktion existiert. Für einen Übergang ist vorstellbar, dass zum Beispiel bestimmte Produktionen teilweise nicht-warenförmig für einen autonomen Zusammenhang und teilweise auch für den Markt geleistet werden. Auch andere Mischformen sind denkbar. Tatsächlich hört auf dieser Ebene die Möglichkeit rein theoretischer Bestimmungen auf und beginnt, allerdings jenseits der altmarxistischen Konkretisierungs-Verweigerung, der Bereich, in dem nur noch gesellschaftspraktisch ein „Learning by doing" möglich ist, das von einer interdisziplinären Theoriebildung gesellschaftskritischer Ökonomen, Techniker, Organisatoren etc. begleitet wird. Denn je nachdem, wie der Kapitalismus die Gesellschaften in den verschiedenen Welt-Regionen konkret hinterlassen hat, werden die Entkoppelungs-Ansätze auch sehr verschieden sein (müssen).

Schließlich muss betont werden, dass die genannten Beispiele zwar auch im Einzelnen praktiziert werden können, dass aber eine gesellschaftliche Wirksamkeit nicht in erster Linie durch die allmähliche Verallgemeinerung praktischer Einzelbeispiele erreicht werden kann. Das wäre die alte, im schlechten Sinne utopische Vorstellung. Vielmehr muss es das Ziel sein, eine Art Programm oder den Umriss einer Antwort auf die unvermeidliche „Was tun?"-Frage einer neuen sozialen Bewegung auszuarbeiten. Und zwar trotz und gerade wegen der gegenwärtigen gesellschaftlichen Windstille unter dem bleiernen Himmel des Neoliberalismus.

Gesellschaftliche Bewegungen können bekanntlich von Theorieproduzenten nicht aus dem Ärmel geschüttelt werden, sondern sie entwickeln sich spontan, wenn auch natürlich nicht ohne bestimmte Initialzündungen und ohne die willentliche Aktivität bestimmter Personen. Aber es kann eben nicht im Voraus feststehen, wo, von wem und auf welche Weise solche Bewegungen initiiert werden. Entscheidend ist jedenfalls, dass erst durch soziale Bewegungen hindurch Ideen für eine umwälzende Praxis eine gesellschaftliche Gestalt gewinnen können. Nur wenn viele Menschen gleichzeitig und an vielen Orten beginnen, „aus der Spur zu springen", weil sie nicht mehr in der bisherigen Weise leben wollen und können, wird die theoretische Möglichkeit zur tatsächlichen gesellschaftlichen Praxis.

Andererseits ist aber die theoretische Konkretisierung der Aufhebungsfrage nicht unmittelbar an die Existenz einer Massenbewegung gebunden. Gerade wenn wir davon ausgehen, dass sich alle Fragen der Transformation zukünftig nicht mehr unter den Bedingungen einer kapitalistischen Wohlstands- und Weltmarktgewinner-Gesellschaft stellen werden, sondern nur noch durch schwere ökonomische, soziale und (post)politische Erschütterungen hindurch, wird es umso notwendiger, dass rechtzeitig das Problem einer Aufhebung des warenproduzierenden Systems theoretisch konkretisiert und eine Debatte darüber entfaltet wird. Die derzeitigen Vertreter der „orthodoxen" Kritischen Theorie bleiben verbohrt, arrogant und ignorant hinter dieser Notwendigkeit zurück. Damit sind sie zumindest grob fahrlässig, denn ihre Haltung impliziert, dass sie gar nicht mit gesellschaftlichen Erschütterungen rechnen und die Wertkritik zum Hobby degradieren.

Die derzeit über die Welt abrollende historische Krise und ihre destruktiven sozialen Konsequenzen sind es, die uns für eine weitergehende Perspektive zunächst die Frage einer Sicherheit der Grundbedürfnisse für alle Menschen aufzwingen. Und in der Tat beziehen sich ja alle genannten Beispiele von Konsumvereinen über Baugenossenschaften bis zu Clubs, Kommunikationszentren oder Kinderläden auf materielle, soziale und kulturelle Grundbedürfnisse. Wir könnten auch noch Sektoren wie die Produktion von Nahrungsmitteln, Bekleidung, Möbeln und Gebrauchsgegenständen, kulturellen Gütern, die (solare) Energieversorgung, Teile der Infrastruktur, der Wissensvermittlung, der sozialen Dienste usw. hinzufügen. Und es ist albern, diese Problemstellung als eine reduktionistische Orientierung auf „Subsistenz" im Sinne einer Absenkung des Bedürfnisniveaus zu beschimpfen. Im Gegenteil ist es ja gerade das Ziel, nicht nur gegen die Krise des kapitalistischen

Systems ein hohes Niveau der Bedürfnisse durch autonome Sektoren zu behaupten, sondern auch die unsinnigen Restriktionen des Marktes zu überwinden, die durch abstrakte ökonomische Individualisierung enorme Zeit- und Genussverluste aufnötigen.

Hierüber hinaus muss allerdings auch die Frage gestellt werden, was Reichtum und Luxus eigentlich sind. Zusammen mit der „abstrakten Arbeit" und der daraus historisch entstandenen kapitalistischen Gebrauchswert-Struktur ist auch der kapitalistische Reichtums- und Luxusbegriff zu kritisieren. Allein schon der Gedanke, die Orientierung auf Grundbedürfnisse könnte eine Orientierung auf Bedürfnisarmut sein, ist   verräterisch. Denn damit wird unfreiwillig zugegeben, dass gerade die Grundbedürfnisse im Kapitalismus tatsächlich arm gemacht worden sind. Der kapitalistische Luxus bezieht sich in der Massenkultur (und in der postmodernen Variante mehr denn je) vor allem auf sekundäre Dinge. Der stolze Besitz eines Handys oder eine Woche Urlaub in der Karibik (eine kulturelle Beleidigung nicht nur für die Karibik, sondern für jede Landschaft dieser Welt), womit man sich konsumistisch auf der Höhe der Produktivkräfte glaubt, täuschen nur darüber hinweg, dass die Ausdehnung des sekundären Reichtums historisch mit einer komplementären Ausdehnung der primären Armut einhergegangen ist.

Nicht nur die disponible Zeit der Muße wurde in der kapitalistischen Modernisierung für die meisten Menschen (und nicht zuletzt auch für das Management selber) vermindert, und zwar drastisch. Auch simple Dinge wie fri-

252

sche Nahrungsmittel aus dem Garten, Möbel aus massivem Holz usw. sind relativ nicht billiger, sondern immer teurer und heute zu Luxusgütern geworden. Vor allem aber wurde die alltägliche räumliche Großzügigkeit für die Individuen immer mehr eingeschränkt. Wenn wir nicht nur die selber schon durch die kapitalistische Modernisierung erzeugte Massenarmut als Maßstab nehmen, sondern wirklich vor- und nichtkapitalistische Lebensformen, dann lässt sich eindeutig zeigen, dass der Wohn- und Lebensraum für die Mehrheit immer kleiner geworden ist. Der ostdeutsche Ausdruck von den „Arbeiterschließfächern" kann für den Wohnungsbau, die Architektur, Stadtplanung und Siedlungspolitik des gesamten warenproduzierenden Systems verallgemeinert werden, das Raum und Zeit zu Waren gemacht hat. Demgegenüber wäre, ohne auf die modernen Produktivkräfte als solche zu verzichten, gegen die Restriktionen der Wertform gerade ein Reichtum der Grundbedürfnisse einzuklagen; und nicht zuletzt ein Raum-Zeit-Luxus. Das schließt auch eine gewisse Gleichgültigkeit gegenüber immer neuen, verselbstständigten Innovationen auf der dinglichen Ebene ein, deren Aufwand in keinem Verhältnis mehr zu ihrem Nutzen steht. Das Handy zum Beispiel und die Möglichkeit, mit zwei oder drei Personen gleichzeitig zu telefonieren, stellen gegenüber der schon mehr als hundert Jahre alten Basiserfindung des Telefons keinen sinnvollen Fortschritt mehr dar (ähnlich wie auch die CD gegenüber der Schallplatte), der den irren Zeit- und Ressourcen-Aufwand für die zusätzliche Produktion und Umrüstung rechtfertigen würde.

Die Perspektive autonomer Sektoren der Entkoppelung von der Warenproduktion ist auch noch einem anderen

Einwand ausgesetzt, und zwar der Bezweiflung ihrer „ökonomischen Effizienz". Es scheint auf den ersten Blick so, als könnten noch so weit gespannte autonome Reproduktionsformen niemals die hohe Kapitalintensität und den ungeheuren Grad der kapitalistischen Arbeitsteilung konterkarieren, ohne sofort auf ein primitives Niveau der „Effizienz" abzusinken. Dieses Argument lässt nicht nur den besonderen Charakter der mikroelektronischen Produktivkräfte außer Acht, der ein hohes Potential der Produktivität in kleinem Maßstab anwendbar gemacht hat; es bleibt auch in den Kategorien betriebswirtschaftlicher Rationalität befangen.

Kapitalaufwand wird unter dem Druck der marktwirtschaftlichen Konkurrenz grundsätzlich nicht von stofflich-sinnlichen Erfordernissen bestimmt, sondern vom Zwang der Durchschnitts-Profitrate, der eine reine gesellschaftliche Abstraktion darstellt. Dass sich zum Beispiel die Produktion von Äpfeln und Tomaten, die fast überall wachsen können, kapitalistisch nur „lohnt", wenn sie ein riesiges Marktvolumen erfasst, das völlig sinnlos Transportkapazitäten und Energie verschleudert, ist einzig und allein dem Maßstab der abstrakten Verwertung geschuldet. Wenn von betriebswirtschaftlicher „Effizienz" die Rede ist, dann ist implizit immer dieser Maßstab gemeint, was keineswegs per se identisch ist mit rationellen Methoden der stofflich-technischen Produktion. Es ist also notwendig, zwischen der Anwendung arbeitssparender Technik bzw. Organisationsformen einerseits und dem von der Verwertung diktierten Begriff der „Effizienz" andererseits zu unterscheiden. Die arbeitssparende Technik ist nur ein Teilmoment der insgesamt destruktiven betriebswirtschaftlichen Rationalität, und außerdem führt sie unter deren Diktat nicht etwa zur Arbeitserleichterung, sondern nur zur „Arbeitslosigkeit".

Am Begriff der betriebswirtschaftlichen „Effizienz" ist noch ein anderer Aspekt grundsätzlich zu kritisieren und für autonome Reproduktionsformen überhaupt nicht erforderlich. Das ist die sogenannte „Kapazitätsauslastung". Dieses Moment erscheint unter kapitalistischen Bedingungen sogar in besonders absurder, gegensätzlicher Form: Einerseits liegt die Kapazität brach, wenn das Unternehmen nicht genügend Kaufkraft auf sich ziehen kann; andererseits soll für marktwirtschaftliche Aufträge die Produktion möglichst „rund um die Uhr" laufen, ohne Rücksicht auf die Bedürfnisse und das Wohlbefinden der „Beschäftigten". Unter dem Druck der Weltmarkt-Konkurrenz verlangt das Management daher heute eine „Verlängerung der Maschinenlaufzeiten" unter Einschluss von Nachtschichten und Sonntagsarbeit. Bei einer Kooperation, die eine Identität von Produzenten und Konsumenten einschließt, kann solches nicht als „Effizienz", sondern nur als Ausgeburt eines kranken Hirns erscheinen.

Seitdem die Menschen zum Beispiel Gebäude aus Stein errichten, haben sie sich das Material aus Steinbrüchen geholt wenn sie es brauchten, ansonsten konnte der Steinbruch ruhen. Ebenso kann es ein Zusammenhang autonomer Kooperativen halten; und das gilt auch für andere Werkstätten und Produktionsmittel. Ein Steinbruch als kapitalistisches Unternehmen hingegen wird als ökonomisch atomisierter betriebswirtschaftlicher Roboter möglichst

permanent Steine brechen und dann besonders „erfolg-
reich" sein, wenn die Gegend in kurzer Zeit in eine Mond-
landschaft verwandelt worden ist. In einer „Wirtschafts-
krise" wiederum (allein der Begriff verweist ja schon auf
den irrationalen Charakter der Reproduktionsform), wenn
das Brechen von Steinen betriebswirtschaftlich nicht mehr
„rentabel" ist, wird der Betrieb „geschlossen" und mit einem „Betreten verboten"-Schild versehen, selbst wenn
die Bevölkerung in Zelten oder Erdlöchern hausen müsste.

Es gilt also einen grundsätzlichen Unterschied zu machen
zwischen der verrückten betriebswirtschaftlichen Rationalität und einer Abwägung des Verhältnisses von Aufwand und Ergebnis hinsichtlich Zeit, Ressourcen usw. bei
einer Produktion für konkrete Bedürfnisse. Die verinnerlichten betriebswirtschaftlichen Kriterien, die in falscher
Selbstverständlichkeit erscheinen, müssen bewusst überwunden und in ihrer Absurdität enthüllt werden (das ist
geradezu eine eigene analytische und sogar „propagandis-
tische" Aufgabe). Wenn man den persönlichen Aufwand
der Beteiligten in einem kooperativen Zusammenhang mit
den Angeboten des Marktes und dem dafür erforderlichen
Aufwand an „abstrakter Arbeit" vergleicht, wird die autonome Reproduktion in vielen Fällen sehr wohl sozial „kon-
kurrenzfähig" sein. Selbstverständlich gilt das im ersten
Ansatz nicht für alle Bereiche, und bestimmt nicht für die
Produktion von Grundstoffen. Es war zum Beispiel absurd,
dass in der chinesischen Kampagne des sogenannten „großen Sprungs nach vorn" unter Mao-Tsedung Stahl in Hin-
terhöfen verhüttet wurde. Aber das war ja auch keine Initiative der Beteiligten für eigene ausdiskutierte Bedürf-

nisse, sondern eine etatistische (und natürlich gescheiterte) Kampagne „von oben" zwecks Steigerung der abstrakten volkswirtschaftlichen Größe „Stahlproduktion".

Die sozialökonomische Alternative muss in einem vertretbaren Verhältnis zum Aufwand stehen. Die „Selbstausbeutung" der früheren Alternativbetriebe war jedoch keineswegs schlicht einer technischen und organisatorischen Unmöglichkeit geschuldet, sondern vielmehr großenteils der Produktion für den Markt und damit der Involvierung in die kapitalistische Form der Arbeitsteilung. Bei einer unmittelbaren oder institutionell vermittelten Identität von Produzenten und Konsumenten dagegen kann die Frage des Aufwands an Zeit flexibel gehandhabt werden. Wenn man allerdings in einem autonomen Zusammenhang für ein Ergebnis 10 Stunden tätig sein müsste, das man durch „abstrakte Arbeit" über die wertförmige Vermittlung mit einem umgerechneten Aufwand von 10 Minuten erhalten kann, wäre das Missverhältnis natürlich viel zu groß, als dass man in diesem Bereich ansetzen könnte. Eine Entkoppelung von der Warenform könnte hier erst bei einem viel höheren Grad der Vernetzung erreicht werden. Ganz anders sieht es möglicherweise schon aus, wenn es um ein Verhältnis zum Beispiel von zwei Stunden zu einer Stunde ginge. Denn die abstrakte Quantität der Zeit, die selber schon ein Produkt des Kapitalismus ist, kann keineswegs das einzige Kriterium sein. Es ist eine leicht nachvollziehbare Erfahrung, dass eine Stunde „abstrakte Arbeit" für das persönliche Empfinden eine halbe Ewigkeit sein kann im Vergleich zu zwei Stunden Tätigkeit in einem sozial befriedigenden Zusammenhang.

Das von der Warenproduktion entkoppelte Kalkül der Zeit, sowenig es als solches einfach verschwinden kann, ist mit Kriterien angereichert, die in der betriebswirtschaftlichen Rationalität gar nicht existieren. Denn die Reduktion der Zeit auf abstrakte Quantitäten ist eine Folge der „abstrakten Arbeit", die von allen anderen Momenten des Lebens abgetrennt ist. Die Aufhebung der Wertform bedeutet daher auch, die Trennung von „Arbeit" und „Freizeit" aufzuheben, und damit die „Arbeit" als solche. Das heißt natürlich nicht, dass man zum Beispiel während des Bedienens einer komplexen Maschine gleichzeitig frühstückt oder Schach spielt. Einfach nur albern, sich das Problem so zu denken. Etwas Anderes ist es aber, dass der soziale Raum der Produktion nicht mehr durch das Diktat betriebswirtschaftlicher Rationalität separiert ist, dass man sich „Zeit lassen" kann, dass Zeit und Raum der produktiven Tätigkeit durchsetzt sind mit sozialen, kulturellen und ästhetischen Kriterien, mit Genuss, Nachdenken, Reflexion usw.; bis hin zur Architektur und dem Verhältnis von Wohn- und Produktionsbereichen.

Auch sonst muss sich das Ressourcen-Kalkül einer autonomen Reproduktion in vielerlei Hinsicht von der betriebswirtschaftlichen Rationalität unterscheiden. Wenn etwa die marktwirtschaftliche Produktion von Obst und Gemüse nur deswegen als anscheinend unerreichbar „billig" erscheint, weil die Produkte nach Verpackungsnormen gezüchtet, atomar bestrahlt und unter Gas monatelang gelagert sowie an der Grenze der Geschmacklosigkeit angelangt sind, weil ganze Landschaften verseucht und die Flüsse derart vergiftet werden, dass man darin nicht mehr baden kann, oder weil sich Billiglohn-Menschen ungeschützt Pestiziden und Herbiziden aussetzen müssen wie bei Angriffen mit Kampfgas, – so ist es in keiner Weise akzeptabel, die Vorgabe dieses kapitalistischen Kalküls hinzunehmen. Und das gilt auch für alle anderen Dinge. Eine Entkoppelung von der Warenproduktion bedeutet, unerbittlich alle materiellen und sozialen Bedingungen des eigenen Lebens selbstreflexiv zu machen bis zu den Wurzeln und daher das durchaus notwendige Kalkül von Zeit und Ressourcen-Aufwand vom kapitalistischen Kalkül abstrakter Zeit zu entkoppeln. Unter dem Strich wird das einen großen Zugewinn disponibler Zeit bringen, im Einzelnen aber auch große Verschiebungen des Kalküls, sobald einmal die verzerrende betriebswirtschaftliche Vexierbrille abgenommen ist.

Es gibt also genug Gründe, dass eine Anti-Ökonomie der Entkoppelung von der Warenproduktion und die Konstitution autonomer Sektoren möglich und notwendig ist, und dass sie an den Endpunkten des Übergangs von der Produktion zur Konsumtion sowie auf der Ebene von Grundbedürfnissen anzusetzen hat. Entscheidend ist, dass damit *erstens* durch die Überwindung des sozial zersplitterten Alltags und durch persönliche „Kostensenkung" ein Zugewinn an disponibler Zeit und an Genussfähigkeit für die Individuen verbunden ist; dass *zweitens* ein Moment der Selbstständigkeit und Unabhängigkeit von der totalitären Zumutung des Kapitalismus gewonnen werden kann; und dass schließlich *drittens* Erfahrung und Know-how für eine weitergehende gesamtgesellschaftliche Aufhebung des warenproduzierenden Systems entwickelt werden. Als anti-ökonomisch ist diese Entkoppelung deswegen zu bezeichnen, weil der Begriff des Ökonomischen in der Modernisierungsgeschichte von den kategorialen Formen der kapitalistischen Vergesellschaftung besetzt worden ist.

Verfehlt wäre es jedoch, sich den Prozess als Ganzen in einer evolutionistischen Perspektive vorzustellen. Das wird möglicherweise sogar der Vorwurf des unwilligen oder postmodernen Lesers sein, dem „die ganze Richtung nicht passt". Wenn Du dieser Leser bist, dann bist Du aber mit Wonne vor allem eines, nämlich in Bezug auf ungeliebte Argumentationen vergesslich. Und so hast Du inzwischen wahrscheinlich schon wieder vergessen, dass das ganze Thema als Problem nicht im Kontext irgend so einer beliebigen Träumerei steht, sondern einer existentiellen Weltkrise des warenproduzierenden Systems zu verdanken ist, die auch Dich am Wickel haben wird oder schon hat, egal welchem sozialen Stand Du angehörst. So wenig die Entkoppelung als gesellschaftliche Praxis durch die allmähliche Verallgemeinerung einzelner Beispiele möglich sein wird, sondern nur durch eine soziale Bewegung hindurch, ebenso wenig wird sich eine solche Entkoppelungs-Bewegung in aller Gemütsruhe evolutionär von Sektor zu Sektor durch das System der gesellschaftlichen Reproduktion hindurchrobben können. Dass die Richtung des „Aufrollens" im Verhältnis zum Programm des Arbeiterbewegungs-Marxismus entgegengesetzt ist, also nicht von den Grundstoffindustrien zur Konsumgüterproduktion geht, sondern umgekehrt, sagt nichts über die historische Geschwindigkeit des Prozesses aus. Hier ist auch ein wesentlicher Unterschied in der Frage der „Keimform" zwischen der pro-

tokapitalistischen und einer postkapitalistischen Transformation begründet. Die Dynamik der kapitalistischen Krise,
in der wir uns mittendrin befinden, lässt den Zeithorizont
des Übergangs dramatisch schrumpfen. Nicht Jahrhunderte einer evolutionären Entwicklung liegen vor uns, die
in ferner Zukunft einen „politisch-revolutionären" Kulminationspunkt durchläuft, sondern der Durchgang durch
ein weltgesellschaftliches Erdbeben von insgesamt höchstens einigen Jahrzehnten, in denen alles entschieden wird,
ohne dass die Umwälzung überhaupt noch die Form einer
„politischen Revolution" annehmen kann. Die „Keimformen" entkoppelter Sektoren haben also einen ganz anderen Stellenwert als die „Keimformen" der modernen Warenproduktion in der bürgerlichen Urgeschichte. Heute
sind die „Keimformen" ein notwendiges, zu entwickelndes
Ferment, um die betriebswirtschaftliche Bornierung zu
durchbrechen und eine soziale Aufhebungsbewegung reproduktiv zu stabilisieren; aber sie sind kein Keim im Sinne
der pflanzlichen Metapher.

Deshalb müssen eine Theorie und Analyse der Entkoppelung gleichzeitig nicht nur von einer Theorie und Analyse
der Krise, sondern auch von einer gesamtgesellschaftlichen Planungsdebatte begleitet sein. Die Theorie der Planung kann und sollte der realen Entkoppelungs-Bewegung
vorausgreifen, weil diese möglicherweise sehr schnell in
die Zwangslage versetzt wird, die Transformation nicht in
kleinen Schritten, sondern in großen Schüben organisieren zu müssen. Theoretisch ist diese Transformation sowohl in einer Perspektive der unmittelbaren als auch der
vermittelten Identität von Produktion und Konsumtion
aufzurollen, einerseits auf der Problemebene der direkten

Entkoppelung von Grundbedürfnissen und andererseits auf der Problemebene der gesamtgesellschaftlichen Staffelung nicht-warenförmiger Reproduktion. Dafür ist auch die historische Planungsdebatte gründlich aufzuarbeiten. Davon sind wir derzeit noch weit entfernt. Erst die Einheit von Krisentheorie, Entkoppelungstheorie und Planungstheorie kann eine kohärente anti-ökonomische Begriffsbildung entwickeln. Und es ist sicher kein Zufall, dass Altmarxisten, Vertreter der „orthodoxen" Kritischen Theorie und postmoderne Linke genau diese drei Aspekte der Theoriebildung heute überhaupt nicht spannend finden, sondern am liebsten verdrängen und still entsorgen würden.

Vernetzte Bewegung und kybernetische Subversion

Blauäugig wäre es, anzunehmen, dass eine neue soziale Bewegung unter den Bedingungen der Krise aus dem Stand mit einer radikalen Kritik des warenproduzierenden Systems beginnen würde. Vielmehr ist es wahrscheinlich, dass eine solche Perspektive erst durch eine widersprüchliche öffentliche Debatte und durch konzeptionelle Auseinandersetzungen in den tatsächlichen sozialen Konflikten und Kämpfen vermittelt werden kann. Dabei ist aber nicht von einem absoluten Nullpunkt auszugehen. Immerhin gibt es in den Krisengesellschaften diverse Ansätze einer „Wirtschaft von unten", die allerdings unübersehbar noch in den Kinderschuhen stecken. Dem Anspruch einer Reproduktion „jenseits von Markt und Staat" werden diese Versuche kaum gerecht, da sie meistens auf staatlichen (kommunalen) Subventionen beruhen oder bloße Ersatzformen von Markt und Geld entwickeln.

Dennoch ist es bemerkenswert, dass diese weltweit zu beobachtenden kooperativen Zusammenhänge in der sozialwissenschaftlichen Literatur bereits zum Gegenstand geworden sind und unter dem Begriff des „Dritten Sektors" firmieren. Interessant hieran ist, dass ungewollt ein Gegenbegriff zum bisherigen marktwirtschaftlichen Begriff des „tertiären Sektors" kreiert wurde. Meint der „tertiäre Sektor" in der VWL (Volkswirtschaftslehre) alle Bereiche von „Dienstleistungen", die weder zur Abteilung 1 noch zur Abteilung 2 gehören, aber dennoch Bestandteil der kapitalistischen Reproduktion sind, so bezeichnet der „Dritte Sektor" die Tätigkeit von Initiativen, die weder kommerziell noch staatlich sind und für die sich die Kürzel NPOs (Non-Profit-Organizations) bzw. NGOs (Non-Governmental-Organizations) eingebürgert haben.

Es wäre völlig verfehlt, diesen „Dritten Sektor" in seiner vorgefundenen Gestalt schon als die Keimform emanzipatorischer, nicht-warenförmiger Reproduktion zu betrachten. Davon sind die bestehenden Organisations- und Bewusstseinsformen dieses Bereichs, die auch meistens nicht den Charakter einer großen sozialen Bewegung angenommen haben, in der Regel weit entfernt. Äußerst verdächtig ist es allemal, wenn die Vertreter der „orthodoxen" marxistischen bzw. Kritischen Theorie und der postmodernen Linken die Ansätze des „Dritten Sektors" und die gesamte damit verbundene sozialwissenschaftliche Debatte nicht aktiv eingreifend kritisieren, sondern bloß passiv abwehrend: Sie wollen damit nichts zu tun haben, als handle es sich bei diesem Gegenstand um eine Art Ungeziefer der Theoriebildung. Hinter dieser unausgewiese-

nen Haltung steht auch in dieser Frage der ganze unaufge-
arbeitete und verdrängte Arbeiterbewegungs-Marxismus,
dessen Kategorien noch im Hinterkopf spuken. Und in diesem Zustand möchte man mit dem vornehm herablassen-
den Gestus des Wissenden verharren, ohne sich mit den
Begriffen einer veränderten Realität zu beschmutzen.

Für eine neue emanzipatorische Theoriebildung kommt es
aber darauf an, in die Debatte um den „Dritten Sektor" kritisch zu intervenieren und sie mit der Perspektive einer
Aufhebung des warenproduzierenden Systems zu verbin-
den. Dazu gehört nicht nur die Auseinandersetzung mit
den neokleinbürgerlichen, neoreformistischen Konzepten
und die Vermittlung mit der Krisentheorie, sondern auch
die historische Reflexion und die kritische Aufhebung des
Arbeiterbewegungs-Marxismus mitsamt seinen ver-
brauchten Kategorien der Transformation. Statt die blind
und unscharf gewordenen Begriffe des „Sozialismus", der
„Weltrevolution", der „Abschaffung des Privateigentums
an Produktionsmitteln" usw. unreflektiert und ignorant in
der alten Weise weiterzuverwenden, als sei nichts geschehen, und sie den (meistens nicht „marxistisch" sozialisier-
ten) Aktiven der unausgegorenen neuen Ansätze um die
Ohren zu hauen, gilt es bei der Neubestimmung einer
„Übergangsgesellschaft" mit grundsätzlich veränderten
Inhalten und Formen das zu leisten, was die alte Arbeiterbewegung im Horizont ihres historisch verkürzten Ver-
ständnisses auf ihre Weise ebenfalls geleistet hat.

Denn wir wären dumm, zu vergessen, wie schwierig einst
die Vermittlung des „Marxismus" als kritische Theorie mit
den alles andere als radikalen sozialen Bewegungsformen

der Lohnarbeiter schon in der alten, nunmehr entwirklichten historischen Konstellation seit der Mitte des 19. Jahrhunderts war. Und ebenso dürfen wir nicht vergessen, wie reichhaltig in diesem Kontext auch die Debatte um die „Übergänge", um das „Herankommen" an die soziale Umwälzung war. Es ist keineswegs ein Zufall, dass heute die Reste der „Orthodoxie" und die postmoderne Linke weder die Frage der Vermittlung radikaler Kritik mit zunächst wenig radikalen sozialökonomischen Initiativen aufwerfen noch auf die Frage eines „Übergangs" unter den neuen historischen Bedingungen einen Gedanken verschwenden. Die alten Konkretisierungen können sie nicht mehr ernsthaft ins Feld führen, und neue wollen sie nicht entwickeln, weil das zum Bruch mit ihrem theoretischen Paradigma führen müsste. Deshalb operieren sie nur noch verschämt und bei seltenen Gelegenheiten mit den leeren Worthülsen der Vergangenheit.

Im Gegensatz dazu wird die Debatte über eine neue Theorie der gesellschaftlichen Transformation, die das Paradigma einer Entkoppelung von der Warenproduktion entwickelt, in diesem Sinne ihre eigenen gesellschaftlichen Vermittlungen finden müssen. Dazu gehört auch ein neues, verändertes Verhältnis zu den system-immanenten sozialen Konflikten, die in der Krisen- und Übergangsepoche noch für längere Zeit weiterlaufen werden. Es ist klar, dass die tariflichen und sozialstaatlichen Forderungen, die in der Krise überall einen defensiven Charakter tragen, im Unterschied zu alten Konstellationen kein entscheidender Motor der Transformation mehr sein können, eben weil die System-Transzendenz (Übersteigung) jetzt nicht mehr zu einer neuen Entwicklungsstufe des warenproduzierenden Systems führt, sondern die Warenform selber sprengt. Die Kämpfe um Gratifikationen auf dem Boden der „abstrakten Arbeit" können daher nur noch Auslaufmodelle sein. Das heißt aber nicht, dass sie bedeutungslos wären. Es ist eine der Schwächen der bisherigen Alternativbewegungen und der Ansätze des „Dritten Sektors", dass sie sich kaum oder gar nicht auf die weiterlaufenden Kämpfe innerhalb der Lohnarbeit beziehen können, sondern nur als bloßer „Ausstieg" aus diesem Zusammenhang unter Zurücklassung der sozialen Mehrheitsprobleme erscheinen und so nur allzu leicht in ihrer eigenen mikroökonomistischen Alltagsborniertheit versacken.

Für eine soziale Bewegung, die eine Entkoppelung von der Warenproduktion anstrebt, sieht die Sache hingegen ganz anders aus. Entkoppelung heißt ja, dass für eine Übergangsperiode die meisten Teilnehmer dieser Bewegung einerseits noch auf dem Boden von Lohnarbeit und Sozialstaat in irgendeiner Form operieren, sich andererseits aber in Teilbereichen durch autonome Formen der Reproduktion dem Kapitalverhältnis entziehen. Im Unterschied zu den dualwirtschaftlichen Konzepten ist das aber kein statischer, sondern ein dynamischer Bezug, der auf die vollständige Aufhebung der Warenproduktion abzielt. Das kann eine ganz ungeahnte Wirkung auf die systemimmanenten sozialen Kämpfe haben: nämlich deren Radikalisierung, und zwar gerade weil sie bloß noch historische Auslaufmodelle sind.

Der alte Linksradikalismus, der selber nicht über die Wertform hinausdenken konnte, bildete sich ein, die Kämpfe um Löhne und Arbeitsbedingungen durch eine lediglich quantitative Steigerung bis zur „Revolution" anheizen zu können. Diese Rechnung wurde jedoch ohne den Wirt (die Lohnarbeiter) gemacht. Denn den Lohnarbeitern, die in den Formen des Fetischismus (Warenfetisch, Geldfetisch, Lohnfetisch...) befangen bleiben und die nur in diesen Formen ihr Wohlbefinden suchen wollen, ist natürlich bewusst, dass sie die Modalitäten und die Grenzen des Systems beachten müssen, dessen Teil sie sind und aus dem die Gratifikationen in der ihnen einzig als möglich erscheinenden Form gezogen werden. Schon früh haben deshalb die Gewerkschaften ihre Forderungen nicht damit begründet, dass sie wünschenswert oder lebensnotwendig, sondern dass sie systemimmanent möglich und mit den Gesetzen der Wertform vereinbar seien. Unter den Bedingungen der Krise jedoch und der damit verschärften Konkurrenz auf dem Weltmarkt führt das notwendig dazu, dass sich die Lohnarbeiter und ihre Gewerkschaften in die „Verantwortung" für den „Standort" und für die Überlebensfähigkeit des Systems einbinden lassen.

Wenn man kein anderes Schiff hat, wird man auf hoher See bereit sein, sich selbst unter den miesesten Bedingungen in sein Geschick zu fügen und alles zu tun, damit das Schiff als solches intakt bleibt. Wenn aber schon ein anderes Schiff bereitsteht, auf das man ohnehin überwechseln will, kann man das alte getrost in Brand stecken und den verrückten Kapitän Ahab an der obersten Rahe aufknüpfen. Solange eine andere Reproduktion nur in der Vorstellung existiert und auch diese noch auf dieselben Gesetzmäßigkeiten der alten Form beschränkt bleibt, ist eine Radikalität innerhalb der Form gar nicht möglich. Ironischerweise kann der soziale Kampf auf dem Boden von Lohnarbeit und Sozialstaat erst in dem Maße zugespitzt werden, wie das Ziel gar nicht mehr der Geldlohn ist. Nur wenn Sektoren einer autonomen, emanzipatorischen Reproduktion schon greifbar sind, ist es möglich, den systemimmanenten Kampf völlig rücksichtslos und in Bezug auf das Schicksal der famosen Marktwirtschaft nihilistisch, also alle kapitalistisch positiven Zielsetzungen, Ideale, Werte, Normen bedingungslos ablehnend, zu führen.

Der Bezug einer sozialökonomischen Entkoppelung von der Warenproduktion auf die systemimmanenten sozialen Konflikte erschöpft sich aber nicht in dieser nur negativen Zuspitzung, sondern enthält auch ein positives Moment der Entkoppelung selbst. Insofern gibt es auch innerhalb des neuen Paradigmas einen gewissen Zusammenhang von System-Immanenz und System-Transzendenz, wenn auch mit einer veränderten Zielsetzung. Das betrifft vor allem die Schaffung eines gesellschaftlichen Zeitfonds für die Tätigkeit in entkoppelten, autonomen Sektoren der Reproduktion. Hier gilt: Zeit ist nicht Geld, sondern Emanzipation vom Geld. Insofern kann der Kampf der alten Arbeiterbewegung um Arbeitszeitverkürzung nun für ein neues, anderes Ziel wieder   aufgenommen werden, während er im bisherigen gewerkschaftlichen Sinne unter dem Eindruck von Krise und „Standort"-Debatte schon längst abgeschlafft ist und kaum noch ernsthaft propagiert wird.

Wenn das Ziel nicht mehr der Erhalt von marktwirtschaftlichen „Arbeitsplätzen" ist, sondern die Schaffung eines

Zeitfonds für autonome Reproduktionsformen, dann können unter diesem Ziel ganz verschiedene, in der bloß system-immanenten Perspektive auseinanderfallende Konflikte zusammengefasst werden: die Frage einer allgemeinen Arbeitszeitverkürzung und des Abbaus von Überstunden ebenso wie die Forderung nach einer angemessen und voll anteilig bezahlten Teilzeitarbeit; oder der Kampf gegen die Kürzung von Arbeitslosengeld und Sozialhilfe usw. Lohnarbeiterinnen, Teilzeitarbeiter, Jobberinnen, Arbeitslose, Sozialhilfeempfängerinnen könnten sich für den gemeinsamen Kampf um einen autonomen, alternativen Zeitfonds zusammenschließen, der die relativen Interessengegensätze innerhalb der Wertform zurücktreten lässt. Damit das möglich wird, müsste natürlich das neue Paradigma gesellschaftlich herausgearbeitet und in der gewerkschaftlichen Debatte ebenso präsent sein wie in den Arbeitslosen- und Selbsthilfebewegungen.

Dem Kampf um einen autonomen gesellschaftlichen Zeitfonds entspricht die Forderung nach materiellen, „naturalen" Ressourcen. Ein Aspekt der Entkoppelung ist sicherlich auch der kollektive selbstfinanzierte Erwerb von Produktionsmitteln im weitesten Sinne. Hier höre ich schon Altmarxisten aufheulen, aber sie sollten bedenken, dass bereits sogar ihr Stammvater Karl Marx das „Auskaufen" des englischen Kapitals durch die assoziierte englische „Arbeiterklasse" für möglich hielt. Und was im großen Maßstab denkbar ist, ist es grundsätzlich auch im kleinen Maßstab. Aber diese Vorgehensweise reicht selbstverständlich bei weitem nicht aus. Es ist notwendig, Staat und Kapital auch direkt Ressourcen wie Grund und Boden, Gebäude und Produktionsmittel für die freie, autonome Nutzung abzuverlangen, zumal in der Krise heute schon massenhaft Ressourcen brachliegen. Die Jugendzentrums- und Hausbesetzerbewegung in der BRD, aber auch die Landbesetzerbewegung in vielen Teilen der 3. Welt haben aus ganz unterschiedlichen Motiven heraus bereits ansatzweise solche Forderungen gestellt. Wie das obige Rechenbeispiel hinsichtlich des deutschen Mietwohnungsbestands zeigt, könnte dieser gesamte Bestand sofort und ohne irgendein zauderndes Gewissen in eine autonome Form überführt werden, denn er ist dem Kapital bereits wenigstens zweimal bezahlt worden. Ähnlich sieht es weltweit aus.

Dass solche Bewegungen bis jetzt nicht in der Perspektive einer Aufhebung des warenproduzierenden Systems agierten, ist kaum verwunderlich. Aber das kann sich ja ändern in dem Maße, wie diese Perspektive ausgearbeitet wird und sich die marktwirtschaftlichen Optionen gleichzeitig als Illusion herausstellen. Es zeigt sich also, dass es durchaus einen Weg geben könnte, systemimmanente Forderungen und Konflikte mit einer Entkoppelungs- und Aufhebungsbewegung inhaltlich und damit auch organisatorisch zu vernetzen. Das wird überhaupt, der Entwicklungsstufe der mikroelektronischen Produktivkräfte entsprechend, die zukünftige organisatorische Form der radikalen Gesellschaftskritik sein: An die Stelle des Dualismus von „Partei und Gewerkschaft" mit einem jeweils starren und hierarchisch-autoritären, dem Markt- und Staatsbezug entsprechenden Organisationsprinzip wird die flexible (und übrigens schwer fassbare und kaum „verbietbare")

Form einer vernetzten Bewegung von verschiedenen Initiativen auf verschiedenen Ebenen treten. Das bezieht sich sowohl auf die Inhalte als auch auf den „mehrdimensionalen" Charakter von Basis-Organisationen. Entscheidend ist, dass sich die Initiativen einer Entkoppelungs-Bewegung nicht eindimensional bornieren lassen. Zu einer weitreichenden anti-ökonomischen Orientierung muss eine entsprechende anti-politische Orientierung hinzutreten. Warum muss das so sein? Der Begriff des Politischen ist bis heute in der Linken schwammig definiert. Im Grunde genommen fällt bei ihr darunter die gesellschaftliche Aktivität überhaupt, von der Verbreitung theoretischer Inhalte bis zur antifaschistischen Aktion. Diese Sicht ist jedoch blind für das, was Politik tatsächlich ist. Im strengen begrifflichen Sinne ist „Politik" nichts anderes als die positiv staatsbezogene Aktivität, analog zur „Ökonomie" als einer positiv auf das warenproduzierende System des Kapitals bezogenen Tätigkeit. Politik ist also die Handlungsform des Staates. Staaten sind die Keimformen des Kapitalismus. Anti-Politik wäre demzufolge eine autonome gesellschaftskritische Aktivität, die nicht mehr positiv den Staat als strukturelle Form im Sinne einer „Machtergreifung" zum Ziel hat, ebenso wie die Anti-Ökonomie als Ansatz einer anderen gesellschaftlichen Form der Reproduktion nicht mehr positiv in den Kategorien der Wertform agiert.

Dabei müssen die bisherigen Ebenen der Kritik alle weiterhin besetzt werden, wenn auch mit anderen Inhalten. Eine Entkoppelungs-Bewegung, die diesen Namen verdient, kann sich nicht auf anti-ökonomische Fragestellungen der Reproduktion, also in der alten Terminologie auf den

„ökonomischen Kampf" beschränken. *Anti-Politik* heißt, dass alle gesellschaftlichen Erscheinungen kritisch beobachtet und ebenso kritisch praktisch aufgenommen werden: von der kulturellen Entwicklung bis zum Rassismus, von der bürgerlichen Ideologieproduktion bis zur Krise der Nationalstaaten und der internationalen Institutionen. Das Ziel dieser Interventionen besteht nicht mehr darin, waren- und geldförmige Interessen in das politische System zu „übersetzen", sondern auf allen Ebenen den Nachweis zu führen, dass das warenproduzierende System der Moderne mitsamt seinen politischen Institutionen historisch am Ende ist und das menschliche Leben nur noch ruinieren kann, also abgelöst werden muss.

Ein wichtiger Aspekt in diesem Zusammenhang ist die „praktische Untersuchung", das kritische Aufrollen der gesamten stofflich-sinnlichen Reproduktion der Gesellschaft, um die Unsinnigkeit und Gemeingefährlichkeit des Systems zu beweisen. Und zwar auch dort, wo aktuell noch kein autonomer Sektor entwickelt werden kann. Es gilt also, etwa nach dem ironischen Motto „Bürger beobachten ihre eigene Reproduktion", den gesamten weltweiten Vernetzungs-Zusammenhang auf der materiellen Ebene zu entschlüsseln und radikal zu kritisieren: Die „Betriebsgeheimnisse" von Unternehmen und Verwaltungen sind aufzudecken; das der Gesellschaft unbekannte Terrain der Ressourcen-Flüsse ist zu erforschen; die Netzwerke von Verkehr, Energie, Information, „Entsorgung", Kanalisation usw. sind auszuspähen und kritisch darzustellen. Mit einem Wort: Anti-Politik ist als eine Art rücksichtsloser „sozialökologischer Enthüllungspolitik" zu betreiben.

Hier können wir sicherlich auf das bereits vorhandene Material sozialer und ökologischer Initiativen zurückgreifen. Dennoch muss klar sein, dass die hier skizzierte Vorgehensweise bisher noch niemals systematisch und im großen Maßstab betrieben worden ist, und zwar schlicht deswegen, weil die materielle Reproduktion und ihre irrationale Vernetzung durch das warenproduzierende System logischerweise weder ein Gegenstand der Ökonomie noch der Politik in der bürgerlichen Gesellschaft sein können. Und soweit die sozialen und ökologischen Bewegungen bisher noch im alten Sinne ökonomisch und politisch agierten, und zuletzt gar mit der illusionären und regressiven Perspektive einer „sozialökologischen Marktwirtschaft" oder eines „ökologischen Umbaus" der kapitalistischen Industriegesellschaft usw., konnten sie auch nicht zu einer umfassend und systematisch betriebenen sozialökologischen Enthüllungs- und Aufhebungs-Politik gelangen, ja nicht einmal einen entsprechenden Begriff entwickeln. Zwar liegt das Material, das von diesen Bewegungen und Initiativen gesammelt wurde, von seinem Inhalt her bereits „quer" zu den Kategorien von Ökonomie und Politik, aber verstanden und systematisch aufgenommen werden kann dieser Charakter erst in dem Maße, wie das Paradigma von Wertkritik und Entkoppelung zum „Anti-Politikum" wird.

Im Sinne dieser neuen Vorgehensweise ist es vielleicht auch möglich, in modifizierter Form gewisse Ideen der Operaisten und vor allem der Situationisten erneut aufzugreifen. Der operaistische Begriff der „Untersuchung" ist als eine Art „praktische Soziologie" (mit dem Thema der „Zusammensetzung der Klasse" und ihrer Veränderungen) noch soziologistisch beschränkt; er müsste als eine „praktische Wertkritik" neu gefasst werden. In diese Richtung weist das situationistische Thema einer Untersuchung des sozialökonomischen Terrains von Städten und Regionen sowie von „Feldern" der soziokulturellen Reproduktion. Wir könnten dabei an „Felder" wie die Nahrungsmittelproduktion und ihre kapitalistische Geschichte, an das System der Mobilität („Automobilmachung"), an Architektur, Wohnungs- und Städtebau usw. denken. Es wäre durchaus spannend und in mancher Hinsicht vielleicht sogar abenteuerlich, die materielle Reproduktions- und Gebrauchswertstruktur des Kapitalverhältnisses systematisch zu erforschen und kritisch zu enthüllen. Diese Vorgehensweise könnte begleitet sein von Kampagnen gegen die Ideologie und Kultur der „Arbeit", wie sie seit dem Protestantismus die westlichen Gesellschaften und heute die ganze Welt beherrscht. Die weiterzutreibende Kritik und Analyse von Wertform, „abstrakter Arbeit" und Krise könnte sich so ein weitgefächertes anti-politisches Tätigkeitsfeld erschließen, das den Prozess der sozialökonomischen Entkoppelung begleitet und vorbereitet.

Aus diesen Inhalten ergeben sich auch die weiteren organisatorischen Strukturen einer „vernetzten Bewegung". Vernetzung kann heißen, dass verschiedene Initiativen der Theoriebildung und Analyse, der praktischen sozialökonomischen Entkoppelung, des Kampfes um systemimmanente Forderungen, der anti-politischen Untersuchung der Aktion usw. eine gemeinsame Kommunikations- und Logistik-Struktur schaffen. Die Vernetzung kann aber gleichzeitig auch darin bestehen, dass sich eine bestimmte

Initiative oder Basis-Organisation nicht auf ein eindimensionales Projekt beschränkt, sondern gleichzeitig immer auch noch etwas Anderes macht. Dafür gibt es ein merkwürdiges strukturelles Beispiel: In manchen Ländern der 3. Welt ist es üblich, dass Armee- und Polizeieinheiten gleichzeitig auch ökonomische Aktivitäten betreiben; entweder mangels Geldzufuhr für die Selbstversorgung oder mit Unternehmen für den Markt. Von der Struktur her könnte man sich ähnliches in einer anti-ökonomischen und anti-politischen Aufhebungsbewegung vorstellen: Die Belegschaft eines warenproduzierenden Unternehmens kann auch für die eigene Reproduktion einen Sektor autonomer Reproduktion organisieren (vom Kinderladen bis zur Lebensmittelproduktion); eine Baugenossenschaft oder ein Konsumverein können auch eine antirassistische Kampagne führen; eine Initiative der Theoriebildung kann auch ein Entkoppelungsprojekt planen; eine Kooperative autonomer Lebensmittelproduktion kann auch einen Film gegen die „Arbeit" drehen oder in einem anti-politischen Untersuchungsprojekt tätig sein; und die Organisatoren eines autonomen Kinderladens können sogar ein subversives Kommando-Unternehmen durchführen. Bei der Entfachung einer weltweiten Debatte hierüber würden – ich kann mich nur wiederholen – hundert Tausende entsprechender Ideen entstehen. Wir könnten nur staunen.

Eine derartige mehrdimensional vernetzte Bewegung wird sich bei einem bestimmten Grad ihrer Entwicklung auch zusammenfassende Institutionen von der lokalen bis zur transnationalen Ebene geben, etwa eine Form von „Räten". Diese Räte wären dann zwar auf der territorialen

Ebene organisiert, aber nicht mehr als abstrakt-allgemeine politische Willenskundgebung, sondern als Repräsentanz- und Selbstverständigungs-Organe einer praktischen Gegengesellschaft, die gleichzeitig kein äußeres, abgegrenztes „Aussteiger"-Terrain darstellt, sondern als ein flexibles Gegensystem von Läusen im Pelz des Kapitalismus selber sitzt. Diese vernetzte Bewegung als Keim- und Entwicklungsform einer Gegengesellschaft wird von den kapitalistischen Institutionen identifiziert und symbolisiert werden, und sie wird sich auch selber in ihrem negatorischen Bezug auf das warenproduzierende System identifizieren. Diese „negative Identität" installiert aber kein neues fetischistisches „Prinzip", und so kann sie in dem Maße erlöschen, historisch werden und nur noch „Gesellschaft" sein, wie der Kapitalismus aufgehoben ist.

Als negatorische Bewegung stellt sie auch ein soziales Netzwerk dar, das in seiner Intention von vornherein transnational sein muss. Man könnte eine solche Struktur zum Beispiel mit dem (informellen) Übersee-Netzwerk der Auslandschinesen oder mit den transnationalen Netzwerken von religiösen Sekten vergleichen, nur dass eben der Inhalt ein ganz anderer und emanzipatorischer wäre. Jedes Mitglied dieser vernetzten Bewegung müsste sich in diesem negatorischen Bezug auf der ganzen Welt bewegen können und überall dort, wohin dieses Netzwerk reicht, immer „zu Hause" sein. Der Management-Theoretiker John Naisbitt (Hongkong) hält solche Netzwerke wie das der Übersee-Chinesen für das Organisations-Modell des 21. Jahrhunderts, das den Nationalstaat ablösen wird. Im Kontext des warenproduzierenden Systems allerdings, den Naisbitt natürlich nicht einmal im Traum verlassen will, wird diese Organisationsform jedoch scheitern oder barbarische Züge annehmen. Im Sinne einer Entkoppelungs- und Aufhebungs-Bewegung aber kann man tatsächlich von einem solchen Organisationsmodell der Zukunft sprechen.

Und die Machtfrage? Der Arbeiterbewegungs-Marxismus war seiner Natur nach auf dieses Thema fixiert, weil es für ihn die Aufhebung der Warenproduktion ersetzen musste. Wenn eine wertkritische Bewegung etwas von den postmodernen Ideen aufgreifen kann, dann die Verweigerung der Machtfrage im alten, positiven Sinne, als Strategie einer sogenannten Machtergreifung. Denn Macht ist eine Erscheinungs- und Daseinsform des Fetischismus; sie selbst erscheint in den Formen Herrschaft und Knechtschaft. Insofern ist auch Hannah Arendt zu kritisieren, die den Begriff der Macht ontologisch gesetzt und als Moment von Gesellschaftlichkeit schlechthin dargestellt hat, weil sie nie bis zu einer Analyse und Kritik der Fetischform vorgedrungen ist. Es ist nur logisch, dass liberale und marxistische Theoretiker an diesem Problem gleichermaßen scheitern.

Die Macht ist natürlich da, weil auch der Fetischismus noch da ist und gefährlich die historische Krise strukturiert. Aber das emanzipatorische Ziel kann nicht mehr die Eroberung der Macht, sondern nur noch die Entmachtung der Macht sein, die mit der Aufhebung der Wertform einhergeht. Es wäre natürlich naiv anzunehmen, dass sich die Macht konfliktlos entmachten lässt. Der Kapitalismus wird nicht so sang- und klanglos abtreten wie sein staatssozialistisches (staatskapitalistisches) Derivat. Deshalb bedeutet ein negativer Bezug auf die Macht auch keineswegs den Verzicht darauf, Druck auszuüben, um die eigenen Ziele zu erreichen. Ein abstrakter Pazifismus ist dabei ebenso fehl am Platze wie ein militantes Säbelrasseln. Die Gewalt lauert immer in der fetischistischen Konstitution, und in der Krise mehr denn je. Dabei ist nicht nur an die Staatsgewalt zu denken, sondern auch an die Gewalt der kriminellen Banden und der Zersetzungsprodukte des Staates, zum Beispiel verwilderter „Sicherheits"-Apparate, die selbst vor den braven Bürgern nicht mehr haltmachen und eine Art Plünderungszoll fordern. Aber es wäre falsch, das Problem der Entmachtung der Macht durch eine Engführung auf die Gewaltfrage zu konzentrieren.

Der Zusammenstoß einer gesellschaftlichen Bewegung (und von einer solchen ist ja hier die Rede) mit den herrschenden Institutionen beginnt und verläuft ja in der Regel unterhalb der Gewaltschwelle. Dieser Zusammenstoß wird schon in einem frühen Stadium und schon auf der lokalen Ebene beginnen. Auch wenn die Krise alle möglichen und momentan nicht für denkbar gehaltenen Kompromisse mit dem Apparat bringen kann, sollte das doch nicht blauäugig als die Regel angenommen werden. Eher wird das Gegenteil der Fall sein. Eine Entkoppelungs- und Aufhebungsbewegung wird von Anfang an einen Existenzkampf gegen die „naturwüchsige" Tendenz der kapitalistischen Bürokratie (gerade gegen die eingefleischte sozialdemokratische „Kanalarbeiter"-Mafia und ihre Seilschaften in den Verwaltungsapparaten) führen müssen, die keinen „exterritorialen" sozialen Raum, den man nicht mehr irgendwie besteuern und mit Gebühren belegen kann, der keine marktwirtschaftlichen „Arbeitsplätze" bringt usw. freiwillig zulassen kann und wird.

Es ist also nötig, sozialen Druck auszuüben und die Macht in die Knie zu zwingen. Schon in der alten Arbeiterbewegung war das hauptsächliche Druckmittel nicht der „bewaffnete Kampf", sondern bekanntlich der Streik. Ursprünglich illegal, wurde die „Streikwaffe" allmählich zum legalen und schließlich fast ritualisierten Mittel der systemimmanenten sozialen Auseinandersetzung. Der Streik wird auch im Kontext einer neuen Transformationsperiode nicht einfach verschwinden; aber er hat bereits heute an Bedeutung verloren. Die mikroelektronischen Produktivkräfte haben auch die Streikwaffe stumpf gemacht. „Alle Räder stehen still, wenn dein starker Arm es will": Diese Parole der Arbeiterbewegung gilt nicht mehr. In vielen Fällen lässt sich bei Streiks die rationalisierte Produktion bereits durch Notdienste fast uneingeschränkt weiterführen; manchmal werden dabei sogar neue Rationalisierungs-Potentiale entdeckt.

Da eine wertkritische Entkoppelungs- und Aufhebungs-Bewegung aus den genannten Gründen ohnehin nicht mehr betrieblich zentriert sein und die kapitalistische Reproduktions-Struktur bloß organisatorisch verdoppeln kann, wird sie ein anderes Druckmittel des sozialen Kampfes erfinden müssen. Dieses ergibt sich fast von selbst aus der vernetzten Struktur und dem Umgang mit den mikroelektronischen Produktivkräften, die ja zusammen mit der Ökologie den Begriff der Vernetzung erst hervorgebracht haben. Eine soziale Emanzipationsbewegung wird sich nicht selber in kybernetischen Strukturen bewegen, denn ein Zusammenhang sozialer Vernetzung kann nur auf bewusster Kommunikation und freier Entscheidung aufbauen, nicht aber auf einem bewusstlosen Regelwerk. Aber mit dem neuen Denken der neuen Produktivkräfte kann der Kapitalismus selber, und besonders in seiner mikroelektronischen Gestalt, als ein fetischistisches kybernetisches Regelwerk negatorisch begriffen und angegriffen werden. Das soziale Kampfmittel der Zukunft wird daher die kybernetische Subversion sein, die legitime Forderungen auch ohne offizielle Legalität durchsetzen kann (in gewisser Weise analog zur Geschichte der Streiks).

Kybernetische Subversion bedeutet ganz einfach, die Nervenwege der kapitalistischen Reproduktion (Transport und Verkehr, Energie, Information) durch „Unterbrechung" lahmzulegen. An die Stelle des Streiks wird also die Unterbrechung treten, die überall möglich ist. Vielfältige Beispiele machten bereits Schule (Blockaden von Autobahnkreuzen durch Fernfahrer, Blockaden von Schienenwegen bei Castor-Transporten, diverse leider noch gesellschaftlich blinde Hackerangriffe...). Eine Bewegung, die ohnehin die materielle Vernetzung der kapitalistischen Reproduktionsstruktur untersucht und aufdeckt, kann auch sehr schnell das Know-how erwerben und verallgemeinern, um das kapitalistische Nervensystem nach Belieben zu lähmen.

Sicherlich ist es möglich, eine solche Emanzipations-Bewegung theoretisch vorwegzunehmen. Aber es ist notwendig und möglich, theoretisch und analytisch die Fragen einer Aufhebung der Wertform zu konkretisieren und eine öffentliche Debatte darüber zu entfalten. Dabei hat der theoretische Fokus der Wertkritik die kritische Theorie des Fetischismus und der Wertform zu entwickeln, aber er ist hinsichtlich der Aufhebungsfrage nicht zum eisernen Schweigen in der reinen Abstraktion verpflichtet; und er muss auch nicht auf die soziale Massenbewegung warten wie die endzeitlichen Christen auf den Jüngsten Tag. Die Frage der Vermittlung stellt sich von Anfang an. Und auch eine theoretische Initiative der Wertkritik kann ihre eigene „theoretische Praxis" im Unterschied zum bürgerlichen akademischen Betrieb nach den Kriterien der Entkoppelung betreiben. Diese liegen darin, noch unausgeschöpfte Möglichkeiten zu reflektieren und praktisch zu machen.

Gehen wir an die Wurzel des Übels

Denn wir haben es im Weltmaßstab nicht mehr mit Formierungs- sondern nur noch mit Zersetzungsprozessen zu tun. Und so gibt es auch keine Alternative in der weltgesellschaftlichen Formierung mehr, bei der sich die Potenz des Kapitalismus zur Barbarei isolieren und auf ein bestimmtes Paradigma einer bestimmten Macht oder eines bestimmten Imperiums eingrenzen ließe, das dann niederzuringen wäre. Es handelt sich also nicht mehr um einen Krebs im Frühstadium, der noch weggeschnitten werden kann, sondern der globale Körper der kapitalistischen Weltgesellschaft ist schon durch und durch von den Metastasen der barbarischen Zersetzung durchseucht und vergiftet. Die Barbarei kann jetzt einzig und allein zusammen mit dem Kapitalismus als solchem bekämpft werden, also

durch die Überwindung des modernen warenproduzierenden Weltsystems, seiner kategorialen Bestimmungen
und der dazugehörigen ideologischen Muster. Niemals
mehr kann ein „guter" Kapitalismus gegen einen „bösen"
Kapitalismus ins Feld geführt werden, erst recht nicht ideologisch überhöht die „Zivilisation" (die der Kapitalismus
im positiven Sinne nie war) gegen eine als nicht-kapitalistisch halluzinierte Barbarei, die in Wirklichkeit die Erschei-
nungs- und Krisenform der kapitalistischen Vergesellschaftung selbst ist. Das galt schon für die Nazis in einer
noch isolierbaren Gestalt, und das gilt jetzt für das verwe-
sende und weltverpestende planetarische System im Ganzen. Was an sich schon logisch eine Absurdität ist, nämlich
den Kapitalismus immer erst einmal „retten" zu wollen,
bevor man ihn abschaffen kann, ist jetzt auch historisch-
empirisch absurd geworden.

Was kennzeichnet also insgesamt die Bestie Kapitalismus,
was sind ihre Bestandteile die ihr diese bestialische Form
geben und täglich mit wachsender Gewalt die Menschheit
zerstören?

Schauen wir uns, gewissermaßen diesen Text zusammen-
fassend, noch einmal genau an, welcher Formzusammenhang in diesem System besteht, also welche Kategorien
den Kapitalismus, sein Fetisch-Wesen überhaupt ausmachen und folglich radikal abgeschafft werden müssen,
wenn sich die Menschheit nicht barbarisch selbst vernichten soll!

Wie ich Dir bereits eingangs zeigte und Du also weißt, besteht die kapitalistische Form des „automatischen Subjekts" aus: *„Arbeit", Wert/Mehrwert, Geld, Kapital,*

Markt/Tausch/Konkurrenz, geschlechtlicher Abspaltung, Staat/Souveränität, Politik, Recht, Nation, Demokratie. Während die zunächst genannten (bis zur geschlechtlichen Abspaltung) die kapitalistische ökonomische Form (Basis) bilden, sind die folgenden erst daraus abgeleitet, darauf bezogen (Überbau). In ihrer wechselseitigen Beziehung zueinander sind diese Kategorien in einem mehrere Jahrhunderte andauernden Prozess als Komplex entstanden. Keine der Kategorien gab es bereits gesellschaftlich vor der kapitalistischen, aufklärerischen Moderne; lediglich die Form Demokratie (Volksherrschaft) wurde bereits in der Sklavenhaltergesellschaft des alten Griechenland erfunden, als zum „Volk" weniger als fünf Prozent der Menschen gezählt wurden.

Alle diese Kategorien gemeinsam bilden den kapitalistischen Formzusammenhang – das System Kapitalismus. Wollen wir den Kapitalismus abschaffen, um die barbarische Selbstvernichtung der Menschheit (auf diesem Weg befindet sie sich derzeit) nicht weiter zu treiben, sondern zu verhindern, müssen wir also logischerweise all das rigoros abschaffen, was ihn ausmacht, somit ausnahmslos diese Kategorien! Obwohl die Aufgabe gigantisch ist, können wir es gut schaffen, denn alle materiellen Voraussetzungen dafür sind bereits vorhanden. Vorstehend habe ich Dir beschrieben, wie es anzustellen wäre (Keimformen). Was noch fehlt, ist das entsprechende Bewusstsein. Wie bereits Marx beschrieb, wird das gesellschaftliche Bewusstsein vom gesellschaftlichen Sein bestimmt. Leider immer etwas nachtrabend, denn das Sein braucht jeweils eine gewisse Zeitspanne, um bis ins gesellschaftliche Bewusstsein durchzudringen, sich dort breitzumachen, sich einzunisten. Das bedeutet, dass das (stets etwas zurück liegende) Bewusstsein auf die jeweils aktuellen Erscheinungen mit bereits veralteten Maßnahmen und Methoden reagiert; gegenwärtig vorwiegend mit solchen aus der Nachkriegszeit, dem „Kalten Krieg". Wir haben die im Folgenden noch einmal beschriebenen kapitalistischen Kategorien selbst, gewissermaßen als naturgegebene, so verinnerlicht, dass wir uns ein Leben ohne sie nicht einmal mehr vorstellen können und meinen, störrisch und ignorant noch bis heute (2017), dass es mit dem Kapitalismus positiv immer so weitergehen wird. So hetzt unser Bewusstsein beständig nur innerhalb der kapitalistischen Formen, die es als naturgegebene ansieht, über die man daher gar nicht zu reden braucht, hin und her, um mal hier oder dort ein wenig daran zu schrauben. Und es hat heute keine Ahnung mehr davon, dass diese kapitalistischen Kategorien, die es als solche in den vorkapitalistischen Gesellschaften noch gar nicht gab, in den letzten etwa 400 Jahren trotz großer Gegenwehr in unsere Vorfahren so hineingeprügelt, -gefoltert und -pädagogisiert wurden, dass wir uns ihnen heute „freiwillig", nämlich bei Strafe des Todes, selbst unterwerfen. Das lässt sich nur ändern, wenn wir diese Kategorien endlich aus ihrer Anonymität herausholen und sichtbar machen, sie ihrer Verkleidungen berauben. Halten wir uns selbst den Spiegel vor und schämen uns dafür, dass wir uns dermaßen würdelos selbst verhausschweinen, also Fetischen unterwerfen.

Schauen wir uns auf den nächsten Seiten kurz an, was die genannten Kategorien ausmacht und es somit konsequent zu zerfetzen gilt:

Arbeit:

Sie ist die Tätigkeit der Unmündigen, der Knechte und Sklaven, derjenigen also, die ihre Freiheit verloren haben. Wie Du bereits lesen konntest, lässt sich nicht nur faktisch, sondern auch begrifflich die Identität von „Arbeit" und Unmündigkeit nachweisen. Die Ausdehnung der Arbeit auf alle Gesellschaftsmitglieder ist daher nichts als die Verallgemeinerung von knechtischer Abhängigkeit und unsere moderne Anbetung der Arbeit bloß die quasi-religiöse Überhöhung dieses Zustands, ein Götzendienst, eine Art Unzurechnungsfähigkeit.

Wir konnten sehen, dass an ihrem Anfang nicht die angeblich „wohlfahrtssteigernde" Ausdehnung der Marktbeziehungen, sondern die Erfindung der Feuerwaffen (Kanonen, Gewehre) stand und der daraus herrührende unersättliche Geldhunger der absolutistischen Staatsapparate, um die frühmodernen Militärmaschinen zu finanzieren. Erst auf diese Weise wurde das Geld zu einem zentralen gesellschaftlichen Motiv und das Abstraktum Arbeit zu einer zentralen gesellschaftlichen Anforderung ohne Rücksicht auf die Bedürfnisse. Seitdem besteht der Zweck jeglicher Produktion nur noch darin, nicht etwa die Bedürfnisse der Menschen nach Gebrauchsgütern zu befriedigen, also Gebrauchswerte zu schaffen, sondern durch die Vernutzung menschlicher Arbeitskraft (Arbeit) den Produkten einen imaginären Tauschwert (ausgedrückt durch **Geld/Preis**) einzuhauchen, der jeweils höher sein muss, als für die Produktion selbst aufgewendet wird (**Mehr-wert**). Dieses „Wunder" kann nur durch die Veräußerung der menschlichen Arbeitskraft geschehen. Denn diese Arbeitskraft kann den Dingen virtuell einen höheren „**Wert**" einfügen, als sie selbst besitzt, indem sie länger vernutzt wird, als zu ihrer eigenen Reproduktion erforderlich wäre. Das Ziel der Produktion besteht seither einzig darin, aus Geld mehr Geld zu „machen", unabhängig davon, welche Produktform das Geld temporär annimmt. Die solcherma-ßen geleistete Arbeit, also die außerhalb jedes Zwecks von konkreter Bedürfnisbefriedigung verausgabte menschli-che Arbeitskraft, bezeichnete Marx treffend als „abstrakte Arbeit". Es kommt nicht darauf an, was von den Menschen produziert wird, sondern einzig, dass sie produzieren, also ihre Arbeitskraft verwursten lassen.

So war die Betätigung der Musketen und Kanonen gewis-sermaßen die Frühform der „abstrakten Arbeit". Vor die-sem Ausdruck stutzen noch heute die meisten Menschen, obwohl nicht schwer zu begreifen ist, was er sagen will. „Abstrakte Arbeit" ist eine fremdbestimmte Tätigkeit, die gegen Geld verrichtet wird und bei der das Geldinteresse entscheidend, also der Inhalt relativ gleichgültig geworden ist. Dem, der seine Arbeitskraft verausgabt, ist es relativ egal, was er produziert; Hauptsache, er „verdient" damit Geld. Und ebenso ist dem, der die Arbeitskraft vernutzt (bezahlt), egal was da produziert wird; Hauptsache, er kann dafür auf dem Markt mehr Geld erzielen, als er für die Produktion (Werkzeuge, Werkstoffe, Arbeitskraft) be-zahlte (Mehr-Geld/Mehr-Wert).

Nicht freiwillig gingen die meisten Menschen zur Produktion für anonyme Märkte und damit zur allgemeinen Geldwirtschaft über, sondern weil der absolutistische Geldhunger die Steuern monetarisiert und gleichzeitig exorbitant erhöht hatte. Nicht für sich mussten sie „Geld verdienen", sondern für den militarisierten frühmodernen Feuerwaffen-Staat, seine Logistik und seine Bürokratie. So und nicht anders ist der absurde Selbstzweck der Kapitalverwertung und damit die allgemeine „Arbeit" in die Welt gekommen.

Bald genügten monetäre Steuern und Abgaben nicht mehr. Die absolutistischen Bürokraten und finanzkapitalistischen Verwalter machten sich daran, die Menschen direkt als Material einer gesellschaftlichen Maschine für die Verwandlung von Arbeit in Geld zwangsweise zu organisieren. Die traditionelle Lebens- und Existenzweise der Bevölkerung wurde zerstört; nicht weil diese Bevölkerung sich freiwillig und selbstbestimmt „weiterentwickelt" hätte, sondern weil sie als Menschenmaterial der angeworfenen Verwertungsmaschine herhalten sollte. Die Menschen wurden mit Waffengewalt von ihren Feldern vertrieben, um der Schafzucht für die Wollmanufakturen Platz zu machen. Alte Rechte wie das freie Jagen, Fischen oder Holzsammeln in den Wäldern wurden abgeschafft. Und wenn die verarmten Massen dann bettelnd und stehlend durch die Lande zogen, wurden sie in Arbeitshäuser und Manufakturen eingesperrt, um sie mit Arbeitsfoltermaschinen zu malträtieren und ihnen ein Sklavenbewusstsein von gefügigen Arbeitstieren einzuprügeln (Pünktlichkeit, Fleiß, Disziplin, Genügsamkeit, Neid, Missgunst, Duckmäusertum, Gehorsam). Heute ist dieses Sklavenbewusstsein weltweit allgemein, aber insbesondere von den in den Grenzen Deutschlands lebenden Menschen verinnerlicht (deutsche Werte! Welche Falschheit, Dummheit, Schmach und Schande!).

Aber auch diese schubweise Verwandlung ihrer Untertanen in das Material des geldmachenden Arbeitsgötzen reichte den absolutistischen Monsterstaaten noch lange nicht. Sie dehnten ihren Anspruch auch auf andere Kontinente aus. Die innere Kolonisierung Europas ging einher mit der äußeren, zuerst in den beiden Amerika und in Teilen Afrikas. Hier ließen die Einpeitscher der „Arbeit" endgültig alle Hemmungen fallen. In bis dahin beispiellosen Raub-, Zerstörungs- und Ausrottungsfeldzügen fielen sie über die neu „entdeckten" Welten her – galten doch die dortigen Opfer noch nicht einmal als Menschen. Die menschenfressenden europäischen Mächte der heraufdämmernden Arbeitsgesellschaft definierten die unterjochten fremden Kulturen als „Wilde" und – Menschenfresser.

Damit war die Legitimation geschaffen, sie auszulöschen oder millionenfach zu versklaven. Buchstäbliche Sklaverei in der kolonialen Plantagen- und Rohstoffwirtschaft, die in ihren Dimensionen noch die antike Sklavenhaltung übertraf, gehört zu den Gründungsverbrechen des warenproduzierenden Systems. Hier wurde zum ersten Mal die „Vernichtung durch Arbeit" im großen Stil betrieben. Das war die zweite Grundlegung der Arbeitsgesellschaft. An den „Wilden" konnte der „weiße Mann", der schon gezeichnet war von der Selbstdisziplinierung, seinen verdrängten Selbsthass und Minderwertigkeitskomplex austoben. Ähnlich wie „die Frau" galten sie ihm als naturnahe und primitive Halbwesen zwischen Tier und Mensch. Immanuel Kant mutmaßte messerscharf, dass Paviane sprechen könnten, wenn sie nur wollten; sie täten es nur deshalb nicht, weil sie sonst befürchten müssten, zur Arbeit herangezogen zu werden.

Dieses groteske Räsonnement wirft ein verräterisches Licht auf die Aufklärung. Das repressive Arbeitsethos der Moderne, das sich in seiner ursprünglichen protestantischen Version auf die Gnade Gottes und seit der Aufklärung auf das Naturgesetz berief, wurde als „zivilisatorische Mission" maskiert. Denn Kultur in diesem Sinne ist freiwillige Unterwerfung unter die „Arbeit"; und „Arbeit" ist männlich, „weiß" und „abendländisch". Das Gegenteil, die nicht-menschliche, unförmige und kulturlose Natur ist weiblich, farbig und „exotisch", also dem Zwang auszusetzen. Mit einem Wort, der „Universalismus" der Arbeitsgesellschaft ist schon von der Wurzel her durch und durch rassistisch. Das universelle Abstraktum Arbeit kann sich immer nur selbst definieren durch Abgrenzung von allem, was nicht in ihm aufgeht!

Es waren nicht die friedlichen Kaufleute der alten Handelswege, aus denen das moderne Bürgertum hervorgegangen ist, das schließlich den Absolutismus beerbte. Es waren vielmehr die Condottieri der frühmodernen Söldnerhaufen, die Arbeits- und Zuchthausverwalter, Pächter der Steuereintreibung, Sklavenaufseher und andere Halsabschneider, die den sozialen Mutterboden für das moderne „Unternehmertum" bildeten. Die bürgerlichen Revolutionen des 18. und 19. Jahrhunderts hatten nichts mit sozialer Emanzipation zu tun; sie schichteten nur die Machtverhältnisse innerhalb des entstandenen Zwangssystems um, lösten die Institutionen der Arbeitsgesellschaft von den veralteten dynastischen Interessen ab und trieben ihre Versachlichung voran. Es war die glorreiche Französische Revolution, die mit besonderem Pathos eine Pflicht zur „Arbeit" verkündete und in einem „Gesetz zur Beseitigung des Bettelwesens" neue Arbeitshäuser einführte.

Das war das genaue Gegenteil dessen, was die sozialrebellischen Bewegungen erstrebten, die am Rande der bürgerlichen Revolutionen aufflammten, ohne darin aufzugehen. Schon viel früher hatte es ganz eigenständige Formen des Widerstands und der Verweigerungen gegeben, mit denen die offizielle Geschichtsschreibung der „Arbeits"- und Modernisierungsgesellschaft nichts anfangen kann. Die Produzenten der alten Agrargesellschaften, die sich auch mit den feudalen Herrschaftsverhältnissen niemals völlig reibungslos abgefunden hatten, wollten sich erst recht nicht damit abfinden, zur „Arbeiterklasse" eines ihnen äußerlichen Systemzusammenhangs gemacht zu werden. Von den Bauernkriegen des 15. und 16. Jahrhunderts bis zu den Erhebungen der später als „Maschinenstürmer" denunzierten Bewegungen in England (Ludditen) und dem Aufstand der schlesischen Weber 1844 zieht sich eine einzige Kette von erbitterten Widerstandskämpfen gegen die „Arbeit". Die Durchsetzung der Arbeitsgesellschaft und ein bald offener, bald latenter Bürgerkrieg waren über Jahrhunderte hinweg ein und dasselbe. Mit anderen Worten: die Durchsetzung der Arbeitsgesellschaft erfolgte von Anfang an gewaltsam mit Mord und Totschlag unter Strömen von Blut (Marx), was nichts anderes bedeutet, als dass die

Arbeitsgesellschaft ihrem Wesen nach eine zutiefst grausame Zwangsgesellschaftlichkeit ist. Daran ändert nichts, dass der Zwang über mehrere Jahrhunderte so wirksam in die Individuen hineingeprügelt, hineingefoltert und hineinpädagogisiert wurde, dass der äußere Zwang nach und nach in die bürokratischen Apparate zurückgenommen werden konnte, weil sich die Menschen diesem Zwangsarbeitssystem nun (letztlich aus Todesangst) selbstunterwerfen, sich regelrecht selbst entwürdigen.

Die alten agrarischen Gesellschaften waren alles andere als paradiesisch. Aber der ungeheure Zwang der hereinbrechenden Arbeitsgesellschaft wurde von der Mehrheit nur als Verschlechterung und als „Zeit der Verzweiflung" erlebt. Tatsächlich hatten die Menschen trotz aller Enge der Verhältnisse noch etwas zu verlieren. Was im falschen Bewusstsein der modernen Welt als Finsternis und Plage eines erfundenen Mittelalters erscheint, waren in Wirklichkeit die Schrecken ihrer eigenen Geschichte (die Durchsetzungsgeschichte der Arbeitsgesellschaft). In den Vor- und nichtkapitalistischen Kulturen innerhalb und außerhalb Europas war die tägliche ebenso wie die jährliche Zeit der Produktionstätigkeit weitaus geringer als selbst heute noch für die modernen „Beschäftigten" in Fabrik und Büro. Und diese Produktion war bei weitem nicht derart verdichtet wie in der Arbeitsgesellschaft, sondern durchsetzt von einer ausgeprägten Kultur der Muße und der relativen „Langsamkeit". Von Naturkatastrophen abgesehen waren die materiellen Grundbedürfnisse für die meisten weitaus besser gesichert als in den Horror-Slums der heutigen Krisenwelt. Auch die Herrschaft ging nicht derart bis auf die Haut wie in der durchbürokratisierten Arbeitsgesellschaft.

Deshalb konnte der Widerstand gegen die „Arbeit" nur militärisch gebrochen werden. Bis heute heucheln sich die Ideologen der Arbeitsgesellschaft darüber hinweg, dass die Kultur der vormodernen Produzenten nicht „entwickelt", sondern in ihrem Blut erstickt wurde. Die heutigen abgeklärten Arbeits-Demokraten lasten all diese Ungeheuerlichkeiten am liebsten den „vordemokratischen Zuständen" einer Vergangenheit an, mit der sie nichts mehr zu tun hätten. Sie wollen nicht wahrhaben, dass die terroristische Urgeschichte der Moderne verräterisch das Wesen auch der heutigen Arbeitsgesellschaft enthüllt. Die bürokratische Arbeitsverwaltung und staatliche Menschenerfassung in den industriellen Demokratien konnten jedoch ihre absolutistischen und kolonialen Ursprünge niemals verleugnen. In der Form der Versachlichung zu einem unpersönlichen Systemzusammenhang ist die repressive Menschenverwaltung im Namen des Arbeitsgötzen sogar noch angewachsen und hat alle Lebensbereiche durchdrungen. Die Menschen können sich eine andere Form ihres Lebens als die kapitalistische nicht einmal mehr im Traum vorstellen und sind blind dafür, dass es allerhöchste Zeit ist, den Kapitalismus selbst abzuschaffen, ehe er sie abschafft.

Wert/Mehrwert

Beide Begriffe sind Fetische. Sie existieren nicht sinnlichreal, sondern gewissermaßen nur als Hirngespinst; um sie „real" werden zu lassen, müssen wir sie uns denken. Denn kein Chemiker, Physiker, Biologe... der irgendein Produkt bis in seine kleinsten Bestandteile zerlegt und mit noch so raffinierten Methoden untersucht, kann jemals darin eine Substanz finden, die sich als Wert erkennen ließe. Während sich der Gebrauchswert eines Produkts sinnlich in seiner Nutzung erfahren lässt, ist das beim Wert und Mehrwert nicht gegeben. Beides sind lediglich imaginäre Begriffe; wir müssen sie also ebenso halluzinieren, wie das bei allen Fetischen notwendig ist. Genau das tun wir ständig. Ihr Maß ist die („Arbeits")-Zeit und ihr Ausdruck das Geld. Marx hat sie in seinem Werk „Das Kapital" wissenschaftlich untersucht und für jeden nachvollziehbar determiniert. Schau Dir das bitte an. Wert/Mehrwert haben mit dem Gebrauchswert eines Produkts absolut nichts zu tun. Der Gebrauchswert eines Tisches ist überall etwa gleich; man kann daran sitzen, plaudern oder spielen. Essen, Trinken, Blumenvasen, Computer, Tischdecken... befinden sich auf ihm. Der Wert des Tisches ist allerdings vollkommen unklar. Hat ihn jemand per Hand hergestellt und dafür vielleicht drei Tage gebraucht, ist sein Wert relativ hoch, denn es ist relativ viel menschliche Arbeitskraft zu seiner Herstellung verbraucht worden. Wurde der Tisch maschinell hergestellt und dafür vielleicht eine Stunde benötigt, ist sein Wert relativ gering, je nachdem, wieviel menschliche Arbeitskraft zur Bedienung der Maschinen gerade noch eingesetzt wurde. Je höher der Maschinenanteil, desto relativ geringer der „Wert" eines Produkts, geschweige denn sein „Mehrwert".

Nur vernutzte menschliche Arbeitskraft („Arbeit" ist Verausgabung von Muskel, Nerv, Hirn / Marx) kann auf die Produkte einen Wert/Mehrwert (ausgedrückt in der Geldform) virtuell übertragen, also einen imaginären Tausch-wert erzeugen. Genauer: Übertragen wird real gar nichts. Die Begriffe selbst und ihre „Übertragung" müssen wir hal-luzinieren; und wir Idioten tun es. Die nützlichsten Sachen, wie Wissen, sind ohne Tauschwert (Marx). Das bedeutet zugleich, dass Automaten allein ohne beteiligte menschli-che Arbeitskraft den von ihnen erzeugten Produkten kei-nen neuen Wert/Mehrwert einpflanzen können; ihre Pro-dukte enthalten also keinen Neu-Wert., sondern lediglich einen klitzekleinen Wertanteil, den der Automat per Ver-schleiß von seinem Altwert verloren und auf das Produkt virtuell übertragen hat (Stichwort Abschreibung). Und ge-nau das ist die Krux des Kapitalismus, die ihn an seine ab-solute innere Schranke geführt hat und ihn unter immer größeren Gewalteruptionen sterben lässt. Seine in der Dritten industriellen Revolution der Mikroelektronik nur noch in homöopathischen Dosen Mehrwert enthaltenden Produkte (weil menschliche Arbeitskraft fast nicht mehr eingesetzt wird) können so auch am Markt nur in immer weniger Geld eingetauscht werden. Eine vollautomatische gesellschaftliche Produktion (also ohne arbeitende Men-schen) ist damit aber kapitalistisch unmöglich. Es könnten zwar alle Produkte für alle menschlichen Bedürfnisse in überreichem Maße hergestellt werden; da aber kein Mensch mehr arbeitet (und das auch nicht braucht), ha-ben die Produkte keinen Wert/Mehrwert/Tauschwert mehr und es wird auch kein Geld mehr „verdient", weil niemand mehr produziert; womit und wozu sollten also diese automatisch hergestellten Produkte bezahlt wer-den, wenn so das Geld verschwindet? Man könnte natür-lich den Menschen das erforderliche Geld für einen Kauf schenken. Wozu aber dann überhaupt noch diesen Umweg über den Geld-Fetisch? Dann könnten doch die Menschen vernünftigerweise die Produkte direkt ohne eine Dazwischenkunft von Geld konsumieren. Aus kapitalistischer Sicht ist das jedoch nicht einmal denkbar, da es doch einzig um den kapitalistischen Selbstzweck geht, aus Geld mehr Geld zu machen. Das Geld, da unabänderbar an die Verausgabung menschlicher Arbeitskraft gebunden, verschwindet aber mit der zunehmenden Produktivität zugleich aus den kapitalistisch-ökonomischen und damit sozialen Zusammenhängen. Eher werden Produktionskapazitäten stillgelegt, wenn sie nicht mehr geeignet sind, ausreichenden Mehrwert zu generieren, auch wenn dadurch überall auf dem Globus immer mehr Menschen ins Elend gestoßen werden. Auf diese Weise wurden bereits nahezu drei Viertel der Menschheit zu kapitalistisch Überflüssigen, ohne jedoch aus dem kapitalistischen Formzusammenhang entlassen zu sein. Obwohl für sie nie mehr „Arbeit" möglich sein wird, hören sie nach wie vor nur: arbeite oder verrecke. Und wir sehen heute tagtäglich, wie ernst das gemeint ist. Kapitalismus wird mit steigender Geschwindigkeit immer drastischer zu einer absoluten Minderheiten-Veranstaltung, was objektiv zu exponentiell anwachsender Gewalt der Konkurrenz-Subjekte führt. Als solche schlagen sie sich um die Verteilung der absolut immer geringer werdenden globalen Mehrwert-Masse.

Geld/Kapital

Geld ist das kapitalistische Selbstzweckmedium und damit die Erscheinungsform der universellen Warenproduktion, nicht jedoch deren Wesen. Ihr Wesen gründet in der „abstrakten Arbeit" und der Wertform.

Geld, dieser Fetisch, ist der alleinige Zweck der ganzen Veranstaltung der Arbeitsgesellschaft, und zwar Mehr-Geld aus der Verwertung des Werts. Geld ist so stets auf sich selbst zurückgekoppelt. Es ist der Hauptfetisch der kapitalistischen Gesellschaft, ihr Selbstzweck, ein Götze, dem sich alle vermeintlich sogar freiwillig unterwerfen (!). In dieser Gesellschaftsordnung gibt es heute keine Lebensäußerung mehr, die nicht an das Geld gekoppelt, vom Geld abhängig wäre. In diesem Lesebuch beschrieb ich Dir, wie das Geld gesamtgesellschaftlich mit der „Arbeit", dem Wert, dem Staat und seinen Handlungsformen in die Welt kam. Hier, in der kapitalistischen Produktionsweise, schwingt sich das Geld zu einem auf sich selbst rückgekoppelten Ding oder Verhältnis auf. Das Medium Geld ist zum totalitären Selbstzweck mutiert. Es ist jetzt ein auf sich selbst bezogenes Medium, also das Paradox einer *selbstbezüglichen Vermittlungsbewegung* (an sich schon ein elementarer Widerspruch). Es handelt sich dabei allerdings um die Selbstbezüglichkeit der zu Grunde liegenden Wertsubstanz oder der „abstrakten Arbeit" als deren Tätigkeitsform: „Arbeit" um der „Arbeit" willen, „Wert" um des „Wertes" willen oder eben „Verwertung des Werts" (Marx), dessen Erscheinungsform das Geld nur ist. So erscheint die Selbstbezüglichkeit der Wertabstraktion als diejenige des Geldes. Das Geld symbolisiert daher nicht mehr die Verbrauchsgüter als die eigentlichen Zwecke, sondern genau umgekehrt: Die Güter des praktischen Nutzens stellen nur noch Aggregatzustände des Geldes als jenes absurden Selbstzwecks der Wertverwertung dar. In dieser metaphysischen Praxis eines verselbstständigten Fetischmediums kann aber das Geld kein bloßes Symbol mehr sein, weil es nicht mehr nur vermittelt, sondern sich selbst als Ausdruck der selbstreflexiven, tautologischen Bewegung der Wertform oder als „automatisches Subjekt" (Marx) zum eigentlichen Zweck gemacht hat.

Geld wird dann zu **Kapital**, wenn es dazu vorgesehen ist und verwendet wird, menschliche Arbeitskraft zu vernutzen. Kapital durchläuft im Verlauf seiner Verwertung verschiedene Metamorphosen. Zunächst einmal ist alles Kapital Geldkapital, also Geld, das nicht für Konsumzwecke ausgegeben, sondern zum Zweck seiner Vermehrung „angelegt" wird. Indem das geschieht, nimmt das Geldkapital zuerst die veränderte Gestalt von Arbeitskraft und Produktionsmitteln an, dann die Gestalt der damit produzierten Waren, bis es sich schließlich durch den Verkauf dieser Waren auf dem Markt wieder in Geld(kapital) zurückverwandelt, und zwar eben in mehr Geld, als es am Ausgangspunkt des ganzen Zyklus' war. Geld überhaupt und damit auch Geldkapital ist aber nichts anderes als die gesellschaftliche Ausdrucks- oder Erscheinungsform von Wert, das heißt fetischisierter, vergangener gesellschaftlicher „Arbeit", wobei „Arbeit" als Abstraktion bereits den lebendigen prozessualen Aggregatzustand des Verwertungsprozesses darstellt. (verzeih mir diese knappe Darstellung; schau Dir alles hierzu bei Marx /Kapital im Detail an).

Daher kann die bestehende Arbeitsgesellschaft nicht treffender denn als Kapitalismus bezeichnet werden, wie die immer eindringlicher werdenden gellenden Schreie nach „Arbeit", Beschäftigung und Arbeitsplätzen beweisen, denn darum dreht sich alles. So ist also „Arbeit" nichts als die Substanz von Kapital. Das heißt logisch, „Arbeit" und Kapital bilden nur die beiden Seiten der gleichen Medaille (Verwertung des Werts/Kapitalismus) und es existiert kein Grund-Widerspruch zwischen ihnen. Beide Seiten bedingen einander: Keine „Arbeit" – kein Geld, also kein Kapital. Das Bewusstsein der Weltbevölkerung ist heute so versklavt-verdorben, dass es sich nicht einmal mehr ein Leben nur vorzustellen vermag, das nicht von Geld abhinge. So sollten wir besser von einem Un-Bewusstsein sprechen, einem Trance-Zustand oder von einer totalen Bewusstlosigkeit, wegen der völligen Blindheit gegenüber der eigenen gesellschaftlichen Verfasstheit. Die Menschen finden es vollkommen in Ordnung, dass sie, wenn sie kein Geld haben, sterben müssen. Das ist nichts anderes als Irrsinn bzw. Wahn. So sind die Menschen objektiv wahnsinnig – unzurechnungsfähig. Wir sind Zombies in einer Zombieveranstaltung; und geben uns daran in unserer Blödheit nicht etwa selbst die Schuld (als notwendigem immanenten Bestandteil/Substanz des Kapitals), sondern unseren Nachbarn, oder religiös Anderen, oder ethnisch Anderen, oder den „Ausländern", oder allgemein Fremden... eben „Wilden" und „Menschenfressern", also den Tötbaren. Und alle wollen weitermachen mit der Verwandlung menschlicher Energie in Geld als irrationalem Selbstzweck.

Perverser geht es nicht – Geld, stofflich nichts als ein Fetzen Papier, oder ein Stückchen Metall, als Zweck des Lebens! Religion at it's best. Gott ist Geld!

Aber: Geld ist eine national bestimmte Erscheinungsform (Währungen). Diese wird jedoch durch die Globalisierung gerade zerstört. Das Schicksal der National-Ökonomie ist auch das Schicksal des Geldes, das so wenig transnational werden kann wie der Staat, der es garantieren muss. Das Geld als solches bleibt in den alten nationalstaatlichen Rahmen gebannt, wie die Märkte und der Großteil der „Beschäftigung". Es ist nur eine Frage der Zeit, bis sich die Entsubstantialisierung der Währung, die in den meisten peripheren Ländern schon zum Zusammenbruch des inneren Geldsystems (faktische Wertlosigkeit der eigenen Währung) geführt hat, in derselben Weise in den kapitalistischen Zentren gewaltsam bemerkbar macht und den bloß relationistischen Nominalismus des Geldes auch für die Geldnamen Dollar, Euro, Renminbi usw. in die Luft sprengt (11). Wenn sich die staatlich-juristische Garantie des „gesetzlichen Zahlungsmittels" erschöpft, hat sich die gesellschaftliche Synthesis in der Geldform überhaupt erschöpft. Die Globalisierung als finale Krisenerscheinung des Kapitalismus drückt somit nicht nur die Obsoletheit der „abstrakten Arbeit" aus, sondern damit auch die Obsoletheit des kapitalistischen Selbstzweckmediums.

Markt/Konkurrenz

Der Markt ist die Sphäre der Realisierung des Mehrwerts.

(11): vgl. hierzu Robert Kurz, Das Weltkapital, 2005.

Hier wird das in die Produktion von Waren gesteckte (investierte) Geld/Kapital, das damit also zwischenzeitlich in die materielle Waren-Hülle schlüpfte, wieder in Geld zurückverwandelt; und zwar möglichst in mehr Geld, als anfangs investiert wurde (Mehrwert). Der Vorgang nennt sich verkaufen und kaufen. Erst hier am Markt entscheidet es sich, ob ein Produkt als Ware gültig wird, ob es überhaupt einen Tauschwert (Wert/Mehrwert) besitzt, also wieder in Geld eingetauscht werden kann. Und zwar in mehr Geld, als zu seiner Herstellung erforderlich war. Hier wird entschieden, ob sich der Kapitaleinsatz „gelohnt" hat, ob sich also der Wert verwertet. Auf dem Markt wird folglich entschieden, ob ein Produkt als Ware gilt, denn allein zu diesem Zweck wurde es hergestellt. Heute haben wir es mit einer vollständig kapitalistisch geformten Welt zu tun. Dem entspricht der Weltmarkt (Globalisierung). Das heißt, alle heutzutage für den Verkauf am Markt hergestellten Produkte müssen konkurrierend zu anderen Produkten auf dem Weltmarkt darum kämpfen, als Waren anerkannt zu werden, also einen Teil des Welt-Gesamt-Mehrwerts (Mehrwertmasse) auf sich zu ziehen. Die Produkte, denen das, aus welchen Gründen auch immer, nicht gelingt (zumeist Preisgründe), sind, obwohl als solche bezeichnet, gar keine Waren, demnach kapitalistisch „ungültig"; sie sind keine Träger von Wert/Mehrwert, sondern nur noch Träger eines Gebrauchswerts. Das ist aber nicht das Ziel der kapitalistischen Produktion und so werden sie vom Markt hinweggefegt, ihre Produktionskapazitäten stillgelegt, die Arbeits-Menschen entlassen und ebenfalls „ungültig". Und wer kapitalistisch „ungültig" geworden ist, ist überflüssig, weniger als eine Sache, also letzten Endes tötbar. Und genau deshalb ruft heute ein Teil der rechten Politik zum Gebrauch von Schusswaffen an den Landesgrenzen gegen anströmende Flüchtlingsmassen auf oder wenigstens zur konzentrierten Internierung außerhalb der Grenzen der kapitalistischen Kernländer (sogenannte Auffanglager). Der Tendenz nach wohnt dem bereits die Möglichkeit zur etwas abgewandelten (da nicht mehr einzelstaatlich organisierbaren) Wiederholung von Auschwitz inne; natürlich mit weitaus größerer Tötungsrate. Auch auf solche Weise manifestiert sich zunehmend der diesem Gesellschafts-System immanente Todestrieb.

Die Konkurrenz um die Sicherung der Gültigkeit der Produkte auf dem Weltmarkt wird beständig grausamer. Den Protagonisten ist nahezu jedes Mittel recht, ihre jeweiligen Interessen durchzusetzen. Insbesondere sind die betriebswirtschaftlichen Einheiten darum bemüht, ihre Produkte am Markt zu niedrigeren Preisen anbieten zu können, als die konkurrierenden Unternehmen. Das kann nur gelingen durch eine immer weitere Verwissenschaftlichung des gesamten Herstellungsprozesses, inklusive Infrastruktur und Ausbildung, letztlich also seiner Automatisierung und damit „Befreiung" von menschlicher Arbeitskraft. Die paradoxale Logik dieses Prozesses besteht darin, dass sich das *Einzelkapital* durch „Realisierung" auf dem Markt einen umso größeren Teil der *gesellschaftlichen* Arbeitssubstanz bzw. Wert- und Mehrwertmasse aneignen kann, je mehr es durch Produktivitätssteigerung – um sich in der Konkurrenz behaupten zu können – gerade diese gesellschaftliche Arbeitssubstanz vermindert und damit die Wert- und Mehrwertproduktion untergräbt. Pervers, oder? Und die Mikroelektronik gewährt hierfür alle Voraussetzungen.

Weitere notwendige Handlungsformen der Konkurrenz werden ganz ungeniert nach Kalkül eingesetzt. Solche sind zum Beispiel Betrug, Spionage, Hinterziehung, Erpressung, Korruption. Auch letztere zum Beispiel, obwohl hin und wieder in den Medien anklingend, ist ein kapitalistisch ganz normales und alltägliches Mittel von Konkurrenz; die gelegentliche Entrüstung darüber nichts als scheinheilige Heuchelei und borniertе Unwissenheit über das, was Kapitalismus überhaupt ist. Und man kann sogar als Faustformel ansetzen, dass Korruption ebenso wie die anderen benannten Handlungsformen generell direkt proportional zur wirtschaftlichen Größe der Marktteilnehmer eingesetzt wird. Hierzu bedarf es keines speziellen Beweises, es ergibt sich rein logisch aus dem Wesen von Konkurrenz überhaupt. Der Weltmarkt ist sozusagen ein Kriegsschauplatz; entsprechend sind Sprache, Methoden und konkrete Handlungen der Protagonisten. Der Kauf menschlicher Arbeitskraft (zur Verausgabung von Muskel, Nerv, Hirn) ist doch der Kern des Kapitalismus, also nimmt er ganz notwendigerweise bei Bedarf auch die Form von Korruption an. Vielleicht ist auch Dir schon aufgefallen, dass im höchsten Maße rar der Korrumpierer, sondern (selten genug) stets nur der Korrumpierte sanktioniert wird. Die wenigen öffentlich bekannt gewordenen Fälle bestätigen nur die objektiv notwendige Allgemeinheit der Korruption, des Betrugs etc. im Kapitalismus als jeweils eine der Handlungsformen von Konkurrenz.

Wer meint, das System statt Kapitalismus besser Marktwirtschaft nennen zu müssen, versteht gar nicht, dass er die Sache, in dem Versuch, sie zu verharmlosen, eigentlich nur verschlimmbessert. Denn Marktwirtschaft ist nichts als Kapitalismus.

Das geschlechtliche Abspaltungsverhältnis

Seinem Begriff nach ist der sozialökonomische Aktionsraum des Kapitals grenzenlos, lediglich durch die jeweiligen technischen und militärisch-weltpolizeilichen Zugriffsmöglichkeiten begrenzt. Wenn es könnte, würde das Kapital nicht nur wie bisher die gesamte Erde, sondern alle Welten und das gesamte Universum seiner betriebswirtschaftlichen Vernutzungs-Logik der „abstrakten Arbeit" unterwerfen, also noch, wie vor allem in der angelsächsischen Science Fiction gelegentlich ganz naiv ausgemalt, die „Arbeitskraft" der Geschöpfe fremder Sternensysteme ausbeuten und in Geld (Mehrwert/Profit) verwandeln. Insofern ist das Kapital per se nicht nur „vaterlandslos", sondern überhaupt jeder sozialen Verpflichtung, jeder kulturellen Beziehung, jeder Art von Ordnung außerhalb seines unmittelbaren ökonomischen Imperativs gegenüber prinzipiell illoyal. Kapitalismus ist ein paradoxer Fremdkörper in der Gesellschaft, der diese zu seinem Funktionsmaterial gemacht hat, aber ihrer besonderen Existenz gegenüber gleichgültig ist.

Andererseits ist jedoch dieser aus allen menschlichen Bindungen herausgelöste hybride Fremdkörper mit seinem selbstbezüglichen Imperativ der endlosen Plusmacherei ein äußerst bedürftiges Wesen. Denn das Kapital ist für seinen Akkumulationsprozess, der in grotesker Weise das

Leben der Menschheit verwurstet, auf bestimmte Rahmenbedingungen angewiesen, die es selber in seiner ökonomischen Unmittelbarkeit nicht schaffen kann.

In der Struktur der sozialen Beziehungen sind das zum einen alle Tätigkeiten, Verhaltensweisen, Zuwendungen und kulturell-symbolischen Ausdrucksformen, die nicht im System der „abstrakten Arbeit" aufgehen, sich nicht oder nur teilweise in die Geldform übersetzen lassen und dennoch unerlässlich und meist stumme Voraussetzungen dafür sind, dass überhaupt eine Reproduktion des sozialen Lebens stattfinden kann. Traditionellerweise ist dieser Lebens- und Reproduktionsaspekt, der für die kapitalistische Logik nur lästigen Ballast darstellt, den Frauen zugeschrieben worden und figuriert als vielfältige „Abspaltung" von der offiziellen Gesellschaftlichkeit(12). Dabei handelt es sich keineswegs nur um die nicht in der Wertform/Geldform darstellbare „Hausarbeit", familiäre und nachbarschaftliche „Zuwendung", weibliche „Liebesarbeit", Fürsorgehaltung usw., sondern auch um diverse in den Institutionen der „abstrakten Arbeit" und des Marktes selbst angesiedelte, weiblich konnotierte soziale „Schmiermittelfunktionen", soziopsychische Vermittlungstätigkeiten und dazugehörige emotionale Haltungen etc. Inzwischen wird sogar in Managementtheorien versucht, diese Aspekte unter dem Stichwort der „emotionalen Intelligenz" bewusst zu instrumentalisieren.

Da die verschiedenen Momente eines sozial-materiellen,

(12): vgl. hierzu Roswitha Scholz, Das Geschlecht des Kapitalismus, 2000.

sozialpsychologischen und kulturell-symbolischen „Abspaltungsverhältnissses" (Roswitha Scholz) durchaus informell, also nicht institutionalisiert und nicht formal kodifiziert sind, sich auch ihrer Natur nach dagegen sperren, kommen sie in der bürgerlichen Theorie seit der Aufklärung entweder gar nicht vor oder bleiben unterbelichtet. Das gilt besonders für den Begriffsapparat der politischen Ökonomie und auch noch weitgehend für die Marxsche Kritik derselben. Dennoch handelt es sich um höchst reale Voraussetzungen des betriebswirtschaftlichen Verwertungsprozesses, ohne die der globale Kapitalismus an seiner allen sozialen und sinnlichen Bezügen gegenüber gleichgültigen Destruktionslogik längst zugrunde gegangen wäre bzw. gar nicht hätte entstehen können. Mit anderen Worten: die Bereiche der geschlechtlichen Abspaltung waren und sind für die Kapitalverwertung und damit für den Kapitalismus konstitutiv. In seiner derzeitigen Endkrise werden die in seiner Aufstiegsphase eingebauten Vorbeugungsmaßnahmen gegen die Krisenanfälligkeit (Sozialversicherungssysteme, sozialstaatliche Ansprüche und entsprechende bürokratische Zuteilungsapparate) als soziale Pufferfunktionen wieder entstaatlicht, entmonetarisiert und vielfach im Mikrobereich wieder an die Frauen zurückdelegiert. Leider verstehen letztere diesen Zusammenhang bis heute nicht; sie wissen noch nicht einmal mit dem Begriff der geschlechtlichen Abspaltung etwas anzufangen. So kämpfen die sogenannten Feministinnen nach wie vor um „Gleichberechtigung", was an sich eine absurde kapitalismus-immanente Forderung ist. Wenn die geschlechtliche Abspaltung für den Kapitalismus unabdingbar ist, kann daraus nie und nimmer innerhalb dieses

Systems eine Gleichstellung der Geschlechter erreicht werden. Daher muss eine Frauenbewegung, die diesen Namen verdient, vor allem den kapitalistischen Formzusammenhang radikal thematisieren mit dem Ziel, den Kapitalismus abzuschaffen.

Staat/Souveränität

Staaten wurden, wie bereits ausgeführt, in mehr als zweihundert Jahre andauernden verheerenden Kriegen mit Strömen von Blut gebildet. Von Anfang an waren sie Zwangsgebilde zur Aussaugung und Verwaltung von Menschenmaterial im Inneren und Militärgebilde zur Sicherung des Rüstungswettlaufs zur Kriegsführung nach außen.

Vor über 400 Jahren wurde der unersättliche Geldhunger der Feuerwaffenherrschaft zum bestimmenden Moment. Nach neueren Berechnungen stieg die steuerliche Belastung zwischen dem 15. und dem 18. Jahrhundert um nicht weniger als 2200 Prozent. Dieses Aufzwingen der Geldform demoralisierte die Menschen dieser Zeit vollkommen. Steuereintreiber bildeten nach den Kriegsfinanziers und Condottieri einen weiteren Prototypen des freien Unternehmertums, indem sie den absolutistischen Herrschern gegen eine Pauschale das Recht zur Eintreibung des Geldes abkauften. Und wer nicht bezahlen konnte, dem wurde vom Gerichtsvollzieher notfalls die letzte Kuh oder das Handwerkzeug konfisziert, um daraus Geld zu machen. Aber auch die Verwandlung der Naturalleistungen in Geldsteuern und deren exorbitante Erhöhung konnte den Geldhunger der Kriegsmaschinen nicht befriedigen. Weil ihnen die Kriegsbeuten nicht ausreichten, gingen die Militärdespotien der sogenannten Modernisierung dazu über, eigene Produktionsunternehmen außerhalb der Gilden und Zünfte zu gründen, deren Zweck nicht mehr Bedürfnisbefriedigung, sondern einzig und allein Geldbeschaffung war. Diese staatlichen Manufakturen und Plantagen produzierten erstmals für einen großräumigen anonymen Markt, der schließlich zur Voraussetzung der freien Konkurrenz werden sollte. Und weil sich niemand freiwillig für die billige Lohnarbeit hergab, setzte man Sträflinge, gefangen gehaltene Geisteskranke und in der Peripherie auch Sklaven ein. Es wurden sogar eigens Delikte erfunden, um massenhaft Zwangsarbeiter zu bekommen. Die Herren Direktoren der neuen Zucht- und Arbeitshäuser (der Prototypen aller heutigen Fabriken, Werke, „Unternehmen", Büros...) für den im Zuge der gesellschaftlichen Zwangsmonetarisierung entstehenden freien Markt vervollständigten die illustre Gesellschaft von Prototypen des freien Unternehmertums.

Die Condottieri, die sich und ihre Privatarmeen an den meistbietenden Stadt- oder Landesherrn verkauften, waren nur eine Übergangserscheinung. Bald nahmen die zunächst nur als Auftraggeber in Erscheinung tretenden fürstlichen Administrationen die Sache selbst in die Hand. Was später zum Entwicklungsgesetz der modernen Ökonomie werden sollte, setzte sich zuerst auf der Ebene der mit Feuerwaffen Krieg führenden Mächte durch; die großen Fische fraßen die kleinen.

Einmal durch die selbsttragende Dynamik der „militärischen Revolution" in Gang gesetzt, prallten die frisch gebackenen frühmodernen Staatsgebilde in einer zunehmenden Expansionsbewegung aufeinander. In bis dahin beispiellosen Blutbädern maßen sie ihre erstmals großtechnologisch fundierten Kräfte, um die Vorherrschaft in Europa neu auszukämpfen. Zutreffend hat der liberalkonservative Schweizer Historiker Jacob Burckhard vom „Staatsbildungskrieg" der frühen Neuzeit gesprochen, denn damals entstanden die Grundstrukturen der heute noch gültigen Machtgebilde und dessen, was wir – als Kehrseite der monetarisierten Reproduktion – Politik nennen. Krieg, Staat und Politik sind Teile des kapitalistischen Formzusammenhangs, daher nicht voneinander trennbar, wie noch zu zeigen ist, sondern sie bedingen einander.

Ein Staat ist also ein Machtgebilde, ein Gebilde, um Macht zu haben bzw. sie ausüben zu können. Insofern ist ein Staat lediglich ein Zwangs- und Gewalt-System nach innen und außen. Er schließt zugleich ein und grenzt aus. Er ist eine falsche Allgemeinheit. Sein bürokratischer, polizeilicher, politischer und militärischer Apparat hat nach innen den Zweck, das Menschenmaterial so weit wie möglich in „Arbeit" zu zwingen, es ständig auch unter Gewaltanwendung zu verwalten und in Bewegung zu halten. Nach außen besteht sein Zweck darin, die Konkurrenz der Binnenökonomie gegen die anderer Staaten durchzusetzen, sie zu dominieren.

Das zentrale Moment moderner Staatlichkeit ist die Souveränität. Die marodierenden Landsknechte (riesiger Militärapparate) waren kein Zersetzungsprodukt der agrarischen Gesellschaft selber, sondern sie überzogen diese zunächst in der Form der Brandschatzung mit jenem neuen Grundrecht, das sich schließlich zur Souveränität verhärtete. Man teilte sich die Ländereien, in denen dann zu brandschatzen war, bzw. die Stärkeren nahmen den Schwächeren in mörderischen Kriegs-Schlachten Ländereien ab, und vergrößerten so ihr zu brandschatzendes Gebiet (13). Das Prinzip der Souveränität hat bereits der französische Rechtstheoretiker Jean Bodin (1529-1596) formuliert; es bezieht sich auf den diktatorischen und totalitären Charakter der modernen, über die Warenform vermittelten Gesellschaft. Es stellt den politischen Ausdruck des ökonomischen Terrors dar, und deshalb zieht sich dieses Prinzip durch alle modernen Staatsformen, die nichts anderes als dessen Entwicklungsstufen sind. Monarchischer Absolutismus der Frühmoderne, ständische Republiken des 18. und 19. Jahrhunderts, totalitäre Diktaturen und die Demokratie des 20. und 21. Jahrhunderts liegen auf ein und derselben Linie; es handelt sich um die Entfaltung derselben Substanz „Souveränität". Diese Substanz bildet nur die politische Erscheinungsform der realmetaphysischen „Wertsubstanz" (bei Marx: „abstrakte Arbeit" in lebendiger und „tote Arbeit" in geronnener Gestalt), deren ökonomische Erscheinungsform das auf sich selbst rückgekoppelte Geld ist. Wie die betriebswirtschaftliche Vernutzung menschlicher Energie und Konkurrenz den ökonomischen Zwangscharakter des Systems ausmachen,

(13): Brandschatzung war der Vorgang, in dem man Bewohner eines Gebietes oder einer Stadt erpresste, bestimmte Geldsummen (Steuern, Pachten, sonstige Abgaben) zu zahlen, indem man drohte, anderenfalls Feuer zu legen und sie auszuplündern.

so die Souveränität den dazugehörigen juristischen und politischen Zwangscharakter; denn die beiden Wesen oder Seelen in der Brust des modernen Menschen, der homo oeconomicus ebenso wie der homo politicus, können nur als Vollzugsorgane des übergeordneten irrationalen Selbstzwecks agieren, wie er sich in den Pseudo-Naturgesetzen der kapitalistischen Verwertung darstellt.

Bei Bodin beinhaltet der Begriff der Souveränität „die absolute und dauernde Gewalt eines Staates, ... Souveränität bedeutet höchste Befehlsgewalt, ... Souveränität wird weder durch irgendeine Gewalt, noch durch menschliche Satzung, noch durch eine Frist begrenzt... Die Staatsgewalt ist dann absolut und souverän, wenn sie nur dem göttlichen Gebot und dem Naturrecht unterworfen ist... Das hervorragendste Merkmal der Souveränität besteht in der Machtvollkommenheit, Gesetze für alle und für jeden einzelnen zu erlassen" (Bodin 1976/1583, 19 ff, 42).

Schon in dieser frühesten Formulierung zeigt sich, dass Souveränität die repressive Menschenverwaltung „von oben" bedeutet, nicht nur durch absolutistische Fürsten oder Modernisierungs-Diktatoren, sondern auch und gerade durch demokratische Administrationen. Deren Legitimation durch sogenannte Wahlen ist insofern bedeutungslos, als dabei die repressiven und irrationalen Systemgesetze immer schon vorausgesetzt werden, somit als solche nie zur „Wahl" stehen. Es ist immer nur die „Wahl" zwischen verschiedenen Variationen der Exekution dieser Systemgesetze, sodass Bodins Definition des Bürgers heute noch gilt: „Ein Bürger ist nichts anderes als ein freier Untertan, der unter der souveränen Gewalt eines anderen steht" (Bodin, a.a.O., 15).

In der Demokratie ist der „andere", der die souveräne Gewalt trägt, selber nur ein Diener (Minister) des blinden Systemzwangs, der viel direkter in Erscheinung tritt als auf den früheren Entwicklungsstufen. Insofern stellt die Demokratie die entwickeltste kapitalistische Staatsform und damit die entwickeltste Form der Souveränität und damit die entwickeltste Form von Gewalt, Zwang und Terror dar.

Weit davon entfernt, deren repressiven und totalitären Charakter zu verlieren, kommt dieser in der weitestgehend versachlichten Gestalt von „Demokratie-und-Marktwirtschaft" erst zur vollen Geltung. Gerade durch diesen Charakter der Versachlichung aller Zwänge („Sachzwang"), wie er in ökonomischen Pseudo-Naturgesetzen und daraus folgenden technologischen und sozialtechnologischen Pseudo-Notwendigkeiten erscheint, wird die totalitäre Repression in eben dem Maße auf die Spitze getrieben, wie sich die seltsame „Freiheit" entfaltet, alle Angelegenheiten, Bedürfnisse und Empfindungen „autonom" nur noch im Rahmen dieser totalitären Zwänge des modernen warenproduzierenden Systems darstellen zu „dürfen".

Schon Bodin setzt in aller Gemütsruhe für den Charakter der Souveränität fest: „Die Bestimmung ‚glücklich' dagegen ist nicht erforderlich... Denn ein Staat kann gut regiert sein und gleichwohl von Armut heimgesucht ... sein. Wir sehen die Bestimmung ‚glücklich' für die Definition des

Staates nicht als wesentlich an" (Bodin, a.a.O., 9f). Deutlicher könnte nicht gesagt werden, dass es hier um einen Zweck jenseits menschlicher Bedürfnisse geht, eben um den Selbstzweck der Verwertung des Werts, dessen politische Exekution im Begriff der Souveränität benannt ist. Zu Bodins Zeit handelte es sich noch um die Embryonalform der Verwertungsbewegung in Gestalt eines permanenten „Geldhungers" der frühneuzeitlichen Militärdespotien im Kontext ihrer „politischen Ökonomie der Feuerwaffen", also zwecks Kanonenproduktion, Logistik stehender Feuerwaffenheere etc.

Aus dieser militärdespotischen Wurzel der Moderne überhaupt, sowohl des kapitalistischen Staates als auch der kapitalistischen Ökonomie, entfalteten sich die wesentlichen Bestimmungen der Souveränität. Zum einen war dies das territoriale Prinzip der Menschenverwaltung und Auspressung der Bevölkerung für den (ursprünglich militärischen, feuerwaffen-ökonomischen) Verwertungszweck, im Unterschied zum dynastischen Prinzip oder dem Prinzip persönlicher Abhängigkeits- und Beziehungsverhältnisse. Mit dem Begriff der „territorialen Integrität" wurde diese Bestimmung auch nach außen hin festgeschrieben, was nach innen gleichzeitig das Verbot der Loslösung beinhaltete, das heißt das gewaltsame Festhalten von Bevölkerungsteilen im Territorium der Souveränität auch gegen ihren Willen. Die Demokratie stellt die reinste Form des Territorial-Staates und damit der modernen Menschenverwaltung für den kapitalistischen Selbstzweck dar, da hier alle anderen Beziehungsformen endgültig verdampft und ausgelöscht sind; dies macht einen wesentlichen Aspekt der Versachlichung aus.

Zum anderen ist es das staatliche Gewaltmonopol, das die Logik der Souveränität grundlegend bestimmt. Weder nach außen (im zwischenstaatlichen Krieg der Souveräne um Territorien und kapitalistisch vermittelte Machtansprüche) noch nach innen (in der polizeilichen oder militärischen Repression zwecks Aufrechterhaltung der kapitalistischen Gesellschaftsordnung und ihrer Zwänge) wird also Gewalt negiert und überwunden; stattdessen wird sie lediglich monopolisiert, konzentriert und damit zur vollen Effizienz geführt. Die Demokratien haben in jeder Hinsicht die größten und furchtbarsten Gewaltapparate der menschlichen Geschichte aufgebaut.

Führt man die Logik der Souveränität auf ihre Wurzel zurück, dann handelt es sich um die totalitäre Unterwerfung einer bestimmten, auf ein staatliches Territorium eingegrenzten Bevölkerung unter den Zwang zur „abstrakten Arbeit", der sich längst von der ursprünglichen Engführung auf die frühmoderne „politische Ökonomie der Feuerwaffen" abgelöst und zum flächendeckenden System betriebswirtschaftlicher „Unternehmen" unter dem Diktat des Selbstzwecks von Geldvermehrung ausentwickelt hat. Das gesamte politisch-juristische System der „Rechte und Freiheiten" fußt auf dieser Unterwerfung der Menschen unter den irrationalen Zwang zur Verausgabung fremdbestimmter „Leistung" jenseits eigener Zwecke. Genauer gesagt: Im Zuge der Verinnerlichung dieser Systemzwänge haben es sich die Menschen abgewöhnt, überhaupt noch eigene Alltagszwecke ins Auge zu fassen, die nicht unmittelbar von der kapitalistischen Systemform und ihrer allgemeinen Vermittlung durch die Geldform bestimmt wären. Der vormoderne Rahmen von Traditionen ist ersetzt worden durch eine unmittelbare systemische Steuerung.

Politisch-militärische Deterritorialisierung

In dem Maße nun, wie der pseudo-naturgesetzliche Systemzwang selber in der Dritten industriellen Revolution immer größere Menschenmassen für die „abstrakte Arbeit" überflüssig macht und sich dieser Prozess durch die finanzkapitalistisch gesteuerte Globalisierung des Kapitals dramatisch verschärft, stößt nicht nur die weitere Kapitalakkumulation (die ja auf einer ständigen Steigerung in der rentablen Vernutzung abstrakter Arbeit beruht) an objektive historische Grenzen, sondern gleichzeitig mit der Substanz des Kapitals („Arbeit") löst sich damit notwendigerweise auch die Substanz der Souveränität (Staat) samt dem daran gebundenen politisch-juristischen System der „Rechte und Freiheiten" auf. Wie schon weiter oben mit den entsprechenden Folgen beschrieben, bleibt vom homo oeconomicus nur noch das entsubstantialisierte nackte Konkurrenz-Subjekt übrig, während vom homo politicus lediglich das ebenso entsubstantialisierte Gewalt-Subjekt bleibt. Denn wenn die regulären Markt- und Produktionsbeziehungen aufhören, stürzt das Dach der Souveränität ein, die nichts als geronnene, zentralisierte und monopolisierte Gewalt ist und sich nun gewissermaßen in Banden-, Clan-, Gang-, Milizen- und andere Kleinstrukturen hinein verflüssigt.

In der Globalisierung löst sich zusammen mit der Betriebswirtschaft (sie wird transnational) auch die Nationalökonomie auf. Im Unterschied zur Betriebswirtschaft kann sich jedoch die Nationalökonomie ihrer Natur nach nicht auf einer transnationalen Ebene reaggregieren und auf viele Räume verteilt weiterexistieren. Eine global molekular zerstreute Nationalökonomie wäre ein Widerspruch in sich. So löst sich die Nationalökonomie nicht in einen anderen Aggregatzustand auf, sondern sie verschwindet in ihrer Bedeutung als gemeinsamer Funktionsraum einer Summe von Betriebswirtschaften vollständig. Eine wesentliche Ebene der Kohärenz kapitalistischer Reproduktion wird so zerstört. Damit ergibt sich aber eine völlig neue Konstellation: Der Staat, der seinem Wesen nach immer nur (in welcher Größenordnung und Zusammensetzung auch immer) ein Nationalstaat sein kann, sitzt nicht mehr auf einer kohärenten Nationalökonomie als deren zusammenfassende Instanz auf, sondern er sieht sich unvermittelt einer transnational zerstreuten Betriebswirtschaft gegenüber. Die frühere Ebene des inter-nationalen Weltmarkts, auf die Staaten noch durch internationale Vereinbarungen einen gewissen Einfluss nehmen konnten, hat sich in den letzten etwa 40 Jahren in einen direkten betriebswirtschaftlichen Funktionsraum verwandelt. Der Staat erscheint im Vergleich mit seiner einstigen Funktion gewissermaßen als ökonomisch entleert; er ist zu einer schlaffen und sozialökonomisch in sich zusammenfallenden politischen Hülle geworden. Insofern büßt er jene spezifische Qualität aller modernen Staatlichkeit auf Basis des warenproduzierenden Systems ein, die Marx als Funktion eines „ideellen Gesamtkapitalisten" bezeichnet hat. Die Fähigkeit, den Rahmen zu setzen für eine „allgemeine gesellschaftliche Entwicklung", ist dem Staat durch die Krise der Dritten industriellen Revolution und die damit verbundene Transnationalisierung der Betriebswirtschaft bereits verloren gegangen. Der Staat besteht zwar noch fort, aber als ein eigentlich regulationsunfähiger. Da er aufgehört hat, „ideeller Gesamtkapitalist" eines national eingewachsenen Kapitalstocks zu sein, kann er keine Rahmenbedingungen mehr setzen, sondern muss zunehmend ganz *bedingungslos* dem durch sein Territorium hindurch agierenden transnationalen Kapital freie Bahn geben, was natürlich das Gegenteil von Regulation ist, für die es eben kein Bezugsfeld mehr gibt. Der Staat reguliert nicht mehr einen nationalen Kapitalstock, sondern er verwaltet nur noch das Auseinanderbrechen der nicht mehr reproduktionsfähigen kapitalistischen Gesellschaft. Er reduziert sich fast schon von Monat zu Monat immer weiter auf die Hobbessche Funktion des „Leviathan", also eines rein repressiven Ungeheuers.

Der von Marx lange vorausgesagte, zerreißende Widerspruch im kapitalistischen Gefüge ist also endlich praktisch reif geworden: Beide Seiten der kapitalistischen Reproduktion, Betriebswirtschaft (Ökonomie) einerseits und Staat (Politik/Recht) andererseits sind ihrer vermittelnden Instanz, der nationalökonomischen Kohärenz, verlustig gegangen und stehen sich nun gespenstisch entleert und äußerlich gegenüber. Diese neue Qualität bedeutet eben, dass der Nationalstaat kaum noch bzw. keine Gestaltungsmacht gegenüber der transnationalen Betriebswirtschaft besitzt und folglich immer mittelloser wird. Der Nationalstaat verschwindet dabei nicht etwa spurlos zugunsten einer sich verselbstständigenden kapitalistischen Ökonomie, sondern er zerfällt ebenso wie diese in „Verwilderungsformen" jenseits einer Beschreibbarkeit in theoretischen Begriffen. Seine regulativen Fähigkeiten durch Steuer- und Geldpolitik, Sozialpolitik und ökologische Politik erlöschen sukzessive. Jetzt konkurrieren die Staaten darum, von den transnationalen Betriebswirtschaften beachtet und aufgesucht zu werden. Die Staaten stehen sich nicht mehr primär als Souveräne gegenüber, die in diplomatische Beziehungen oder politisch-militärische Auseinandersetzungen um territoriale Ansprüche etc. treten, sondern als ökonomische Konkurrenten auf einem „Staatenmarkt" (in gewisser Weise vergleichbar mit der Konkurrenz der Lohnarbeiter auf dem „Arbeitsmarkt"). Auf allen Ebenen wirft sich die politisch-territorial gebundene Administration in die Pose der Selbstanbietung als Objekt für potentielle Investoren. Sie preist ihre Vorzüge lauthals wie Marktfrauen ihren faulen Fisch oder der billige Jakob seinen Tand. Seit über zwei Jahrzehnten hat sich dieser Prozess des Standort-Marketings immer mehr verbreitet und bis zur Groteske zugespitzt. Das Verhältnis von Politik und Ökonomie steht auf dem Kopf. Der Zerfallsprozess der Ökonomie ist stets auch ein Zerfallsprozess der Politik; der unlösbare Widerspruch entlädt sich in Hassideologien, religiösem Wahn, Terror, Massakern und ziellosen Bürgerkriegen. Am Ende wird auch der Weltmarkt als solcher von der Walze der sozialökonomischen Zerstörung überrollt. Die Globalisierung erstickt sich selbst.

Politik

Die Heraufkunft des Politischen verbarg sich in den gesetzlosen Erscheinungen der frühen Neuzeit. Politik entstand in den Zeiten der Staatsbildungskriege als Bestandteil und

317

Tätigkeitsform der Staatsapparate zum Zweck des Hinein-folterns des Menschenmaterials in die „abstrakte Arbeit" nach innen und die Entwicklung der Souveränitat nach au-ßen. Politik ist somit bereits ihrem Wesen nach Gewalt und immer auf den Staat und die Souveränität bezogen und daher von diesen nicht trennbar. Kein Staat, keine Po-litik.

Politik ist also grundsätzlich nichts als eine Handlungsform des Staates, um nach außen (Staat, Nation, Souveränität) abzugrenzen und eigene Machtansprüche dorthin gege-benenfalls gewaltsam durchzusetzen und nach innen den irrealen Selbstzweck des „Geldmachens" zu sichern also das Menschenmaterial dafür zu domestizieren und zu ver-walten. Politik ist folglich von ihren Anfängen bis heute nichts als Gewalt, auch wenn wir Marktidioten alles mit uns vermeintlich „freiwillig" machen lassen. Und alle paar Jahre wählen wir sogar unsere eigenen Schweinetreiber/ Dompteure/ Folterer/ Henker.

In der Welt des modernen warenproduzierenden Systems ist Politik in Anlehnung an Clausewitz immer schon die Fortsetzung der ökonomischen Konkurrenz mit anderen Mitteln. Zweck heutiger Politik kann es nur sein, den Staatsapparat zu erobern, um mit der Arbeitsgesellschaft weiterzumachen. Wie Carl von Clausewitz (1780-1831), preußischer Generalmajor, schon wusste, ist „Krieg nur die Fortsetzung der Politik mit anderen Mitteln". Diese Be-merkung ist global bekannt und wird so heute auf der gan-zen Welt zustimmend als Allgemeinwissen akzeptiert, weil sie eine Wahrheit benennt. Aber von Clausewitz hat damit sogar mehr gesagt, als er selbst wusste. Denn so gilt logisch natürlich auch umgekehrt: „Politik ist nur die Fortsetzung des Krieges mit anderen Mitteln". Lediglich die verwendeten Mittel bestimmen also, ob ein Geschehen Politik oder Krieg zu nennen ist; und die Grenzen sind fließend. Ihrem Wesen nach sind beide identisch, nämlich Gewalt. Den internationalen Machteliten ist das auch vollkommen bewusst. Auf ihren jährlichen Treffen, deren eines sie Münchner Sicherheitskonferenz nennen, schwören sie sich gegenseitig darauf ein, dieses Monstersystem Kapitalismus mit allen ihnen zur Verfügung stehenden Gewaltmitteln am Leben halten zu wollen. Bereits 2006 sagte dort die deutsche Kanzlerin: >Die zentrale außenpolitische Zielsetzung lautet, Politik und Handeln anderer Nationen so zu beeinflussen, dass damit den Interessen und Werten (!) der eigenen Nation (!) gedient ist. Die zur Verfügung stehenden Mittel reichen von freundlichen Worten bis zu Marschflugkörpern.< Noch Fragen?

So sind Politiker (alle!) also objektiv Krieger, die nur momentan die schweren Waffen eben gerade so aus der Hand gelegt haben, um sie natürlich jederzeit wieder aufnehmen zu können! Sie streiten das natürlich vehement ab, denn es ist ihnen als Systemidioten selbst nicht einmal bewusst.

Zu den Kampfmitteln der Politik zählen die Parteien. Die ersten entstanden im 19. Jahrhundert, natürlich im damals kapitalistisch am weitesten entwickelten England (merke: Parteien sind kapitalistische Gebilde zum Zweck des Systemerhalts). Zuerst entstand in den 30er Jahren die Tory-Partei (Konservative) als Interessenvertreterin des landbesitzenden niederen Adels (gentry); erst 70 Jahre später gründete sich die Labour-Partei als politischer Arm der Gewerkschaften. Aber lange vorher, bereits um 1690-95, gab es als Vereinigungen vor einer Wahl schon die „Tories" und Whigs" im Parlament; letztere als Vertretung des bürgerlichen Markt-Liberalismus. Die Organisations-Formen der Parteien waren von Anfang an und sind bis heute militärisch strukturiert und verraten uns ungewollt, woher sie stammen, welchen Zwecken sie dienen, offenbaren schlicht ihren Gewaltcharakter; allein das Wort „General"-Sekretär verrät die Kampf-Sau. „Keine der Parteien findet den Grund in der Politik überhaupt, sondern jede vielmehr in der Politik ihrer Gegenpartei ..." (Marx).

Bereits in den politischen Parteien selbst findet ein ständiger Kampf um Positionen, Posten, Listenplätze, Diäten usw. statt. Führer und Geführte, Promis und Fußvolk, Seilschaften und Mitläufer verweisen mit ihren vertikalen Strukturen auf ein Verhältnis, das nichts mit einer offenen Debatte und Entscheidungsfindung zu tun hat und nicht einmal haben kann. Bereits das Wort „Wahlkampf" zeigt uns das Wesen. Ist eine Wahl entschieden, entstehen Zwangsgebilde in der Form sogenannter Koalitionen. In ihnen hört das innere Machtgerangel niemals auf, während nach außen scheinbar ein gemeinsamer Gegner bekämpft wird. Insofern sind also Parteien (alle!) nichts als eine besondere Form von Kampfmaschinen, dazu bestimmt, die Macht innerhalb eines Staates zu erkämpfen und entscheiden zu können, auf welche Weise mit dem Kapitalismus weitergemacht wird. Erinnere Dich an die Erscheinungsformen von Macht: Herrschaft und Knechtschaft.

Und das bewusstlose politische Schwadronieren von einer anzustrebenden „Weltinnenpolitik" oder die „Demokratisierung" internationaler ökonomischer Institutionen wie Weltbank oder IWF kann sich nur beständig blamieren.

Eine „Weltinnenpolitik", auf welchem Gebiet auch immer, würde einen „Weltstaat" voraussetzen; und dieser ist nichts als eine schlechte Utopie, weil Staaten ihrem Wesen nach ebenso wie kapitalistische Unternehmen nur im Plural existieren können. Ein „grenzenloser Staat" (Weltstaat) wäre ebenso ein Widerspruch in sich, wie eine „gesamtgesellschaftliche Betriebswirtschaft". Bilaterale und multilaterale Abkommen von konkurrierenden Instanzen (Staaten/Nationen), nichts anderes sind zum Beispiel solche Konstrukte wie die UNO und EU, können aber niemals einen verbindlichen Rahmen für alle, eine gesamtgesellschaftliche (jetzt: weltgesellschaftliche) Meta-Instanz hervorbringen. Ein Weltstaat wäre nur unter der Voraussetzung denkbar, dass es im Weltall weitere kapitalistisch formierte, sogenannte Weltstaaten gibt, mit denen wir konkurrierend kommunizieren könnten. Wie in der Dritten industriellen Revolution Makroökonomie und Mikroökonomie unvereinbar werden und auseinanderfallen, ebenso (und in logischer Konsequenz) verhält es sich mit Betriebswirtschaft und Politik. Die Politik soll (und kann nur) das Ganze repräsentieren und ist in der Krisenform Globalisierung gegenüber der Sphäre der transnationalen Betriebswirtschaft zu einem konkurrierenden Partikularsubjekt herabgesunken; die Betriebswirtschaft repräsentiert das partikulare Unternehmensinteresse und agiert nun auf einer höheren Ebene als das (kapitalistisch nicht anders als nationalstaatlich-nationalökonomisch zu fassende) „Gesamtinteresse". Das zeigt, dass wir es mit dem Zerbrechen der strukturellen Polarität von Markt und Staat, Ökonomie und Politik, Mikroökonomie und Makroökonomie, Individuum und (falscher) Gesellschaft etc. zu tun haben, die aber Kapitalismus überhaupt erst möglich machten. Die heute stattfindenden globalen Bürgerkriege und Plünderungsverhältnisse sind in Wahrheit die Fortsetzung der Politik mit anderen Mitteln. Insbesondere die globale Linke im weitesten Sinne verweigert ignorant die Einsicht in diese Zusammenhänge und missversteht noch immer Politik als gesellschaftliche Tätigkeit schlechthin.

Recht

Das Recht ist wie die Politik eine an die Staatlichkeit gebundene, von dieser hervorgebrachte Instanz des bürokratischen Gewalt-Apparates. Es erfüllt denselben Zweck wie Politik, indem es die Rahmenbedingungen der Durchsetzung der Konkurrenz nach innen und außen festsetzt und deren Regeln gewaltsam exekutiert. Es verkörpert so das Gewaltmonopol des Staates. Dabei handelt es sich immer um die Anerkennung oder Nichtanerkennung der Menschen als Mensch. „Mensch" in diesem Sinne ist in Wahrheit nichts anderes als ein warenproduzierendes und geldverdienendes Wesen, das elementare „Rechte" seiner Existenz, sogar das auf „Leben und körperliche Unversehrtheit", überhaupt nur besitzen kann, soweit es etwas oder wenigstens sich selbst (und im äußersten Fall seine Organe) zu verkaufen hat, also seinerseits zahlungsfähig ist.

Nur in diesem Sinne ist ein Mensch überhaupt rechtsfähig, also auch menschenrechtsfähig, dass er in den kapitalistischen Funktionsgesetzen funktionieren kann, die zum Naturgesetz der Gesellschaft erklärt worden sind. Man muss sich nur einmal die seit über 300 Jahren immer wiederholten Essentials von Aufklärung, Liberalismus, Volkswirtschaftslehre und demokratischer Politik ansehen, um zu begreifen, dass „Menschsein" hier nicht als leibliche Existenz von Individuen verstanden wird, sondern einzig und allein als Existenz von Subjekten der „abstrakten Arbeit" in betriebswirtschaftlichen Funktionsräumen und des Warentauschs (der Realisationssphäre der Kapitalverwertung). Es wird unterstellt, „der Mensch" sei in dieser Form zur Welt gekommen, die sich im Lauf der Geschichte nur systemisch „ausdifferenziert" hätte. Und es wird unterstellt, dass sich „der Mensch" überhaupt nur in dieser Form darstellen könne, die ein Optimum seiner Entwicklungsmöglichkeiten garantiere. Der Fall ist gar nicht vorgesehen, dass Menschen überhaupt als Menschen aus diesen Voraussetzungen herausfallen können. Genau dieser Fall ist nun aber im Zuge der Dritten industriellen Revolution im Weltmaßstab massenhaft eingetreten. Der größte Teil der Weltbevölkerung kann beim besten Willen nicht mehr nach kapitalistischen Gesetzmäßigkeiten funktionieren und ist schlicht „überflüssig" geworden. Selbst die dümmsten Ideologen der Menschenrechte wissen ganz genau, dass sich angesichts der erreichten Produktivitätsstandards des elektronisch aufgerüsteten Sachkapitals für die Mehrheit der „Überflüssigen" in den Zusammenbruchs-Regionen die kapitalistische Funktionsfähigkeit nie wieder herstellen lässt. Damit aber trifft auf diese Menschen die Voraussetzung nicht mehr zu, die in der aufklärerisch-kapitalistischen Definition des Menschen gemacht worden ist. Bei ihnen handelt es sich demzufolge nach der stummen kapitalistischen Logik auch nicht mehr um die Kategorie „Mensch", auch wenn das selten offen gesagt wird, sondern nur implizit in der Definition selbst enthalten ist. Im Sinne dieser stummen Voraussetzung führen sich deshalb die „Menschenrechte" in den globalen Zusammenbruchs-Regionen selber ad absurdum. Die Exekutoren der Krisenkonkurrenz führen uns alltäglich eindrücklich diese Wahrheit vor, die das weltdemokratische Räsonnement nur nicht zur Kenntnis nehmen will.

Es widerspricht in diesem Sinne durchaus nicht dem Begriff der Menschenrechte, wenn die Verfolgung, Folterung, Ausplünderung und Ermordung von Bevölkerungsgruppen dort weltpolizeilich bewusst hingenommen wird, wo sich die Machthaber, Warlords usw. durch Wohlverhalten auszeichnen und auf ihrem Territorium etwa US-Kampfbomber stationieren lassen (wie zum Beispiel die Türkei oder Saudi-Arabien).

Da die Definition des „Menschen" praktisch auf die Kompatibilität mit kapitalistischen Kriterien eingeengt ist, heißt das im Zweifelsfall: Interventionsrecht bricht physisches Existenzrecht, und dabei dürfen dann eben die menschlichen Späne beim Hobeln fallen. Die Versachlichung des Tötens ist im Begriff der Menschenrechte insofern enthalten, als der kapitalistisch versachlichte Mensch (Subjekt der „Arbeit") in der Gestalt des Herausgefallenen eben sogar weniger als eine Sache ist. Die Menschenrechte münden schließlich ihrer eigenen Logik nach in das einzige und totale „Recht auf Selbstlosigkeit" und Entselbstung, das jetzt massenhaft wahrgenommen wird als letzte und einzige Option. Und die „alliierten" Bomberpiloten helfen tüchtig nach.

Damit wird zwar die offizielle Legitimation unglaubwürdig, die natürlich den Begriff des Menschenrechts rein positiv interpretiert; aber auf Glaubwürdigkeit kommt es ja auch sonst nicht mehr an. Entscheidend ist allein die medial durchzusetzende „Akzeptanzfähigkeit", die Erzeugung von passenden „Stimmungen" und deren Inszenierung. Obwohl die gesellschaftliche Militarisierung im großen Maßstab praktisch nicht mehr über den ideologisch-medialen Bereich hinausgreifen kann, arbeiten die militärischen Medienstrategen bereits mit Hochdruck daran, die sachliche Kälte und Gleichgültigkeit der Gesellschaft hinsichtlich der mörderischen Weltpolizei zu überwinden und die medial beschränkte Militarisierung dennoch in eine heiße Herzensangelegenheit zu verwandeln. Während zum Beispiel die demokratische Feigheit jeden Kratzer am Leib eines Kampfpiloten zur Schlagzeile macht und bange Fragen nach dem „Sinn" von Blutvergießen aufwirft, erscheinen die ebenso namenlosen wie massenhaften Opfer der Bombardements unter dem Stichwort der „Kollateralschäden" eher als Nebenwirkung beim Einsatz einer Reinigungsfirma (und dieser Sachlichkeitsgeruch lässt sich in der Tat schwer zu einem sportlichen Flair der demokratischen Menschenjagd umdeuten). Nichts könnte deutlicher machen, was „Menschenrecht" letzten Endes heißt: die buchstäbliche Wertlosigkeit der Unverkäuflichen, die noch als verbrannte Kadaver „stören", nämlich das „zivile" Bild der demokratischen „Weltgemeinschaft". Sie sind tatsächlich nicht mehr als Ungeziefer, dessen Menschenantlitz vom demokratischen Prozedere ungültig gestempelt worden ist.

Rechte sind niemals ein Versprechen, sondern eine Drohung: Wenn Du nicht mehr funktionsfähig bist, bist Du auch nicht mehr rechtsfähig, und wenn du nicht mehr rechtsfähig bist, bist du auch kein Mensch mehr. Deshalb ist abzusehen, dass das Vorgehen gegen die „störenden" Gotteskrieger, Warlords, Banden und Paten der Plünderungsökonomie usw. mehr und mehr umschlägt in einen zunächst noch heimlichen und zuletzt gar nicht mehr so heimlichen Ausrottungsfeldzug gegen die „Überflüssigen" dieser Erde. Auch in diesem „heimlichen" Prozess befinden wir uns mittendrin:

- Mehr als 1,5 Milliarden Menschen leben in extremer Armut. Sie haben täglich (im Durchschnitt) etwa 1,25 $ zur Verfügung.

- Über 2,5 Milliarden Menschen werden täglich 1,26 bis 2,00 $ gelassen.

- Mehr als 1 Milliarde Menschen hungert.

- Alle 6 Sekunden stirbt ein Kind unter 5 Jahren an Unterernährung. Das heißt, dass jährlich ca. 6 Mio. Kinder unter 5 Jahren einfach verhungern. Deutlicher: Unser kapitalistisches System ermordet durch Hunger in jedem Jahr so viele dieser Kinder, wie die Nazis in 12 Jahren ihrer Herrschaft Juden ermordeten. Holocaust ist unsere Gegenwart!

- Weitere nahezu 5 Mio. Kinder in diesem jungen Alter sterben jedes Jahr an noch anderen Ursachen als Hunger (Krankheiten, mangelnde Hygiene, fehlende medizinische Versorgung). (Quelle: Global Basic Income – Foundation)

All das geschieht, weil Du es so willst; weil Du Dich diesem System unterwirfst, weil Du Ware, Wert, Geld/Kapital, Markt, Konkurrenz, Staat und diese ganze andere Form- und Fetisch-Scheiße des Kapitalismus haben willst, die dieses Elend schafft.

Der Feldzug für die Menschenrechte ist seiner Natur nach ein Feldzug für die kapitalistische Form des Menschen, die als die einzig und allein gültige definiert ist, und damit zwangsläufig implizit ein Vernichtungsfeldzug gegen alle Menschen (perspektivisch gegen die globale Mehrheit), die als Folge der kapitalistischen Entwicklung selber aus dieser Definition herausfallen und damit nicht erst als Gotteskrieger oder Krisenbanditen, sondern schon durch ihre schiere Existenz „stören". Ja aber –

die Gerechtigkeit!

Wie bereits ausgeführt, ist eine radikale Kritik der kapitalistischen Basiskategorien   überlebensnotwendig geworden. Und bei der Aufhebung der warenfetischistischen System-Konstitution können wir eine Vorstellung von „Gerechtigkeit" nicht mehr als Messlatte anlegen. Die demokratische Ethik war nämlich schon immer eine bloße Behelfskrücke, um zwischen den einander widersprechenden Imperativen des partikularen, nackten Geldinteresses

einerseits und eines sozial wie juridisch geregelten gesellschaftlichen Zusammenlebens der (ihrer Form nach „wöl-
fischen") Partikularsubjekte andererseits humpelnd zu
vermitteln. Das Bezugssystem war ja nie der kommunikative Austausch der Subjekte, sondern von Anfang an der
subjektlose Selbstzweck-Prozess der abstrakten Wertverwertung. Nur in einem solchen Fetischsystem haben Ethik
und Gerechtigkeit überhaupt einen Sinn. Der Anschein
von subjektiver Regulierbarkeit durch ethische Imperative
konnte nur entstehen, solange die Kapital-Akkumulation
noch einen historischen Entwicklungs- und damit immer
wieder einen gewissen Verteilungsspielraum besaß. Mit
dem Erreichen absoluter Schranken erlischt jedoch diese
Möglichkeit.

Der Ruf nach Gerechtigkeit leitet sich schon dem Namen
nach vom Begriff einer funktionsfähigen Rechtssubjektivität ab. Ein „Recht" auf Leben, Nahrung, Wohnung usw.
aber ist an sich absurd; es hat nur Sinn in einem gesellschaftlichen Bezugssystem, das seiner Tendenz nach all
diese elementaren Grundlagen menschlicher Reproduktion eben gerade nicht selbstverständlich voraussetzt,
sondern im Gegenteil ständig objektiv in Frage stellt. Die
Rechtsförmigkeit und die Rechte des demokratischen Subjekts sind nur die komplementäre andere Seite des „wölfi-
schen" Wirtschaftssubjekts mit seinem jeder anderen
menschlichen Regung baren Geldinteresse. In dem Maße
jedoch, wie nun mit der Totalisierung der Warenform und
ihrer gleichzeitig manifest werdenden funktionellen Re-
produktionsunfähigkeit immer mehr Menschen aufhören,
Wirtschaftssubjekte dieses Systems zu sein, hören sie

auch auf, Rechtssubjekte und damit überhaupt Menschen qua Systemdefinition zu sein.

Zwar mag in den relativen Gewinnerökonomien noch eine Zeitlang der Schein von Rechtszuständen aufrechterhalten werden; dieser Schein ist jedoch an die Funktionsfähigkeit sozialer Umverteilungsnetze und damit an das „erfolgreiche" Niederkonkurrieren anderer Weltmarkt-Ökonomien gebunden. Substantiell ist jeder Mensch, der auf Dauer kein marktförmiges Wirtschaftssubjekt mehr darstellen kann, nur noch ein Toter auf Urlaub. Die Zustände in den Verlierer- und Zusammenbruchs-Ökonomien bestätigen diese barbarische Logik tagtäglich und in immer brutaleren Formen.

Dieser Zusammenhang ist es, der die demokratische Ethik und damit die Gerechtigkeitsforderung ad absurdum führt. Der ideologische Verwirklichungs-Anspruch eines abstrakten „wahren" Menschen wurde deswegen gegenstandslos, weil seine historische Substanz, der „reine" Mensch des totalen Warensystems, heute tatsächlich durchgesetzt ist und er nun in dem selben Moment aufhört, ein Mensch zu sein. Hannah Arendt hat in ihrer Analyse über die „Elemente und Ursprünge totaler Herrschaft" die Anfänge dieser Situation in einem Kapitel über die „Aporien der Menschenrechte" analysiert. Sie stellte erschreckt fest, dass für die staatenlosen Flüchtlinge und die Insassen der Konzentrationslager der Begriff der Menschenrechte sinnlos geworden war, weil diese Formeln „in keiner Beziehung zu (ihrer) Situation mehr stehen", weil sie ihrem Wesen nach begrenzt sind auf die funktionierende Gesellschaftlichkeit oder, bei deren Verlust, nur noch höhnisch auf den „Naturzustand" der offenen Barbarei verweisen können. Was damals noch eingebannt schien in den Zivilisationsbruch des faschistischen Regimes oder die Situation des „regulären" Weltkriegs, droht sich heute zu verallgemeinern durch den subjektlosen Weltmarkt-Prozess. Die nicht mehr definierbaren Nichtpersonen werden nicht mehr nur eingesperrt, sondern umgekehrt igeln sich die Inseln warenförmiger Wirtschafts- und Rechtssubjektivität gegen sie ein.

Der Spuk der Gerechtigkeitslosung löst sich zusammen mit dem warenproduzierenden System auf. Die Forderung nach „gerechten Preisen", „gerechter Arbeit", „gerechtem Lohn", „gerechter Verteilung" mag von den Ertrinkenden im Krisensturm noch tausendmal erhoben werden; sie ist trotzdem ökonomisch der bare Unsinn und sagt nur, dass diejenigen, die sie erheben, von ihrer warenfetischistischen Subjektivität nicht lassen wollen, weil sie vom kapitalistischen Formzusammenhang nicht den Hauch einer Ahnung besitzen, also hinsichtlich ihres eigenen gesellschaftlichen Seins strunzdumm sind. Gerechte Preise gibt es ebenso wenig wie eine gerechte Gravitation oder einen gerechten Luftdruck. Die hartnäckige subjektive Anrede eines subjektlosen Bezugssystems kann den Untergang nur beschleunigen. Erst recht droht es die Grenze zum Schwachsinn zu überschreiten, wenn die galoppierende Zerstörung der Naturgrundlagen und der Kampf dagegen in die Kategorien von Gerechtigkeit und Ungerechtigkeit gefasst werden.

Die Aufgabe besteht darin, die vorhandenen Produktivkräfte und Ressourcen nach Maßstäben ihres sinnlichen

Inhalts gesellschaftlich zu reorganisieren, das heißt, sie von ihrer fetischistischen Warenform zu befreien. Das geht nur, wenn die Ressourcen nicht mehr die Form von Geldpreisen annehmen und das Zusammenleben nicht mehr die Form des Rechts, das heißt der Gerechtigkeit/Ungerechtigkeit. Dies vor allem gilt es für Dich in diesem Zusammenhang zu begreifen: Gerechtigkeit und Ungerechtigkeit sind nichts als die Daseins-Formen des Rechts überhaupt. Sie sind die beiden Seiten der Rechts-Medaille. Verschwindet eine dieser Seiten, egal welche, verschwindet auch die Medaille selbst, also das Recht. Solange es jedoch noch existiert, existieren auch seine Formen Gerechtigkeit und Ungerechtigkeit. Kapitalismus kann gar nicht anders, als immer zugleich gerecht zu sein – und ungerecht. Was das dann jeweils für das einzelne Individuum sein soll, ist diesem vollständig selbst überlassen. Somit bedeutet eine Forderung nach „mehr Gerechtigkeit" – absolut nichts! Es ist also eine Forderung von Unzurechnungsfähigen.

Nation

Den Begriff gibt es bereits seit ein paar hundert Jahren. Er stammt vom lateinischen *natio,* was Volk, Sippschaft, Menschenschlag, Gattung, Klasse, Schar bezeichnet, jeweils also größere Gruppen oder Kollektive von Menschen, denen gemeinsame Merkmale wie Sprache, Tradition, Sitten, Gebräuche oder ethnische Abstammung zugeschrieben (!) werden. Diese Begriffsbestimmung ist jedoch empirisch vollkommen haltlos, denn keine so genannte Nation erfüllt umfänglich diese Definition. Daher wird die Bezeichnung inzwischen allgemeinsprachlich als

Synonym für „Staatswesen" und „Volk" gebraucht. In der Moderne wurde „Nation", unbewusst, zu einem Fetisch gemacht. In diesem Sinne benutzten ihn mit zuerst Mandeville am Anfang und De Sade gegen Ende des 18. Jahrhunderts, nämlich als ein Konstrukt, dass von seiner diskursiven Reproduktion lebt. Und genau so wurde es zu dem heutigen Monster-Fetisch, einem Konstrukt, dessen Existenz den Menschen eingeredet wird und, wenn sie es denn *glauben*, für sie wirksam wird. So, gottähnlich, funktionieren Fetische. Die Auswirkungen sind, wie wir heute sehen können, verheerend.

In dem Maße, wie bereits über den Absolutismus vor etwa 300 Jahren hinaus der Liberalismus selber den Nationalstaat trug, wandelte sich auch dessen Stellenwert: Der nationale Bezugsrahmen gewann eine eigene irrationale „Identität", die ihm vorher nicht zugekommen war. Solange der Absolutismus herrschte, war die strukturelle Polarität von Staat und Markt noch als Gegensatz von Absolutismus und Liberalismus erschienen (!); jetzt aber wollte der Liberalismus selber beide Pole besetzen (oder hatte dies schon getan). Er benötigte dazu eine identitätsstiftende Konstruktion, die Nationalökonomie und Nationalstaatlichkeit zusammenzwang. Man suchte also nach einer vermeintlich zugrundeliegenden historischen Substanz oder Entität, und fand die sogenannte *Nation*: ein nirgends eindeutig definierbarer Zusammenhang, der bestimmte geographische Einheiten und kulturelle Gemeinsamkeiten wie zum Beispiel die Sprache in einer vorher nicht bekannten Art und Weise als primäres Aktionsfeld und äußere Begrenzung für die „schöne Maschine" und ihren staatlichen

Moderator absteckte. Dieses nationale Identitäts-Konstrukt wurde in der ersten Hälfte des 19. Jahrhunderts vom liberalen Bürgertum (besonders im kapitalistisch noch rückständigen Deutschland) in hohem Grade sozialpsychologisch und *emotional aufgeladen*; die vorher auf ganz andere Zusammenhänge (Stadtstaaten, Fürstenherrschaften usw.) gerichteten Knechtsgefühle, des „Patriotismus" schlossen sich nun an den neuen abstrakteren Bezugsrahmen der Nation an und wurden zum „Nationalismus". Der Nationalismus ist der Patriotismus des bürgerlichen, warenproduzierenden Zeitalters. Deutschland den Deutschen; Frankreich den Franzosen; Österreich den Österreichern; America first... am Ende des Kapitalismus wächst der Nationalismus weltweit wieder rasant, weil sich das kapitalistisch versaute Bewusstsein nicht aus den kapitalistischen Denkformen lösen kann und sich nichts so sehr wünscht, wie wieder den guten, alten national gebundenen Kapitalismus. Eine blanke Illusion, denn das Weltkapital ist ja wegen seiner objektiv immer weiter steigenden Produktivität gerade deshalb aus den Nationalstaaten geflohen, weil ihm deren eingehegte Märkte viel zu eng geworden waren, um noch ausreichenden Mehrwert zu generieren. Ein Zurück auf eine niedrigere Stufe der Produktivität gibt es aber nicht.

Die „Nation" ist also keineswegs eine überhistorische Gegebenheit, sondern eine Erfindung des modernen Kapitalismus, ein Fetisch; sie stellt nichts anderes dar, als den Mantel oder die kulturell-symbolische, mythologisch vermittelte Kostümierung der staatlich-politischen Sphäre. Sie ist ebenso abstrakt und „unwahr" wie diese selbst, erscheint aber ihrer farbigen Einkleidung wegen als konkreter und greifbarer, als Gemeinschaft stiftend nicht gegen die Konkurrenz, sondern in der Konkurrenz durch Ausschließung des Fremden. Insofern führte bereits der affirmierte sozialdemokratische Patriotismus direkt auf die Schlachtfelder des Ersten Weltkriegs, wo sich die „verbrüderten Arbeiterklassen" im Namen „ihrer" jeweiligen „Nation" mit Begeisterung, ungeheurem Hass und Enthusiasmus gegenseitig in aller Grausamkeit abschlachteten und damit schon frühzeitig die staatsbürgerliche Bestimmtheit der Arbeiterbewegung ebenso bewiesen, wie sie den systemischen Todestrieb manifestierten.

Bereits jene besondere „deutsche Ideologie" mythologisierte die deutsche Nation im Zuge der nachholenden Modernisierung Deutschlands im 19. Jahrhundert zu einer dem Kapitalismus gegenüber (!) vorrangigen Bluts- und Kulturgemeinschaft, in der angeblich nicht die verselbstständigte Logik des Geldes oder Tauschwerts, sondern das rein sachliche „gute" Kapital einer schieren technischen Produktivkraft jenseits der sozialen Gesetze wirken sollte. Dieses Konstrukt verdichtete sich immer mehr und wurde zum Essential der Nazi-Ideologie in geradem Weg nach „Auschwitz".

Bereits Marx nahm die „Durchsetzung des Kapitalismus mit antikapitalistischen Phrasen" aufs Korn (Polemik gegen Friedrich List) und entfesselte damit bereits eine frühe Kritik der damals noch unentbundenen Ideologie eines „Nationalsozialismus", also eines Kapitalismus, der ausgerechnet qua Nationalität nicht-kapitalistisch sein will – vor allem, indem er die Konkurrenz nach außen beschwört, um nach innen eine ethno-rassistische nationale „Volksgemeinschaft" zu konstituieren.

Auch die Marxsche Polemik gegen die Nationalität im Allgemeinen und gegen die „deutsche Ideologie" gewinnt heute wieder brennende Aktualität. Erleben wir doch weltweit als Reaktion auf die Krise der Politik eine ethnonationalistische Regression und in Deutschland eine Wiederkehr jener gespenstischen „deutschen Ideologie" in neuen Formen, nicht nur bei ostdeutschen Nazi-Banden, denn: „Wir sind das Volk!" ist reinster Nationalismus; ausschließend, abwehrend, Andere, die nicht mit „Volk" identifiziert werden, zu bekämpfen, sie letztlich zu töten. Das ist dann, egal aus wessen nationaler Sicht, nahezu die gesamte Menschheit.

Demokratie

Der Begriff *Demokratie* stammt aus der griechischen Sprache und bedeutet „Herrschaft des Volkes". Und über wen, bitteschön, herrscht das Volk? Über sich selbst? Wenn es so wäre, ist der Begriff eine Idiotie; denn wenn Demokratie Volksherrschaft wäre, gäbe es sie nicht. Der Begriff hat nämlich nur eine Berechtigung, wenn es jemanden gibt, der nicht zum Volk gehört, über den also „das Volk" herrschen könnte. Und wer gehört nicht zum Volk? Ein paar hundert Jahre vor Beginn der Zeitrechnung waren das im antiken Griechenland die Sklaven, Frauen und besitzlosen Bürger, sowie die Nichtbürger (z.B. Ausländer). Sklaven galten nicht einmal als Menschen, sondern ausschließlich als Quelle von Einkommen. Eine Volkszählung in Attika zwischen 317 und 307 v.d.Z. ergab 21.000 Bürger (alias „Volk"), 10.000 niedergelassene Fremde (Nichtbürger) und etwa 400.000 Sklaven. Von den Frauen ist überhaupt keine Rede. Es mögen etwa so viele wie Bürger plus Nichtbürger und die Hälfte der Sklaven gewesen sein. Auch sie galten nur als Besitz. Um die Bürger (also das „Volk") des Stadtstaaten-Gebildes (also die 21.000) besser führen zu können und in diesem Sinne Fehlentwicklungen zu vermeiden, überarbeitete Solon (630-560 v.d.Z.), in Griechenland als einer der sieben Weisen bekannt, das verfassungsähnliche drakonische (von Drakon) Gesetzeswerk, in dem er bestimmte Bürgerrechte und -pflichten bei der Beteiligung an wichtigen Angelegenheiten des Staatsgebildes vorsah (wohlgemerkt: alles nur für die 21.000). Aber selbst diese Wenigen waren längst nicht gleich. Die gewachsenen Strukturen der Machtverteilung wurden dabei weitgehend berücksichtigt, indem Ämterzugang, militärische Dienstpflicht mit Selbstausrüstung und eventuelle steuerartige Abgaben gestaffelt nach Vermögensklassen vorgegeben wurden (timokratische Ordnung):

Die *Pentakosiomedimnoi* (Ernteertrag über 500 Scheffel pro Jahr) waren als einzige zu Archonten (hochrangige Führer) wählbar;

1. Die *Hippeis* (über 300 Scheffel) erhielten erst nach einiger Zeit Zugang zum Archontat, leisteten Wehrdienst zu Pferde wie die Pentakosiomedimnoi, hatten aber nur zu den nachrangigen Ämtern Zugang;
2. Die *Zeugiten* (über 200 Scheffel) taten Militärdienst als Hopliten mit ebenfalls eingeschränktem Ämterzugang;

3. Die *Theten* (unter 200 Scheffel): waren bei Militärein-
sätzen allenfalls leicht bewaffnet oder stellten die Ru-
dermannschaften und hatten nur in Volksversamm-
lungen und im Volksgericht Mitwirkungsrechte ohne
Ämterzugang. (vgl. hierzu Peter Funke: Athen in klassischer Zeit,
München, 2007, S.14-21).

Demokratie ist, so lässt sich hieraus leicht ersehen, eine
totalitäre Herrschaftsform weniger, einkommensstarker
sogenannter Bürger über die Sklaven, „arbeitenden Ar-
men", nicht arbeitenden Überflüssigen, Frauen, Nichtbürger (vulgo Ausländer). Bei Demokratie geht es folglich, wie
es das Wort schon verspricht, immer um Macht (Herrschaft und Knechtschaft), und zwar einer Herrschaft weniger Betuchter über eine Mehrheit Armer, Unterjochter.
Und nur unter diesen Voraussetzungen der Antike, wenn
als „Volk" nur ein paar betuchte „Bürger" gezählt werden,
stimmt dieser Begriff.

Die heutige arbeitsgesellschaftliche Demokratie jedoch
geht sonderlich auf das von Jeremy Bentham (1748-1832)
entwickelte *Panopticon* zurück und ist das perfideste Herr-
schaftssystem der Geschichte – sozusagen ein Bentham-
sches System der Selbstunterdrückung. Demokratie ist somit nichts anderes als *geronnene Diktatur*, die Glücksdik-
tatur der „unsichtbaren Hand" jenes marktwirtschaftlichen Systemdämons, den Immanuel Kant und Adam Smith
mit pompösem theoretischen Aufwand als neuen säkula-
ren Gott beschworen hatten und dessen ebenso kleinka-
rierter wie unerbittlicher historischer Zuchtmeister ein
geistiges Würstchen wie Jeremy Bentham werden konnte.

Der fortgeschrittene Kapitalismus ist allein schon architektonisch geronnene Diktatur, in allen seinen Institutionen sind die Benthamschen panoptischen Spuren eingebrannt. Die allseits offenen und einsehbaren modernen Großraumbüros, in denen die Angestellten auf einem riesigen Präsentierteller sitzen, stellen ebenso ein Element des Panopticons dar wie die offen einsehbaren Großküchen der Fastfood-Restaurants, wo das Personal stets dem Auge des Publikums ausgesetzt bleibt. Die ewigen Benotungen, Bewertungen und Leistungsnachweise das ganze Leben hindurch, das System der Nummern, Namensschildchen, Ausweise und Identitätskarten, all das sind „Errungenschaften" des panoptischen Prinzips. So sitzen wir Demokraten nun freiwillig, weil „alternativlos" in einem einzigen Benthamschen Gesamtzuchthaus. Ekelhaft! Aber genau das gilt es zu begreifen. (14)

Deshalb organisiert diese Demokratie auch niemals die freie Selbstbestimmung der Gesellschaftsmitglieder über die gemeinsamen Ressourcen, sondern stets nur die Rechtsform der sozial voneinander getrennten Arbeitsmonaden, die konkurrierend ihre Haut auf die Arbeitsmärkte tragen müssen. Eine Demokratie jenseits des Staates ist ungefähr so sinnvoll und realistisch wie ein Markt jenseits des Geldes, ein Denken jenseits des Kopfes, ein Verdauen jenseits des Darmtraktes oder ein Fluss jenseits des Wassers. Insbesondere die Linke verwechselt bis heute (2017) systematisch den Anspruch der menschlichen Selbstbe-

(14): weitergehendes hierzu findest Du bei Robert Kurz, Schwarzbuch Kapitalismus, 2009.

stimmung mit der politisch-demokratischen Subjektform des Kapitalverhältnisses, die per se Repression und Selbstrepression einschließt. Das Mantra der „Demokratisierung" kapitalistischer Kategorien und Institutionen statt ihrer radikalen Kritik und Überwindung hat hier bereits zum theoretischen Trance-Zustand geführt. Demokratie ist das Gegenteil von Freiheit. Und so zerfallen die demokratischen Arbeitsmenschen notwendigerweise in Verwalter und Verwaltete, Unternehmer und Unternommene, Funktionseliten und Menschenmaterial. Es ist integraler Bestandteil dieser Systemlogik, dass die Eliten selber nur unselbstständige Funktionäre des Arbeitsgötzen und seiner blinden Ratschlüsse sein können. „Demokrat" wird vermutlich ein Schimpfwort künftiger Jahrhunderte, um besondere moralische und intellektuelle Verkommenheit zu bezeichnen.

Erst nach dem Zweiten Weltkrieg konnte sich die heutige Form der Demokratie in den kapitalistischen Zentren herausbilden. Aber ein solcher Zustand der reinen Demokratie, wie Du bereits weißt, der jedes Individuum qua Staatsbürgerlichkeit als „souveränes" setzt, während dasselbe Individuum gleichzeitig in sozialer („bürgerlicher") Hinsicht ein obdachloser Bettler sein kann, ein solcher Zustand, meinte Marx, sei die Verhöhnung eines menschlichen Gemeinwesens. Wahlen, sowie Rede-, Presse- und Versammlungsfreiheit (alias Demokratie) können daran nichts ändern, ist ihnen doch der systemische Selbstzweck der Verwertung des Werts immer bereits vorgelagert; so kann jeweils nur entschieden werden, welche Protagonisten diesen dämonischen Selbstzweck durch immer gewalttätigere Methoden der Menschenverwaltung exekutieren dürfen. Wählen kannst du also, wen du willst, exekutiert wird immer; jeweils mit etwas mehr oder etwas weniger Gewalt.

Die Staatlichkeit überhaupt, deren höchste und reinste Form die Demokratie darstellt, ist demzufolge nur die andere Seite einer paradoxen Ungesellschaftlichkeit der wirklichen Individuen, die von der blinden Selbstbewegung des Geldes gesteuert werden. Indem sie allesamt dem kapitalistischen Verwertungsprozess unterworfen sind, können sie sich zueinander in ihrer sozialen Praxis nur als Rechtspersonen verhalten. Rechtspersonen aber sind, wie wir sahen, nichts anderes als „Repräsentanten von Waren"; und indem sich die Menschen zueinander derart als bloße Repräsentanten von ihnen gegenüber verselbstständigten ökonomischen Kategorien verhalten müssen, können sie kein reales Gemeinwesen bilden. Denn die Individuen sind zwar als Staatsbürger in ihrem realen alltäglichen Leben Mitglieder eines Gemeinwesens, in ihrer materiellen Reproduktion aber bilden sie (als Konkurrenz-Subjekte) das genaue Gegenteil eines Gemeinwesens, obwohl die Produktionsmittel längst gesellschaftlichen Charakter haben.

Der Begriff der Demokratie, prozesshaft verflüssigt zu einer Art permanenten „Demokratisierung", gehört allein der kapitalistischen Durchsetzungsgeschichte an. Es handelt sich ganz an die Nation gebundene Konstitution des Citoyen (Staatsmensch), der immer schon den Bourgeois (Geldmensch) voraussetzt. Indem nun in der finalen Systemkrise dieser Zusammenhang durch den Verlust der „abstrakten Arbeit" zerreißt, wird der Begriff der Demokratisierung endgültig zu einer leeren Worthülse. Denn in gewisser Weise war er es schon immer auch im einzig dafür zugeschnittenen nationalen Raum, in dem Demokratisierung nichts anderes bedeutete als die politische Einbindung der Lohnarbeiter-Subjekte in die Systemgesetze der „abstrakten Arbeit" und ihres geschlechtlichen Abspaltungsverhältnisses. Je mehr Demokratie für den Lohnarbeiter-Citoyen, desto mehr Selbstunterwerfung als Lohnarbeiter-Bourgeois unter den irrationalen Selbstzweck der Wertverwertung.

Von ihrem (unbegriffenen) historischen Bedeutungszusammenhang und ihrem nationalstaatlichen Bezugsraum losgelöst, wird die Leerformel der Demokratisierung zum bloßen Begriffsgespenst. Es ist nur noch peinlich, wenn eine „Demokratisierung" von Weltbank, IWF oder WTO drauflosfabuliert wird, ohne dass irgendein ernsthafter institutioneller Bezugsmodus angegeben werden könnte. Ähnliches gilt für andere, aus dem nationalen Terrain abgelöste Begriffe wie zum Beispiel den der „Zivilgesellschaft". War er bisher noch eine klare strategische Bestimmung im Verhältnis von Nationalstaat und nationalen korporativen Gruppen aller Art, wird nun auch dieses Konstrukt in die ideologische Grauzone der „Global Governance" verpflanzt, wo es gar keine reale Entsprechung mehr hat. Einen transnationalen Citoyen kann es aber objektiv gar nicht geben. Daher kommt bei all diesem Gefasel schließlich nur eine völlige Domestizierung der ohnehin bloß auf der symbolischen Ebene agierenden, theoretisch schwachbrüstigen und ängstlich auf den Erhalt ihrer Subjektivität als Mitglieder der Warengesellschaft schielenden sozialen Bewegungen heraus. Bestenfalls dürfen sie folgenlos am Katzentisch der kapitalistischen Institutionen Platz nehmen („gut, dass wir darüber geredet haben!"), während der harte Krisenprozess des aus den Fugen gehenden Weltsystems über sie wie auch über ihre Gönner hinwegrollt.

Wie killen wir dieses Monster?

Soviel hier zum Formzusammenhang des Systems Kapitalismus, also dem, was Kapitalismus bedeutet, ihn ausmacht. Und was wir sahen, schreit aus allen Poren danach endlich abgeschafft zu werden. Wie soll das gehen? Im Kapitel Keime und Keimformen findest Du einige bereits konkrete Ansätze. Und alles geht einzig und allein nur, wenn wir uns diese hier insgesamt beschriebenen System-Formen selbst bewusstmachen, sie auf allen Ebenen bekämpfen um sie schließlich rigoros abzuschaffen.

Statt immer mehr arbeiten zu wollen, müssen wir in einem Bewegungs-Prozess die „Arbeit" abschaffen; also die von jeglicher Bedürfnisbefriedigung abgelöste, somit abstrakte Arbeit; also die Verausgabung menschlicher Energie als Selbstzweck. Ändern wir den Zweck menschlicher Tätigkeit in eine Befriedigung sinnlicher menschlicher Bedürfnisse.

Damit eliminieren wir das Kapital, dessen Substanz ja „abstrakte Arbeit" ist, ebenso wie die Kategorien Wert/Mehrwert, Geld, Ware und Markt sowie Konkurrenz. Als eine Folge verschwinden Möglichkeit und Notwendigkeit von Vertragsbeziehungen, da es nichts mehr zu verkaufen und kaufen gibt (nicht zu verwechseln mit der reichlichen Bereitstellung aller Güter zur Befriedigung aller menschlichen Bedürfnisse, wenn sich jeder einfach nehmen kann, was er braucht). Das Recht hört auf, wenn der Tauschwert verschwunden ist, ebenso wie die Kategorie „Eigentum". Begriffe wie Gerechtigkeit und Ungerechtigkeit verschwinden dann ebenso wie die reale gesellschaftliche Geschlechtertrennung.

Die Staatsform, und damit die Kategorie Souveränität, wird derzeit vom Kapitalismus in seinem globalen Zerfall in barbarischen Erscheinungen selbst aufgelöst. Darüber brauchen wir jedoch keine Träne vergießen, denn dem globalisierten, also transnational organisierten Weltkapital ist national beengt in keiner Weise beizukommen; ebenso nicht international, was ja die Staatsform voraussetzt. „Die In-ter-na-tio-na-ha-ha-ha-le erkämpft das Menschenrecht", diese Fehlinterpretation der Kampf-Ziele der alten Arbeiterbewegung hat sich längst gründlich blamiert, denn bei den Menschenrechten handelt es sich ebenso wie bei der „Nation" (Staat) um nichts als zutiefst kapitalistische, folglich Gewalt-Kategorien, das hat also mit Anti-Kapitalismus nicht das Geringste zu tun. So kann die wirksamste Kampfebene gegen den Kapitalismus nur anti-national, anti-staatlich und muss transnational sein. Der

Kampf kann daher am besten, auch hinsichtlich der Entwicklung der beschriebenen Keimformen von vorn herein global eingebunden geführt werden, was eine entsprechend breite Diskussionsbasis bedingt. Das stellt an die erforderliche Vernetzung hohe Anforderungen. Die nötigen Kommunikationsmittel sind allerdings bereits in reichlichem Maße vorhanden, ebenso wie der dazu nutzbare Zeitfonds. Zusammen mit der Staatlichkeit verschwindet auch der Fetisch-Begriff „Volk" mit seinem gesamten ihm immanenten Gewalt-Potential. Die kapitalistischen Begriffe müssen wir uns sehr genau anschauen und sie bloßstellen. So hat der Begriff „Volk" natürlich nicht das Geringste mit dem Begriff „Bevölkerung" zu tun, der seinerseits weder eines Staates, einer Nation oder Souveränität bedarf.

Aus dem Bisherigen abgeleitet, versteht es sich von selbst, dass der Kampf zur Abschaffung des Kapitalismus ebenfalls nur anti-politisch und anti-demokratisch geführt werden kann, denn beide Kategorien sind nur kapitalistisch zu besetzen. Sie bedingen den Staat, dieser den Markt/die Konkurrenz, beide das Geld/Kapital, diese den Wert/Mehrwert, diese die „abstrakte Arbeit" und die geschlechtliche Abspaltung. Alle kapitalistischen Strukturen, wozu natürlich auch die Politik gehört, sind vertikal organisiert. In solchen geht es immer um Macht und Recht, also Gewalt. Demokratie ist nur eine bunte Verkleidung dieser Gewalt, denn „Volksherrschaft" wie sie uns beständig souffliert wird und wenn wir unter „Volk" alle Menschen verstehen wollen, ist eine logische Unmöglichkeit. Wer nach mehr oder besserer Politik oder Demokratie ruft, ruft also objektiv nach mehr oder „besserer" Gewalt, nach mehr oder „besserem" Kapitalismus. Politik außerhalb des kapitalistischen Formzusammenhangs ist nicht möglich. Und selbstverständlich ist somit der Kapitalismus auch nicht politisch abzuschaffen. Alle politische Tätigkeit kann sich stets nur darauf beziehen, die kapitalistische Gewalt zu variieren, egal wer die konkreten Protagonisten sind.

Den Kapitalismus können wir nur abschaffen, wenn wir uns aus seinen Strukturformen vollständig lösen, indem wir sie radikal ablehnen (alle!). Das geht nur, indem wir selbst horizontale Strukturen bilden, in denen es folglich keine Herrschaft, keine Führung, kein Zentrum gibt, sondern alle Individuen örtlich, regional, überregional, global miteinander vernetzt jederzeit über den sinnvollen Einsatz der ihnen gemeinsam gehörenden Ressourcen beraten und entscheiden. Wie das auf allen Ebenen konkret zu gestalten ist, kann nur durch die Tat herausgefunden werden. Der Zweck ist dann allein die Befriedigung der menschlichen Bedürfnisse, Herstellung von Gebrauchsgütern. Die Form „Ware" verliert so ihre Existenz, denn es wird nicht mehr getauscht. Die Produkte werden ausschließlich für die Konsumtion hergestellt und erlöschen in ihr mit ihrem Gebrauch.

Für solche horizontalen Strukturen haben wir heute die Begriffe „Räte", „Runde Tische", „Komitees". Durch die Art der Vernetzung kann das „Zentrum" zugleich überall sein. Und es geht dabei nicht um Gleichberechtigung (die ja die bereits jetzt immer mehr verschwindende Rechtsform voraussetzt), sondern um die vollkommene menschliche Gleichheit in ihrer Ungleichheit.

Der einzige Weg in dieser Richtung ist der, uns die hier ausgeführten Zusammenhänge bewusst zu machen (verzeih mir, dass ich das beständig wiederhole, aber es handelt sich um die Basis unserer Bewusstseinsentwicklung); das wiederum geht nur, wenn wir sie weltweit thematisieren und zugleich theoretisch immer weiter fundieren. Nur eine radikale Kapitalismus-Kritik kann emanzipatorische Zielsetzungen herleiten, die weltweit beraten werden und entsprechende Vernetzungs-Zusammenhänge ermöglichen. So ließen sich konkrete Handlungsansätze (Keimformen) ermitteln und wir lernten zu erkennen, dass der Kapitalismus durch eine Jahrhunderte lange Domestizierung des Menschenmaterials inzwischen in uns selbst ist und wir ihn unterwürfig durch unser alltägliches Handeln beständig selbst reproduzieren; das heißt, die kapitalistische Gewalt, egal in welcher Form, sind wir selbst; unabhängig davon, in welcher Funktion oder sozialen Stellung Du lebst. Das zu erkennen, kann wehtun. Aber es geht heute genau darum, diese Anstrengung zu unternehmen und unseren Willen zu formen. Dieser Wille ist entscheidend. Er beginnt mit der Frage: „Wie soll das denn so weitergehen?" konkretere Gestalt anzunehmen. Denn wir werden unserem Bewusstsein tüchtig auf die Sprünge helfen, wenn wir den kapitalistischen Formzusammenhang deutlich für jeden sichtbar machen und über diese Anstrengung unweigerlich erkennen, dass es gar nicht mehr so weitergehen kann und wir in der Folge dieses System nur noch komplett abschaffen wollen. Damit stellt sich fast automatisch die Frage, wie das denn *gehen soll. Und sobald wir <u>dann</u> und noch dazu mit dem Wissen dieses Buchtextes diese Frage weltweit stellen und diskutieren, werden wir überrascht sein von der Fülle entsprechender Ideen und Handlungsansätze. Ob diese Ideen jeweils zu den gewünschten Ergebnissen führen, kann sich nur in ihrer Verwirklichung durch praktische Taten erweisen, die wir einer beständigen Kritik unterziehen müssen. Sicher ist nur eines: Es kann nur beständig immer besser gelingen, sofern wir imstande sind, die kapitalistisch verbohrten Machteliten daran zu hindern, die Welt mit den vorhandenen Massenvernichtungswaffen zu vernichten.*

Welche Alternative gibt es für uns? Der Kapitalismus zerfällt derzeit (seit ca. 40 Jahren) unter unseren Augen, denn er hat seine absolute innere Schranke erreicht, indem die kapitalistischen Inhalte (Produktivkräfte) zu weit geworden sind für die kapitalistischen Formen (Wert, Ware, Geld…, geschlechtliche Abspaltung, Staat, Souveränität, „Nation"… Recht, Politik, Demokratie). Jegliche Empirik belegt das:

Wie zeigt sich uns der Gesamtprozess? Das Weltkapital als Krisenkapital der dritten industriellen Revolution ist im wesentlichen „fiktives Kapital", also „heißes" weil substanzlos. Und daran anschließend oder von diesem generiert in zweiter Linie „fiktives Realkapital", wie man es paradox ausdrücken könnte. Denn es handelt sich dabei nicht mehr um eigenständig akkumulierendes Realkapital, aus dessen fordistischer Überakkumulation die neue Finanzblasenökonomie ursprünglich hervorging, sondern um eine ledig-

lich aus aufgeblasenem „fiktiven Kapital" hervorgetrie-
bene reale Warenproduktion mit ihrer ebenso fiktiv erzeugten, scheinbar realen Kaufkraft. Der sichtbare Ausgangspunkt der Wertschöpfungsketten ist zunehmend ir-
real, und das lässt nach wie vor auf die Unausweichlichkeit
einer Entwertungskettenreaktion im globalen Ausmaß
schließen.

Schauen wir uns allein die Entwicklung der deutschen Di-
rektinvestitionen im Ausland innerhalb der letzten Jahrzehnte an: 1980 betrugen sie ganze 8,5 Mrd. DM. Trotz erheblicher Aufwendungen für die deutsche Vereinigung betrugen sie 1990 bereits 38,7 Mrd. DM. Obwohl mit der
Krise der New Economy und dem Ereignis Nine Eleven 2001
bis 2004 eine gewisse Delle bei diesen Investitionen sichtbar wurde, lagen sie auch in diesen Jahren beachtlich jeweils um etwa 50 Mrd. € (!). Heute (2017) übersteigen sie
jährlich bereits die 100 Mrd. €-Marke. Damit verfügt die
deutsche Wirtschaft über einen Gesamtbestand an Direk-
tinvestitionen im Ausland von ca. 1.500 Mrd. €; ein deutlicher Beleg für die anhaltende Flucht des deutschen Kapitals aus seinen ihm längst zu eng gewordenen nationalen
Grenzen. Und wir sehen dazu, dass es sich nahezu vollständig um „heißes" Kapital handelt, dem also kaum noch irgendeine real-ökonomische Mehrwertproduktion zu
Grunde liegt.

Ebenso deutlich ist zu sehen, dass durch die rasante Entwicklung der Informations- und Steuerungstechnologien
global menschliche Arbeit in einem nie dagewesenen Aus-

maß überflüssig gemacht wird. In den kapitalistischen Zentren brachte diese Entwicklung die schon in den Anfängen des Fordismus befürchtete „technologische Arbeitslosigkeit" als „strukturelle Massenarbeitslosigkeit" auf den Weg, während in der Dritten Welt ebenso wie im teilweise bereits fordistisch industrialisierten Ostblock die „nachholende Entwicklung" im Maßstab von Nationalökonomien Ende der 80er und Anfang der 90er Jahre endgültig zusammenbrach, weil die Kapitalkraft für die mikroelektronische Aufrüstung der Produktion im gesellschaftlichen Maßstab fehlte.

Am Ende des historischen Wimpernschlags der fordistischen Epoche konnte der Zusammenhang der kapitalistischen Aggregatzustände von „Arbeit"-Ware-Geld nicht mehr hergestellt werden. Deshalb begann in den 70er und 80er Jahren jener Prozess der Entkoppelung der Finanzmärkte von der Realökonomie; ein Prozess deswegen, weil es sich um ein strukturelles und nicht mehr um ein zyklisches Problem handelte. Ein Nebeneffekt dieser Transformation besteht darin, dass der Konsum auf allen Ebenen (Unternehmen, Staat, Private) bedeutender wird als die Investition. Auch das ist ein Zeichen, dass es mit dem Verwertungsprozess zu Ende geht. Das in diesem Prozess entnationalisierte Finanzkapital verliert die Fähigkeit zur gesellschaftlichen Integration qua korporatistischer Vernetzung und entzieht den Staaten stets zunehmend Mittel und damit Regulierungs-Möglichkeiten. Die globalisierte Klasse aller (!) gesellschaftlichen Gruppen einschließlich der Gewerkschaften zieht sich auf Global Players, Kernbe-

legschaften, Elite-Universitäten und den Rest der „Besserverdienenden" zurück. Diese Tendenz entspricht der Abkoppelung ganzer Regionen einschließlich Abbau der Infrastrukturen und dem Zuschnitt auf wenige Metropolregionen.

Die Gesamtsituation hat sich seit Ende der 90er Jahre nicht nur in den Ländern der Peripherie dramatisch verschärft und zwar weit über die Unterschichten hinaus. Die Arbeitslosigkeit ergreift zum Beispiel in Deutschland wie in den anderen kapitalistischen Zentren auch immer größere Teile der qualifizierten Schichten: Facharbeiter, Lehrer, Sozialarbeiter, Anwälte, Ärzte, Teile des mittleren Managements. Ganze Sektoren der bisher privilegierten und gehegten Paradeindustrien gerade im Automobil- und Rüstungsbereich dünnen aus. Der Zusammenbruch der New Economy 2000/2001 und die Auslagerung der Software-Produktion nach Osteuropa, Indien usw. hat auch Computer- und Internetspezialisten in den Strudel des sozialen Abstiegs gerissen. Menschen, die noch Ende der 90er Jahre im Zeichen der Finanzblasenökonomie vom schnellen Reichtum träumten, sehen sich nun ausweglos mit der Perspektive der Verarmung konfrontiert. Der Rückgang der Kapitalakkumulation wirkt sich gleichzeitig auch auf den kulturellen Bereich aus: Journalisten, Künstler, freie Publizisten, Rundfunkredakteure, Buchhändler, Verlagsangestellte und Teile des akademischen Mittelbaus verlieren ihre Existenzbasis. Es handelt sich im großen Maßstab um den Absturz der „neuen Mittelschichten". Deren wachsende Arbeitslosigkeit ist gleichzeitig immer weniger sozi-

alstaatlich gepolstert. In Deutschland zum Beispiel erzwang die kapitalistische Krisenverwaltung mit den Hartz-Reformen den Rückgriff auf alle Rücklagen, Erbschaften usw. bis zum Eigentum an Immobilien. Der Durchsetzung dieser „Reformen" dient ein bislang unbekanntes System entwürdigender Kontrolle: Die Betroffenen werden gezwungen, den Behörden ihre persönlichen Verhältnisse rückhaltlos preiszugeben. Reihenhäuser müssen versteigert, bessere Wohnungen aufgegeben werden. Der „fordistische Speck" schmilzt ab. Um es drastisch zu sagen: Wie in der Dritten Welt werden immer größere Teile der qualifizierten Schichten und der Intelligentsia sukzessive „afrikanisiert". Prekäre Arbeitsverhältnisse, Elendsunternehmertum und Elendsdienstleistungen breiten sich aus. Hiermit verschärft sich insbesondere der Konkurrenzkampf um den Status. Eine sehr zweideutige ideologische Reaktionsweise der abstürzenden Mittelschichten macht sich breit. Sie folgen in der Deutung der Krisenphänomene (vor allem des entkoppelten Finanzkapitals) klassischen kleinbürgerlichen Mustern. Die Reflexionen in den verschiedenen globalisierungskritischen Bewegungen sind bislang weitgehend davon geprägt. Wo immer sich das Spektrum der Proteste erweitert, wie es nicht zuletzt die jüngsten Verwerfungen in der deutschen Parteienlandschaft andeuten, ist die Gefahr umso größer, dass die sozialkritischen und emanzipatorischen Motive zu einer Maske für die Kon kurrenzwut der abstürzenden Mittelklasse werden.

Und diese Konkurrenzwut hat es in sich! (15) Letztlich ma-

---

(15): Schau Dir hierzu noch wesentlich umfangreicher an: Robert Kurz, Weltordnungskrieg, 2003.

nifestiert sie nur den kapitalistischen Todestrieb deutlich, indem sie den Zusammenbruch der modernen Subjektform im planetarischen Maßstab anzeigt; und zwar nicht nur in der spezifischen Weise des islamistischen „Dürstens nach dem Tod", sondern in einer weit darüber hinausgehenden Welle von bis zum Äußersten aggressiver Lebensmüdigkeit. Diese entlädt sich inzwischen fast schon im Wochentakt in herostratischen Akten der inszenierten Vernichtung und Selbstvernichtung. Solche Ereignisse wurden bereits inflationär und überschwemmen medial das Bewusstsein einer von kapitalistischen Zumutungen ausgepowerten und immer weiter gedemütigten Menschheit. Bisher konnte es so scheinen, dass sich der manifeste Todestrieb kapitalistischer Vernunft allein in ideologischen Verwilderungsformen der Peripherie und in Wahnvorstellungen einer wachsenden Masse von desorientierten Individuen der kapitalistischen Zentren äußert, also in den Taten von Selbstmordkommandos und Amokläufern. Diese Tendenz schien sich in den Gesellschaften des demokratischen Zentrums auf „ausgeflippte" Individuen, auf Amokläufer, auf rassistische Killerkids usw. zu beschränken. Nun jedoch muss sich in demselben Maße, wie der Finanzblasenkapitalismus zusammenbricht und die reale Reproduktion als kapitalistische nicht mehr sekundär simuliert werden kann, die kapitalistische Logik direkt gegen die physische und soziale Welt richten. Damit wird in demselben Maße auch die demokratische Repräsentanz in die Anomisierung (Gesetzlosigkeit) und in die postpolitischen Konfliktformu-

lierungen hineingezogen. Damit übersetzt sich der Todes-
trieb in die Aktionen der offiziellen Macht selbst, die so
zum größten und furchtbarsten aller Krisengespenster
wird. Die Zerstörungen, die individuelle Amokläufer anrich-
ten können, sind ihrer Natur nach begrenzt; und selbst die
Barbarisierungs-Prozesse der Peripherie können nur ver-
hältnismäßig primitive Vernichtungspotentiale mobilisie-
ren, eben weil sie sich nicht auf der Höhe des technologi-
schen Standards befinden.

Die Vernichtungslogik kann sich auf schleichende Weise im
ganz normalen Gang der Geschäfte äußern, etwa in der
Zerstörung der natürlichen Lebensgrundlagen durch die
betriebswirtschaftliche Externalisierung von „Kosten", in
der mangelnden Versorgung ganzer Bevölkerungsgruppen
mit Lebensmitteln und medizinischer Hilfe qua mangelnder
„Finanzierungsfähigkeit", im unnötigen Massensterben
von Säuglingen und Kleinkindern in den globalen Armuts-
regionen usw.

Die Realmetaphysik des modernen warenproduzierenden
Systems zerstört die Welt partiell als „Nebenwirkung" ihrer
„gelingenden" Entäußerung; und sie wird zum absoluten
Weltvernichtungswillen, sobald sie sich nicht mehr in den
Weltdingen selbstdarstellen kann. Insofern können wir
auch von einem Todestrieb der kapitalistisch verfassten
Menschheit sprechen.

Dieselbe Vernichtungslogik kann auch unmittelbar als Ge-
waltexplosion in Erscheinung treten und dabei jene Ent-
grenzung des Selbst-Bewusstseins auslösen, wie sie nicht

erst an den Fronten der kapitalistischen Kriege zu beobachten war, sondern auch binnengesellschaftlich in den großen Krisenschüben des 20. Jahrhunderts. Der finale Vernichtungswille des metaphysisch konstituierten Subjekts richtet sich schließlich gegen dieses Subjekt selbst, soweit es von dieser Welt, also sinnlich existent ist. Und keineswegs zufällig bricht bei dieser Orgie der Selbstzerstörung das „männliche" Wesen dieses Subjekts wieder ganz unverhüllt an die Oberfläche durch.

Das abstrakte Selbst des Geldsubjekts löst sich in der finalen Krisenkonkurrenz auf und bringt den in seinem Inneren schon immer lauernden Kern, das mit Selbstzersetzung identische Vakuum seiner Existenz zum Vorschein. In den sich häufenden Zusammenbrüchen der sozialökonomischen Beziehungen, wie sie vom Weltmarkt der Globalisierung induziert werden, also im Zersetzungsprozess ganzer Gesellschaften ist keine Selbstdefinition der Individuen mehr möglich, solange sie sich in der herrschenden gesellschaftlichen Form weiterbewegen (was sie bis jetzt spontan auch tun). Die demokratische Phrase kann die Wut nur steigern und anfachen, weil sie ja selber ein bloß heuchlerischer und frömmlerischer Ausdruck derselben Vernichtungslogik gegen Mensch und Natur ist.

Die Erscheinungen der Selbstverlorenheit und Selbstzerstörung sind heute in mehrfacher Weise universell geworden. Zum einen sind es nur die (von Jahr zu Jahr zahlreicher werdenden) Täter der unmittelbaren Vernichtung und Selbstvernichtung, die dieser Selbstverlorenheit angehören. Aber die augenfälligen Täter bilden nur die Spitze des Eisbergs, die manifeste Erscheinung eines viel allgemeineren gesellschaftlichen Zustands. Denn auf jeden mörderischen und selbstmörderischen Exekutor kommen Tausende und Millionen, die ähnlich empfinden, diese Empfindung aber (noch) nicht zur Tat werden lassen, sondern in der Phantasie damit spielen oder sich mit einschlägigen medialen Produkten abreagieren. Allein, dass solche Produkte, sogenannte Gewaltvideos und zahlreiche andere Ausdrucksformen medialer Gewaltverherrlichung, in profitabler Massenproduktion hergestellt werden können, spricht für den gesellschaftlichen Tiefgang des Problems.

Wir sehen derzeit aus dem kapitalistischen Krisenprozess hervorquellende riesige globale Flüchtlings-Ströme. Selbstverständlich ist die Migration an sich kein kritischer Akt, sondern ein Akt der Konkurrenz und des Überlebenskampfes in der nicht mehr tragfähigen und dennoch nicht abgestreiften kapitalistischen Subjekthülle. Dies gilt erst recht für die synthetischen Indentitätsbildungen und militanten Reaktionen auf die Erfahrung, ausgegrenzt zu werden. So erscheint die Erfahrung von Krise, Elend und Perspektivlosigkeit bei den Migranten und „Illegalen" ebenso wie bei den westlich-„weißen" Arbeitslosen und Sozialhilfeempfängern überhaupt nicht mehr in einer sozialen, sondern in einer ethnischen oder rassistischen Form. An die Stelle des emanzipatorischen sozialen Pathos treten dumpfe kulturalistische und asoziale Rassismen und Gegenrassismen als Verwilderungs- und Barbarisierungs-Formen der Konkurrenz. Ganz so wie in den Krisen- und Zusammenbruchs-Zonen der Peripherie, wenn auch noch nicht in derselben Di-

mension von unmittelbarer gesellschaftlicher Massenge-
walt. Statt sich zu vereinigen, was eine universelle Befrei-
ungsidee jenseits der Konkurrenz und damit der kapitalistischen Subjektform erfordern würde, grenzen sich die
migrantischen Opfer und Verlierer auch gegenseitig ethno-
rassistisch aus. Noch in den demokratischen Internierungs-
Lagern fallen die verfeindeten „Stämme", „Ethnien" oder
sonstigen Gruppierungen mit Fäusten und Messern über-
einander her.

Gegenwehr gegen Übergriffe legitimiert sich selber zunehmend nationalistisch, ethno-identitär und religionsfana-
tisch, also mit denselben barbarischen Gedanken und
Handlungen wie die der Peiniger der anderen Seite.

Im weitesten Sinne werden die Krisenideologien und Kri-
senkonflikte auf allen Seiten rechtsradikal formuliert und
ausgetragen, eben in den Verwilderungsformen der
abendländischen, nunmehr globalisierten Abspaltungs-
Männlichkeit des warenproduzierenden Systems: nicht nur
rassistisch, sondern damit auch grundsätzlich autoritär,
frauenfeindlich, irrational und gewaltorientiert.

In der gegenwärtigen Phase des Krisenprozesses ist diese
Entwicklung trotzdem noch, wenn auch brüchig, mit der
herkömmlichen politischen Form vermittelt. Insbesondere
in Europa, letztlich aber überall auf der Welt, schwimmen
auf der Welle der diffusen rassistischen Krisen- und Aus-
grenzungs-Stimmung (teils ihrer Ideologie nach) offen
neonazistische Parteien.

Hierauf aufgesattelt, oder als Kehrseite dieser Medaille der globalen Gewalt tritt jetzt aber die hochgerüstete demokratische Macht selber in den Bann des Todestriebs, und entsprechend verheerend sind die Konsequenzen.

Es ist eine diffuse Vernichtungswut, durchaus verwandt (wenn auch nicht identisch) mit derjenigen der Nazis, die im Innersten der demokratischen Macht aufzukeimen beginnt: Wenn die Welt nicht von uns beherrschbar ist, dann soll sie zusammen mit uns untergehen. In seiner Breite zerstört der demokratische Amoklauf einen Sektor der sozialen Reproduktion nach dem anderen: alles soll „stillgelegt" werden und verschwinden, was von der Logik des universellen Realökonomismus nicht mehr erfasst werden kann. In diesem Sinne könnten wir metaphorisch von einem Amoklauf des „leeren" kapitalistischen Realitätsprinzips sprechen. Aber es geht hier keineswegs nur um eine Metaphorik für sekundäre soziale Zerstörungsprozesse. Der Begriff des demokratischen Amoklaufs ist nun auch durchaus buchstäblich zu nehmen, nämlich auf der Ebene der militärischen Aktion.

Diese Transformation der demokratisch-imperialen Weltpolizei in den offenen Vernichtungswahn ist durch zwei wesentliche Momente gekennzeichnet; ein politisches und ein militärisch-technologisches. Politisch handelt es sich um die wachsende Neigung der US-Administration zu Alleingängen unter offenem Bruch aller Regeln, auch den eigenen „Verbündeten" gegenüber. Diese Tendenz liegt in der Natur der Sache: Je unhaltbarer und gefährlicher die

Weltsituation wird, desto stärker tritt der militärische As-
pekt in den Vordergrund und desto niedriger wird die
Hemmschwelle, Hightech-Gewalt im großen Maßstab ein-
zusetzen, ohne noch lange zu fragen. In demselben Maße
jedoch, wie die Sicherungen durchbrennen, fokussiert sich
das Handeln notwendigerweise auf die letzte Weltmacht,
die mehr als 90 Prozent der westlichen Militärmaschine
kontrolliert. Deshalb muss in den USA mit zunehmender
Krise auch die Neigung wachsen, mit allen Mitteln der
Hightech-Gewalt loszuschlagen, eben weil man sich am
Drücker dieser Gewalt weiß und sonst vielleicht bald gar
nichts mehr in der Hand hat. Angesichts der objektiven,
systemisch bedingten und daher unüberschreitbaren inne-
ren Grenze der kapitalistischen Produktions- und Lebens-
weise beginnt sich dieses Bewusstsein der Gewaltmacht in
eine Vernichtungswut gegen die ungefügige Welt und ge-
gen die Ungreifbarkeit der Probleme hineinzusteigern. Mit
anderen Worten: Es wiederholt sich auf der Ebene der ad-
ministrativen Weltmacht-Psyche genau das, was in der
Psyche der individuellen Amokläufer vor sich geht. Die Er-
scheinungsformen sind ebenso vielfältig wie eindeutig: Die
Wahl der zum Gewaltprozess passenden Administration,
Versuche nationaler Abschottung, forcierte militärische
Aufrüstung, Vorschub zunehmender Rechtlosigkeit, An-
wachsen von Überheblichkeit, Nationalismus, Rassismus
und Ignoranz, zunehmende Sprach-Primitivität...

Dass der Rest der demokratisch-kapitalistischen Welt im-
mer zögerlicher folgt und sich am liebsten verkriechen
möchte, je hemmungsloser die paranoide Gewaltbereit-

schaft der US-Administration wird, liegt nur an der unglei-
chen Verteilung der Gewaltmittel. Wenn überhaupt die EU,
aber auch andere Staaten die Alleingänge der USA zu
bremsen versuchen und vor dem offenen Vernichtungswahn zurückschrecken, so hat das nicht im Geringsten etwas mit eigenen machtstrategischen Interessen zu tun,
sondern es handelt sich vielmehr einzig und allein um das
Unbehagen derer, die selber nicht den Finger am Abzug
haben. Nicht ein Rest von Vernunft macht sich hier geltend, sondern die Paralyse der Subalternen, denen der er-
sichtlich die Selbstkontrolle verlierende „große Bruder" allmählich genauso viel Angst einjagt wie die unheilbaren Krisenerscheinungen, die in diese Situation geführt haben.
Die List der Ohnmacht wird nicht zur List der Vernunft, weil
es auf keiner Seite Einsicht in den Problemzusammenhang
gibt. Alle wollen nur das machen, was nicht mehr geht,
nämlich marktwirtschaftlich-demokratisch weiterwurs-
teln; und deshalb müssen zuletzt auch alle die ultima ratio
der kapitalistischen Unvernunft akzeptieren und irgendwie
mittragen. Der Todestrieb manifestiert sich so als weltpo-
lizeilicher Amoklauf, der weltvernichtende Dimensionen
anzunehmen droht.

In welchem Ausmaß und mit welcher Geschwindigkeit sich
der (letztlich atomare) Amoklauf der demokratischen
Weltmacht vollziehen wird, hängt buchstäblich von der
Konjunktur des Finanzblasen-Kapitalismus ab; also davon,
wie lange sich dessen Agonie hinzieht und in welchem Zeithorizont dabei unbewältigbare weltgesellschaftliche Kri-
senprozesse über den gegenwärtigen Zustand hinaus freigesetzt werden. Die Weichen sind bereits gestellt. Und es

kann keinen Zweifel geben, dass die USA mit der ersten Atomwaffe, die sie im nicht gewinnbaren Weltordnungskrieg (Robert Kurz' Begriff) gegen die Krisengespenster des Kapitalismus einsetzen, auch ihre Selbstvernichtung besiegeln. Die letzte Weltmacht und der westliche „ideelle Gesamtimperialismus" (dessen übrige Bestandteile trotz ihres Zauderns unvermeidlich das Schicksal ihrer Vormacht zu teilen haben) werden damit den Untergang ihres irrealen Realitätsprinzips nur beschleunigen. Sie werden die sekundären Wirkungen der atomaren Vernichtung nicht von sich selbst fernhalten oder überhaupt „kalkuliert" damit umgehen können; und sie werden vor allem den grenzenlosen Hass einer überwältigenden Mehrzahl der Menschheit (falls wir dann überhaupt noch von einer solchen sprechen können) auf sich ziehen, der Mittel und Wege zur Rache finden wird und sei es einer ebenso entmenschten und infernalischen.

Ganz deutlich ist heute (2017) im gesamten globalen Reproduktionsprozess sichtbar, dass immer mehr Menschen aus Produktion und Kultur in die Sphäre der Zirkulation abgedrängt werden. Verkaufe irgendetwas oder stirb!, so lautet die Parole.

Zuerst trifft diese Entwicklung logisch die schwächsten Teile des Kapitalismus, also seine unterentwickelte Peripherie. Von dort frisst sich der Zerfall beständig über die am Ende des 20. Jahrhunderts am Weltmarkt gescheiterten Regionen der nachholenden Modernisierung peu a peu bis in die kapitalistischen Zentren selbst hinein. Die Erscheinungsformen dieses Zerfalls bestehen in immer größerer

Gewaltanwendung, wie Du jeden Tag medial vermittelt bekommst oder es sogar bereits an Deinem eigenen Dasein spürst. Lies zum Beispiel eine beliebige Zeitung und Du wirst feststellen, dass die auf deren jeweiligen Politik-Seiten veröffentlichten Beiträge kaum mehr etwas anderes als Kriegsberichterstattung sind. Durch die anhaltende Transnationalisierung des Kapitals (Stichwort: Globalisierung; die großen Betriebswirtschaften ziehen sich beständig weiter aus den Nationalstaaten zurück) werden die Staaten zunehmend geschwächt, verlieren ihre politische Gestaltungsmacht und zerfallen täglich für uns alle sichtbar in Formen qualvoller Prozesse. Als Beispiele nenne ich hier Somalia, den Tschad, Äthiopien, Eritrea, den Sudan, den Südsudan, den Jemen, Libyen, den Irak und Syrien. Die Reihe der bereits betroffenen Gebiete ließe sich fortsetzen. Selbst solche Abspaltungsbewegungen wie zum Beispiel in Spanien, Portugal, Großbritannien oder der Türkei sind Ausdruck dieser Tendenz. So können wir die Gewaltausbrüche des Kapitalismus unserer Zeit auch als „Entstaatlichungskriege" bezeichnen. Mit dem Staat verschwinden natürlich auch die an den Staat gebundenen kapitalistischen System-Formen ebenfalls (Recht, Politik, Demokratie, Nation, Volk, Souveränität). Die Erosion des gesamten kapitalistischen Funktionszusammenhangs ist vorprogrammiert. Denn keines der kapitalistischen Zerfallsprodukte dieser Entwicklung schafft eine neue, die menschliche Reproduktion sichernde Gesellschaftsform; und kann sie nicht schaffen, sondern befördert die Welt mit aller Macht und Gewalt in eine immer tiefere Barbarei und möglicherweise eine Selbstzerstörung der Menschheit (von den 2017 auf der Erde weit über 200 stattfindenden Gewaltkonflikten werden offiziell 18 als Kriege bezeichnet).

Es ist nicht abzusehen, wann das sein wird, aber ohne eine solche End-Konsequenz kann der bereits gegenwärtig durch den Verlauf der kapitalistischen System-Krise beschrittene Weg in die Barbarei keine 50 oder 100 Jahre mehr so weitergegangen werden. Im Ausnahmezustand des 21. Jahrhunderts kann der Nomos (Ordnung, Gesetz, Recht) der Moderne nicht umbenannt, sondern nur noch abgeschafft werden, wenn sich die Menschheit nicht selber abschaffen soll.

Jetzt bist Du dran!

Literatur

Afheldt, Horst (1994): Wohlstand für niemand? Die Marktwirtschaft entlässt ihre Kinder, München.

Anders, Günther (1980): Die Antiquiertheit des Menschen, Bd.2, München.

Arendt, Hannah (1989, zuerst 1958): Vita Activa oder Vom tätigen Leben, München.

Bodin, Jean (1976- Auswahl von Gottfried Niedhart, zuerst 1583): Über den Staat, Stuttgart.

Burckhard, Jacob (1978, zuerst 1905): Weltgeschichtliche Betrachtungen, Stuttgart.

Coulmas, Florian (1999): Montu bis Satsun, in: Wirtschaftswoche 10/1999, Düsseldorf.

Dietzgen, Josef (1930) Schriften, Berlin.

Engels, Friedrich (1946, zuerst 1896): Anteil der Arbeit an der Menschwerdung des Affen, Berlin.

Foucault, Michel (1974): Überwachen und Strafen, Berlin.

Gaston Valdivia (31.12. 1997): „Zeit" ist Geld und Geld ist „Zeit", Gruppe KRISIS 19.

Gruppe Krisis (1999): Manifest gegen die Arbeit, Erlangen.

Jünger, Ernst (1954): Das Sanduhrbuch, Frankfurt/M.

Kant, Immanuel (1979, zuerst 1781): Kritik der reinen Vernunft, Leipzig.

Kaufmann, George (2015): Kapitalismus – verstehen – abschaffen, Hamburg.

Kurz, Robert (2001): Marx lesen, Köln.

Ders. (1997): Antiökonomie und Antipolitik, Gruppe EXIT.

Ders. (2003): Weltordnungskrieg, Bad Honnef.

Ders. (2005): Das Weltkapital, Berlin.

Kurz, Robert/ Scholz Roswitha/ Ulrich Jörg (2005): Der Alptraum der Freiheit, Blaubeuren.

Lafargue, Paul (1998, zuerst 1883): Das Recht auf Faulheit, Grafenau.

Lunatscharski, Anatoli W. (1908): in Geschichte der Kommunistischen Partei der Sowjetunion, Bd.2, Moskau.

Marx, Karl (1974, geschrieben 1857): Grundrisse der Kritik der politischen Ökonomie, Berlin.

Ders. (1955, 1956/ zuerst 1867, 1885, 1894): Das Kapital, drei Bände, Berlin.

Mauss, Marcel (1968): Die Gabe, Frankfurt/M.

Opascowski, Horst W. (1997): Einführung in die Freizeitwissenschaft, Opladen.

Parker, Geoffrey (1990): Die militärische Revolution, Frankfurt/M., New York.

Pereza, Pablo (1998): Das Recht auf Faulheit – 100 Jahre später, Grafenau.

Polanyi, Karl (1995, zuerst 1944): The Great Transformation, Frankfurt/M.

Rifkin, Jeremy (1988): Uhrwerk Universum, Kindler.

Rutschky, Katharina (2013/ zuerst 1977): Schwarze Pädagogik, München.

Scholz, Roswitha (2000): Das Geschlecht des Kapitalismus, Bad Honnef.

Schultze, Thomas/ Gross, Almut (1997): Die Autonomen, Hamburg.

Sombart, Werner (1913): Krieg und Kapitalismus, Berlin.

Theweleit, Klaus (1978): Männerphantasien, München.

Thompson, Edward P. (1987): Die Entstehung der englischen Arbeiterklasse, Frankfurt/M.

Ders. (1980): Arbeitsdisziplin und Industriekapitalismus, in: Plebeische Kultur und moralische Ökonomie, Berlin.

Wehler, Hans-Ulrich (1987): Deutsche Gesellschaftsgeschichte, Bd.1, München.

Zinn, Karl Georg (1989): Kanonen und Pest, Opladen.

Der Autor George Kaufmann

George Kaufmann wurde 1941 in Berlin geboren. Heute lebt er in einer kleinen Gemeinde des Berliner Umlands.

Er lernte Werkzeugmacher und studierte an verschiedenen Hochschulen.

Studium Dresden:	Technologie Flugzeugbau
	Technologie Maschinenbau (Dipl.-Ing.)
Studium Berlin:	Philosophie, Politische Ökonomie
	Außenhandel (Dipl.-Ök.)
Fachliche Tätigkeiten:	Jeweils langjährig im Schienenfahrzeugbau, Außenhandel (Elektronik/Mikroelektronik) und als Geschäftsführer einer PR-Agentur/Journalist tätig.

Seit nahezu vier Jahrzehnten untersucht George Kaufmann zunächst nebenberuflich und inzwischen ungehindert das Wesen des Kapitalismus, also seinen Formzusammenhang und seine Geschichte. Er analysiert jeweils aktuell das kapitalistische Weltsystem und kritisiert aus einer Position der kategorialen Kritik radikal die kapitalistischen Basis-Formen. Hierbei lehnt er sich an den Marx, den der Arbeiterbewegungs-Marxismus in seiner kapitalistischen

Borniertheit von seinen Anfängen an nie verstand, sondern der ihn vielmehr in Angst und Schrecken versetzte; nämlich den Marx der kapitalistischen „Fetischgesellschaft", des „automatischen Subjekts", der „abstrakten Arbeit", der „Verwertung des Werts", der „Krisentheorie" und der „absoluten inneren Schranke des Kapitalismus", der erst jetzt immer aktueller wird.

Buchveröffentlichungen:	„Kapitalismus – verstehen – abschaffen" (2015);
	„War Marx ein Zwilling?" (2015);
	„Eine Welt voller Flüchtlinge" (2016);
	„So verhunzen wir unsere Sprache" (2016).

Bei Interesse kannst Du mit George Kaufmann zu den Inhalten seiner Bücher über >george.k@nbpress.de< kommunizieren; radikal-kritisch und respektvoll.